W0345785

SCORPIO

JEANNETTE
HAGEN

Die VERLETZTE *Tochter*

Wie Vaterentbehrung
das Leben prägt

SCORPIO

Dieses Buch enthält Links zu externen Webseiten Dritter, auf deren Inhalte der Scorpio Verlag keinen Einfluss hat. Deshalb können wir für diese fremden Inhalte auch keine Haftung übernehmen. Für die Inhalte der verlinkten Seiten ist stets der jeweilige Anbieter oder Betreiber der Seiten verantwortlich. Die verlinkten Seiten wurden zum Zeitpunkt der Verlinkung auf mögliche Rechtsverstöße überprüft, rechtswidrige Inhalte waren nicht erkennbar.
Bei Bekanntwerden von Rechtsverletzungen werden wir derartige Links umgehend entfernen.

MIX
Papier aus verantwortungsvollen Quellen
FSC® C083411
www.fsc.org

2. Auflage 2021

2015 Scorpio Verlag GmbH & Co. KG, München
Umschlaggestaltung: Sabine Fuchs, Oberhaching/München,
unter Verwendung des Papierhintergrunds von © Gleydson Caetano,
www.cgtextures.com.
Layout und Satz: Robert Gigler, München
Druck und Bindung: cpi Books GmbH
ISBN 978-3-95803-023-7

www.scorpio-verlag.de

INHALT

Für meine Kinder

Irgendwas treibt mich voran
dass ich nicht loslassen kann
dass ich ewig auf der Suche bin
'ne ewige Selbstzweiflerin
seh'n mich so nach deiner Hand
die immer für Stärke stand
doch alles was mir von dir bleibt
ist diese Todtraurigkeit

Dass du mich einfach sitzenlässt
kein Sterbenswörtchen hinterlässt
der kühle Kopf sieht alles ein
nur das Herz kann nicht verzeih'n

aus
»Vaterseelenallein«
von Pe Werner[1]

»Es gibt keine großen Entdeckungen
und Fortschritte, solange es noch
ein unglückliches Kind auf Erden gibt.«
Albert Einstein

1. PROLOG

Man sieht es mir nicht an.

Ich trage keinen sichtbaren Makel.

Ich bin eine Frau Ende 40, habe drei wohlgeratene Kinder, einen Ehemann und einen drolligen Hund. Ich wohne in einer gutbürgerlichen Gegend, backe Kuchen an Geburtstagen, gieße die Blumen auf dem Balkon, grüße die Nachbarn im Haus und belege meinen Kindern morgens die Schulbrote. Und vielleicht gerade weil von außen betrachtet alles so normal scheint, ahnt niemand, wie es viele Jahre in mir aussah und auch heute manchmal noch aussieht. Der Makel ist eher ein Mangel. Eine Leere, die ich von Zeit zu Zeit tief in mir spüre. Etwas, das ich nicht exklusiv habe, weil viele Menschen ebenso betroffen sind. Die Rede ist vom entbehrten Vater.

Ich weiß, dass es ihn gibt. Dass er lebt. In einem weißen Haus mit Spitzdach, das umgeben ist von akkurat gemähtem Rasen. Irgendwo gut 250 Kilometer von meiner Wohnung entfernt, auf der Strecke zwischen Berlin und Hamburg. Jedes Mal, wenn ich mit dem Auto die A24 entlangfahre und das Ortsschild sehe, denke ich an ihn. Und dann fühle ich nach wie vor deutlich, dass sein »Nein« zu mir Spuren hinterlassen hat. Dass seine Ablehnung auch bei mir bewirkt hat, was der Kinderpsychotherapeut Dr. Hans Hopf in seinem Buch »Die Psychoanalyse des Jungen« über Vaterentbehrung und deren geschlechtsspezifische unterschiedliche Verarbeitung schreibt: »Jungen neigen dazu, den Schulhof zum ›Kampfplatz‹ der eigenen inneren Konflikte zu machen, während Mädchen hierfür eher den eigenen Körper benutzen.« Der Körper als Kampfplatz. Wenn es nur das gewesen wäre! Dann hätte ich vielleicht ein paar ausgerissene Haare oder abgebissene Fingernägel gehabt. Darauf beschränkten sich der Schmerz und meine Versuche, ihn loszuwerden, allerdings nicht, auch wenn solche selbstzerstörerischen Attacken durchaus zu meinem Werden gehörten. Wir sind ja nicht nur Körper. Wir sind Körper, Seele und Geist. Und wenn ich heute mit einem gewissen Abstand die Dinge betrachte, dann lag wohl das größte Drama darin, dass mein Geist voll von Gift war, das mein Denken beherrschte und meine Seele nicht zu Wort kommen ließ. Unser Geist speist sich ausschließlich aus Erfahrungen. Wenn der eigene Vater sich bewusst abkehrt und im Leben der Tochter lediglich als Phantom existiert – was sollte der Geist in seiner kindlichen Not denn anderes denken als: »Wenn er mich nicht will, dann kann ich wohl nicht richtig sein.«

Wenn der leibliche Vater aus dem Leben eines Mädchens oder eines Jungen verschwindet oder herausgedrängt wird, hinterlässt er eine Wunde, die niemand schließen kann und die zeitlebens blutet. Keine Mutter, kein noch so liebender Stiefvater, kein Großvater, kein Partner – niemand kann Heiler sein, maximal Trostpflaster. Vielleicht gelingt es im Laufe der Jahre, das Pflaster so festzukleben, dass es nicht bei jeder kleinen Gelegenheit abfällt. Trotzdem bleibt die Wunde darunter vorhanden. Der Psychoanalytiker Prof. Dr. med. Horst Petri fasst das Drama im Buch »Vatersuche« treffend in einem Satz zusammen: »Ein Vater kann endgültig verschwunden sein – die Sehnsucht nach ihm bleibt für immer bestehen.«

Ich weiß so gut, wovon er spricht. Ich sehe mich in *eigentlich* glücklichen Momenten. Den Blick in die Ferne gerichtet und immer mit dem diffusen Gefühl im Gepäck, dass irgendetwas fehlt. Dass ich nicht vollständig bin und es vermutlich nie sein werde.

Sinngemäß formuliert Petri weiter, dass das Wissen um unsere Abstammung als Beweis unserer Existenz dient. Mit meinen eigenen Worten sage ich es so: Es geht weit über den Beweis der Existenz hinaus. Die Nichtanwesenheit meines leiblichen Vaters und seine offen ausgetragene Ablehnung mir gegenüber stellten phasenweise meine eigene Existenzberechtigung radikal infrage. Sein Fehlen hat eine Erfahrung geschaffen, die immer wieder den Gedanken, nichts wert zu sein, produziert hat. Die bohrende Frage danach, was ich denn eigentlich hier auf dieser Welt verloren habe, wenn selbst der eigene Vater, der, der mich doch lieben und halten sollte, sich abwendet.

Lebensunwertigkeit – dieser Begriff wird selten benutzt. Ich kenne ihn eigentlich nur im Zusammenhang mit der rassistischen und lebensverachtenden Haltung der Nationalsozialisten gegenüber der jüdischen Bevölkerung. Und doch drückt dieses Wort genau das aus, was ich lange Zeit mir selbst gegenüber empfand. Genährt durch den schicksalhaften Umstand, dass ich das Trauma der Vaterentbehrung gleichermaßen von Mutter und Vater »erbte«, denn sowohl meine Mutter als auch mein Vater waren von ihrem leiblichen Vater verlassen worden. »Transgenerationale unbewusste Weitergabe eines Traumas« so lautet der Fachbegriff, der – auf die persönliche Ebene heruntergebrochen – bedeutet, dass Kinder damit nicht nur den eigenen Schmerz, sondern auch den der vorherigen Generationen in sich tragen. Somit ist Vaterentbehrung ein Generationsthema.

Aber zurück zur Seele und damit zu der leisen Stimme in mir, die mir mein Leben – besser mein Überleben ermöglicht hat. Seele ist so ein großes Wort. Anders ausgedrückt, gab es in mir in den entscheidenden Momenten stets eine sehr vitale Kraft, die mir half, in Krisensituationen nach vorn zu schauen. Manchmal war es auch nur eine leise Ahnung davon, dass ich doch richtig bin, ja richtig sein muss. Ich habe mich in den letzten Jahren oft gefragt, ob wir uns unseren Platz in dieser Welt, ob wir uns das eigene

Leben aussuchen. Um Aufgaben zu lösen, Karma zu bereinigen oder Erfahrungen zu sammeln, die dann dem kollektiven Bewusstsein zur Verfügung stehen. Ich weiß, dass diese Vorstellung keiner wissenschaftlichen Prüfung standhält und dass sie in gewissen Abschnitten der Auseinandersetzung mit Traumata sogar destruktiv und hinderlich sein kann, weil man damit wichtige Phasen der Heilung und Prozesse der tiefen Auseinandersetzung vermeidet. Aber auch der Psychologe Robert Betz unterstreicht auf der Meditations-CD »Ich hatte keinen Vater« diese Haltung, indem er sagt: »Öffnen Sie sich der Ansicht, dass es der Wunsch Ihrer Seele war, ohne die Anwesenheit Ihres leiblichen Vaters aufzuwachsen.« Und weiter: »Das müssen Sie nicht blindlings glauben, aber was ist die Alternative?« Die Alternative hieße, aus seiner Sicht im Mangel stecken zu bleiben. Im »Das-wurde-mir-angetan-Bewusstsein«, aus dem heraus es schwerfällt, die Tür zu einer neuen Haltung zu öffnen. Zu einer ganzheitlichen Sicht, die es ermöglicht, wenn schon nicht zu heilen, dann doch wenigstens die Opferperspektive zu verlassen und als Erwachsener im Hier und Jetzt die Verantwortung für das eigene Leben und das eigene Glück zu übernehmen.

Denn um nichts anderes geht es. Auch wenn wir verlassenen und verletzten Kinder uns noch so sehr wünschen, dass es einen anderen Weg gäbe. Dass die gute Fee kommen, den Zauberstab schwingen und alles richten möge. Dass die Menschen, die uns verletzt haben, Einsicht zeigen oder wir selbst den Schlüssel finden könnten, der die Vergangenheit ungeschehen macht.

All das sind Illusionen. Illusionen, die sich hartnäckig halten, weil das Kind in uns bedingungslos hofft und glaubt. Dieses kleine verletzte Kind, das auch in einem Frauen- oder Männerkörper noch wartet, verzweifelt tobt, verlangt und sich dann und wann enttäuscht zurückzieht. Dieses kleine Kind, das doch nur eins will: bedingungslos lieben und geliebt werden. Das Kind, das den Vater anhimmeln, ihn an sich reißen und von ihm auf Händen getragen werden will. Wie oft habe ich Mädchen und Frauen beneidet, die einen Vater hatten, den sie umwerben konnten und der dieses Spiel verstand und liebevoll mitspielte. Einen, der ihnen Kleidung schenkte, sie in den Arm nahm, sich eine Träne wegwischte, wenn die eigene Tochter beim Schulanfang auf der Bühne stand. Wie oft habe ich heimlich geweint, wenn ich miterlebte, wie ein Vater seiner Tochter mit Verständnis und Liebe begegnete oder sie ermutigte, tapfer ihren Weg zu gehen. Der Schriftsteller Andreas Altmann, der Vaterentbehrung auf eine sehr brutale Art kennengelernt hat, findet in seinem Buch »Das Scheißleben meines Vaters, das Scheißleben meiner Mutter und meine eigene Scheißjugend« dafür Worte, die ich hundertfach unterstreichen kann und die eindrucksvoll schildern, dass dieser Schmerz nie endet: »Gewiss kommen andere Gelegenheiten, da heule ich nur um mich. Meist in dunklen Kinos, in denen eine Geschichte von einem Vater und einem Sohn erzählt wird. Da ist dann kein Halten mehr, kein Schamgefühl, da bin ich zwei Stunden lang bloß noch Würstchen, bloß noch arme Sau, der das Herz zerspringt. Vor Sehnsucht nach einem wie dem Leinwandhelden. Der seinen Sohn umarmt und ihn behütet.« Wie oft wünschte ich den Tod meines leiblichen Vaters herbei, weil ich glaubte, dass ich dann aufhören könnte, zu hoffen und zu warten. Und dass somit endlich diese abgrundtiefe Traurigkeit verschwinden würde.

Es gibt keinen Zauberschlüssel. Es gibt nur Wege, die Türen öffnen, um alles in einem freundlicheren Licht erscheinen zu lassen. Vergangenes können wir nicht verändern. Nur das Jetzt.

Lange dachte ich, dass es reichen würde, zu verstehen. Dass die Sache bereinigt wird, wenn ich sie symbolisch annehme. Doch das Herz kann Verstehen nicht fühlen. Der Verstand kann das, was in jeder Zelle gespeichert ist, nicht auflösen und schon gar nicht heilen. Ich kann mich auch nicht auf intellektueller Ebene mit dem Umstand versöhnen, dass er mich ablehnt. Das Größte, was ich auf der Verstandesebene leisten kann, ist, ihm zuzugestehen, dass auch er seine Muster lebt. Dass er vielleicht gar nicht anders handeln konnte, weil er selbst ein ähnliches Trauma erlebt hatte. Um an der Stelle noch einmal Andreas Altman zu zitieren: »Denn ich begriff, begriff es ganz tief, dass er auf fatale Weise ›unschuldig‹ war. Dass er werden musste, was er wurde. Und dass die Dinge sind, wie sie sind.«[2]

Es gibt, wie ich heute weiß, einen anderen Weg, um das Drama loszulassen. Er führt nicht über das Verstehen, sondern über das Fühlen, Annehmen, Integrieren und letztendlich zum Loslassen aller Gefühle, die mit dem fehlenden Vater verbunden sind. Oder – um es anders auszudrücken – über die Heilung des inneren Vaters. Über die Heilung des Vaterbildes, das in vielen Facetten unseres Wesens integriert ist und was bei Frauen und Männern mit Vaterentbehrung gleichermaßen als verzerrtes Männerbild wieder auftaucht. Um dieses Bild zu verändern, müssen wir uns selbst begegnen. Müssen erkennen, dass auch wir fehlbar sind und dafür die Verantwortung übernehmen. Trotzdem – etwas bleibt. Die Erkenntnis, dass ich einen Vater habe, der mich ablehnt und der keinen Kontakt zu mir möchte, wirft mich heute nicht mehr aus der Bahn, aber sie sitzt wie ein kleiner Stachel unter der Haut, und je nach Gemütslage kann der sich hin und wieder entzünden und schmerzen. Damit muss ich leben.

Bis zu dieser Erkenntnis war es ein langer und beschwerlicher Weg. Bis ich überhaupt in der Lage war, mich der Wahrheit zu stellen, vergingen Jahre. Davor gab es kindliche Ahnungen, das seltsame Gefühl, anders – irgendwie mangelhaft – zu sein. Nicht dazuzugehören zu den anderen Frauen oder Mädchen. Immer wieder dieselben Schleifen zu drehen. Verwunderung darüber, wie selbstbewusst, sich *ihrer selbst bewusst*, andere Menschen durch das Leben gingen, während ich überhaupt nicht so richtig sagen konnte, wer ich eigentlich war und was ich wollte. Dazu kamen Depressionen, Selbstverletzung, Selbstmordgedanken und Ambivalenzen, die sich durch alle Lebensbereiche zogen. Kein Ankommen, stets nur Suchen. Und lange Zeit das Gefühl, dass ich selbst an allem schuld war. Dass ich diejenige war, die sich ändern müsste.

Meine eigentliche Auseinandersetzung mit meinem leiblichen Vater begann erst, als ich die Zwanzig schon überschritten hatte. Brachial riss die Wunde auf und wollte angesehen und gefühlt werden. Von da an gab es für mich kein Ausweichen mehr. Ich konnte nicht mehr wegschauen oder mich ablenken. Ich hatte ihm einen Brief geschrieben, ein Bild beigelegt. Darauf ich, mein damaliger Ehemann, mein kleiner Sohn. Stolz erzählte ich ihm davon, dass ich meine Ausbildung abgeschlossen hatte. Ich schrieb ihm, dass ich mich freuen würde, von ihm zu hören, um mehr über ihn zu erfahren. Ich wusste ja damals nichts. Nur, dass ich ihm sehr ähnlich sah und er ein »Arsch« sein sollte, denn so nannte ihn meine Mutter, wann immer die Rede auf ihn kam. Aber das konnte ich nicht einfach so hinnehmen, er war schließlich mein Vater. Wenn ich ihm äußerlich ähnlich war, dann mussten doch auch einige der guten, der wertvollen Eigenschaften, die ich habe, in ihm stecken. Dann konnte er doch nicht nur der »Arsch« sein, sonst hätte ich doch auch einer sein müssen. Still hatte ich die Hoffnung, dass es einen gewissen Stolz in ihm wecken würde, wenn er mich so sah. So glücklich mit einer Familie. Das musste ihn doch entlasten und vielleicht den Weg frei machen, um sich seiner Vergangenheit zu stellen. Mein Brief sollte eine Einladung sein.

Wenn ich heute daran denke, mit wie viel kindlich naiver Sehnsucht ich diesen Brief abgeschickt habe. Es kam nie eine Antwort. Er entzog sich. Schweigend. Blieb auf dem Thron, den ich ihm gebaut hatte, sitzen. Diese Tatsache war für mich der Anfang eines langen Prozesses, von dem in den nachfolgenden Kapiteln noch die Rede sein wird.

Das Fehlen des Vaters ist ein Schicksal, das viele Menschen als Päckchen mit sich tragen. Schaut man in der Geschichte zurück, dann sind es besonders die Kriegszeiten, in denen die Vaterentbehrung allgegenwärtig war. Heute hat sie ein anderes Gesicht, was sie keinesfalls weniger traumatisch macht. Heutzutage verlieren Kinder ihre Väter meist durch Scheidung oder Trennung. Manchmal, weil der Vater sich abkehrt, manchmal aber auch, weil die Mutter aufgrund von Machtkämpfen dem Vater das Umgangsrecht mit seinen Kindern verwehrt. Dazu kommen Väter, die sich selbst zwar als Teil der Familie – meist sogar als Oberhaupt – verstehen, die die Familie größtenteils auch finanzieren, die jedoch aus beruflichen und vielfach aus persönlichen Gründen überhaupt nicht wirklich anwesend sind. Väter, für die der Beruf an erster Stelle steht. Für die Ehefrauen und Kinder allenfalls Vorzeigeobjekte sind. Väter, die keine emotionale Bindung zu ihren Kindern aufbauen können. Die aus einer »ererbten« Bindungsangst heraus Fremde im eigenen Haus bleiben.

Und noch ein weiteres Phänomen lässt viele Väter heutzutage in ein Geisterdasein abrücken. Die mangelnde Identifikation mit der männlichen Rolle. Die eindeutige Platzierung als Frauen-Gegenüber in der Paarkonstellation. Nicht als Hilfsmutti und auch nicht als kleinlauter Frauenversteher, sondern als Mann. Diese Rolle einzunehmen wird Männern heutzutage schwergemacht. Das liegt zum einen daran, dass Vorbilder fehlen, dass Männern die Männlichkeit schon früh aberzogen wird, und es liegt daran, dass das Bild des Mannes und damit auch männliche Eigenschaften und Qualitäten aus einem teils falsch interpretierten Feminismus heraus, deutlich an Wert verloren haben. Ich werde später noch auf dieses Thema eingehen.

Ich wünsche mir, dass dieses Buch verstehen lässt, was Vaterentbehrung – egal aus welchem Grund oder auf welche Art – für ein heranwachsendes Kind bedeutet und wie es sein späteres Leben prägen kann. Wer sich die Zeit nimmt, auf den diversen Webseiten zu lesen, auf denen Menschen ihre Väter suchen oder sich bemühen, Kontakt aufzunehmen, der bekommt einen Eindruck davon, mit welcher Sehnsucht, welcher Verzweiflung im Gepäck selbst Erwachsene noch unterwegs sind, die ihren Vater nicht kennen. Man kann nur erahnen, wie viel Leid sich hinter jeder Suchanfrage verbirgt. Darum möchte ich mit meiner persönlichen Geschichte dazu beitragen, diesem Thema eine größere Öffentlichkeit zu geben. Ich möchte darüber hinaus, dass man versteht, dass Vaterentbehrung eben nicht nur ein persönliches, sondern vor allem auch ein gesellschaftliches Problem ist. Vaterentbehrung betrifft uns alle. Nicht nur die, die sie leibhaftig erfahren. Vaterentbehrung prägt unsere Gesellschaft. Die Art, wie wir miteinander umgehen. Sie ist gleichzeitig Ursache und Folge einer zunehmenden Geschlechterentfremdung, wie Sie im Buch erfahren werden.

Vaterlose Kinder kämpfen ein Leben lang einen Schattenkampf – jede Frau, jeder Mann kämpft ihn auf eigene Weise. Vielen ist nicht einmal bewusst, dass sie kämpfen. Doch eines ist allen gemeinsam: Dieser Kampf kostet unglaublich viel Kraft. Er raubt Lebensenergie, die dort, wo sie eigentlich gebraucht wird, nicht zur Verfügung steht. Der einzige Weg, diesen Kampf zu beenden, ist, aus der Opferhaltung herauszutreten und zu verstehen, dass Jammern und Larmoyanz nichts besser machen, sondern weiterhin gefangen halten. Sich in der Opferrolle einzurichten sollte irgendwann keine Option mehr sein. Mit dem Finger auf den abwesenden Vater, auf andere Männer oder die Gesellschaft zu zeigen und ihm oder ihnen die Verantwortung für alle Verfehlungen des Lebens aufzubürden scheint mir die schlechteste Wahl. Für mich persönlich war es wichtig, die Zügel meines Lebens wieder selbst in die Hand zu nehmen.

Und trotzdem ist jedes verlassene Kind ein verletztes Kind. Ein Opfer. Dem, was war, hilflos ausgeliefert. Diese Sicht ist nötig, um zu gesunden. Das hat zunächst nichts mit einer Opferhaltung zu tun. In dem US-amerikanischen Filmdrama »Good Will Hunting« gibt es eine entscheidende Schlüsselszene: Der hochintelligente Will, der sein Potenzial aufgrund der traumatischen Erfahrungen in seiner Kindheit nicht leben kann, hört von seinem Psychiater so oft hintereinander den Satz: »Du bist nicht schuld!«, bis sein Panzer aus Arroganz und Selbstschutz bricht und die Gefühle endlich fließen können. Diese Szene ist gleichzeitig berührend und großartig, zeigt sie doch, dass wir trotz erfahrenem Leid immer die Chance haben, neu zu wählen. Das geht allerdings erst, wenn uns das Dilemma, in dem wir stecken, bewusst ist. Wenn wir spüren, dass uns der alte Schmerz unfrei macht.

Ich hoffe und wünsche, dass ich jedem, der ein ähnliches Schicksal teilt, mit diesem Buch Mut machen kann, sich seiner Vergangenheit zu stellen.

Der Pastor und Coach Volker Tepp hat in einem persönlichen Gespräch einmal zu mir gesagt: »Jeannette, der Schatz liegt immer hinter dem Drachen!« Dieser Satz hat mir damals den Antrieb gegeben, mich auf die Suche zu begeben. Nicht nur auf die Suche nach dem leiblichen Vater und seiner Familie, deren Blut in mir fließt, sondern vor allem auf die Suche nach mir selbst. Denn ich bin der Schatz. Genauso, wie Sie der Schatz Ihres Lebens sind. Und für diesen lohnt es sich, aufzustehen. Angst, Verachtung, Verleugnung, Ablehnung, Hass, Wut und Leid Schicht um Schicht abzutragen, um das zum Vorschein zu bringen, was von Anfang an da war. Ein liebender, liebenswerter Mensch.

NOCH EIN PAAR SÄTZE ZU DIESEM BUCH

Die kursiv gehaltenen Passagen, die am Anfang jedes Kapitels stehen, erzählen nach und nach meinen Weg – ganz explizit meine persönliche Lebensgeschichte. Damit bringe ich viel Privates in die Öffentlichkeit, was für ein Sachbuch, in dem es gemeinhin um das *Wir* und nicht um das *Ich* geht, eher ungewohnt sein mag. Aber ich bin überzeugt, dass das Begreifen einer gesellschaftlichen Situation über das Verstehen des Individuums läuft. Vielleicht erkennen Sie sich in meiner Geschichte, und vielleicht nehmen Sie dadurch Ihre eigene zum ersten Mal ernst. Ich bin sicher, dass es kein Zufall ist, dass Sie dieses Buch in den Händen halten. Sie lesen es nicht, weil das Thema so interessant ist, sondern weil es auf irgendeine Art auf einer tieferen Ebene mit Ihrer eigenen Geschichte verwoben ist.

Auch wenn es an einigen Stellen so klingen mag: Dieses Buch ist keine Schuldzuweisung. All die möglichen Folgen der Vaterentbehrung zu benennen und dann mit dem ausgestreckten Zeigefinger auf den Vater zu zeigen, der sich abwandte, oder auf die Mutter, die den Vater fernhielt, das hilft keineswegs dabei, die Wunde zu verarzten. Im Gegenteil. Dadurch reißt sie eher wieder auf, denn was uns bewusst sein sollte, ist, dass diese Väter und Mütter selbst verwundet sind. Schuld zuzuweisen bedeutet nichts anderes, als sich in der Rolle des Opfers zu verankern und den Schmerz in die nächste Generation weiterzutragen. Darum müssen wir ehrlich hinschauen. Uns als das erkennen, was wir sind: Opfer und Täter zugleich, denn die Gefühle, die wir in uns tragen, die haben wir selbst erschaffen. Niemand kann uns zwingen, so oder so zu fühlen und zu reagieren.

Vaterentbehrung hat für Jungen und Mädchen teils ähnliche, aber auch ganz unterschiedliche Auswirkungen, und alle sind es wert, beschrieben zu werden. Auch wenn ich mich bemühe, dem gerecht zu werden, liegt der Schwerpunkt in diesem Buch vorrangig auf den Folgen, die es für eine Tochter hat, wenn der Vater sich – aus welchen Gründen auch immer – abwendet.

Und noch eins. Wir alle wissen, dass das Leben viel zu komplex ist, als dass man es auf Allgemeinplätze herunterbrechen könnte. Darum werden Sie in den Ausführungen oft ein »sowohl als auch«, statt der Aussage, dass irgendetwas *so und nicht anders* ist, finden. Wir sind Individuen, und jeder ist mit anderen Anlagen und unter anderen Voraussetzungen auf diese Welt gekommen. Insofern lässt sich in Bezug auf die Vaterentbehrung vieles gar nicht generalisieren. Trotzdem werden Sie Aussagen finden, die man bis zu einem gewissen Grad verallgemeinern kann, weil Forschung und Wissenschaft diese in Studien belegt haben.

2. DIE WAHRHEIT UND WARUM PLÖTZLICH ALLES ANDERS WAR

ALS PAPA NICHT MEHR PAPA WAR

Ich kann mich nicht mehr genau erinnern, ob ich neun oder zehn war, als eine unbedachte Bemerkung auf einem Familienfest meine Realität explodieren ließ.

»Weißt du eigentlich, dass Gerhard (Name geändert) gar nicht dein richtiger Vater ist?«, fragten mich meine Cousinen damals neugierig. Nein, ich wusste es nicht. Ich wusste nur, dass in diesem Moment der Boden unter meinen Füßen aufbrach, gleichzeitig der Himmel über mir zusammenstürzte und ich mich im freien Fall befand. Mir wurde schlecht, heiß und kalt zugleich. Mein Bauch krampfte sich zusammen, und mein Herz schlug so heftig, dass ich glaubte, man könnte es mir ansehen. Ich stand an einem Schrank im Flur der kleinen Wohnung, war froh, dass ich mich anlehnen und festhalten konnte, und mobilisierte alle Kräfte, um mir nichts anmerken zu lassen.*

»Ihr lügt!«, gab ich trotzig zur Antwort, dann lief ich zu meiner Mutter. Sie würde alles zurechtrücken, meine Welt wieder in Ordnung bringen. »Wer hat dir das gesagt?«, wollte sie wissen, ohne mir meine Frage nach dem falschen oder richtigen Vater zu beantworten. Sie wurde sichtlich nervös und wütend. »Mama, haben sie recht?«, fragte ich wieder. Mittlerweile bekam auch Gerhard mit, dass etwas nicht stimmte.

»Ja, Gerhard ist nicht dein Vater. Das wollten wir dir eigentlich später, wenn du älter bist, einmal sagen. Überhaupt, es ist doch nicht so wichtig. Es spielt gar keine Rolle, ob richtiger Vater oder nicht. Gerhard ist wie ein richtiger Vater für dich, und nur das zählt. Also geh rüber zu ihm, und sag ihm, dass du ihn lieb hast.«

Der ziemlich barsche Ton meiner Mutter schüchterte mich eher ein, als dass er mich beruhigte. Gerhard stand jetzt neben mir. Stumm. Ich sah ihn an und begriff die Welt nicht mehr. Der, der bis vor ein paar Minuten noch mein Vater war, sah plötzlich aus wie ein Fremder. Ich glaube, ich habe ihn damals einfach nur umarmt und mich an ihm festgehalten, um mir das vertraute Gefühl zurückzuholen.

Doch das half nicht. Scham, Verwirrung, Verzweiflung, das Gefühl betrogen und hintergangen worden zu sein und die von nun an bohrenden Fragen nach dem richtigen, dem echten Vater ließen sich nicht mehr wegkuscheln. Wer war der Vater? Warum kannte ich ihn nicht? Warum hat er mir nie zum Geburtstag gratuliert? Warum hat er sich nie nach mir erkundigt? Sich nie für mich interessiert?

Mit den Fragen setzte gleichzeitig ein verstörendes Misstrauen gegenüber meiner Mutter und meinem Stiefvater ein. Vielleicht hatten sie ja verhindert, dass er Kontakt zu mir aufnahm? Vielleicht hatte er ja versucht, zu mir zu kommen, und meine Mutter hatte es ihm nicht erlaubt?

Natürlich wollte ich jetzt alles wissen, aber meine Mutter und mein Stiefvater wiegelten ab und ließen mich zumindest in diesem Augenblick mit all meinen Fragen und Gefühlen allein. Sicher weil der Rahmen nicht für Offenbarungseide taugte, und vielleicht, weil sie sich selbst nicht darüber im Klaren waren, wie sie mit der Situation umgehen sollten. Schließlich waren sie ebenso überrumpelt worden wie ich und hatten nicht damit gerechnet, dass ihr »kleines Geheimnis« so plötzlich offengelegt werden würde. Denkbar wäre auch, dass sie wirklich auf den »richtigen Augenblick« gehofft hatten und nicht wussten, dass der längst verpasst war.

Das Nächste, woran ich mich erinnern kann, ist, dass ich am darauffolgenden Tag meiner besten Freundin in der Schule erzählte, was passiert war. Erst jetzt fand ich den Raum, um meiner Verzweiflung wenigstens ein bisschen Luft zu machen und zu weinen. Doch den Stress, der in mir entstanden war, konnte ich auch da nicht abbauen. Ich hatte das Gefühl, dass es nicht sein darf, dass ich wegen der ganzen Situation weine, und wollte mir vor anderen eigentlich auch nicht die Blöße geben, dass ich mit einem Mal keinen »echten« Papa mehr zu Hause hatte. Also verschloss ich ab jetzt alle Gefühle tief in mir und ließ mich von der Haltung meiner Mutter, dass doch alles nicht so schlimm, Gerhard ja ein guter »Papa« und mein richtiger Vater dagegen ein »Arsch« sei, überzeugen. Meine Mutter zeigte mir dennoch irgendwann eine kleine Schwarz-Weiß-Aufnahme. Das einzige Foto, das sie von ihm hatte. Ein junger Mann, der ziemlich weit weg auf einem Felsen saß und gegen die Sonne blinzelte. Glücklich sah er nicht aus, und erkennen konnte ich mich in seinem Gesicht auch nicht.

WENN UNERKLÄRLICHES KLAR WIRD

»Du kommst ganz nach deinem Vater, von mir hast du so gut wie gar nichts«, sagte meine Mutter oft in Momenten, in denen deutlich wurde, dass wir beide wenig gemeinsam haben. Das gilt nicht nur rein äußerlich. Vom Wesen, vom Temperament, von den Interessen her bin ich ganz anders als sie. Das Problem war, dass ich dieses »Anderssein« im Kopf von nun an stets mit dem »schlechten« Vater, mit dem »Arsch« oder dem fremden Mann auf dem Bild verknüpfte, denn eine andere Identifikationsfigur fand ich in der mütterlichen Linie nicht. Und auch mein Stiefvater war plötzlich als Identifikationsfigur untauglich geworden. Das schmerzte mich sehr, denn er war und ist ein liebevoller Mensch. Er hat nie einen Unterschied gemacht, mich nie spüren lassen, dass ich nicht sein leibliches Kind war. Aber obwohl

ich ihn liebte, hinterfragte ich von nun an stets sein Handeln. Eine sehr verwirrende Situation.

Die ablehnende Haltung meinem leiblichen Vater gegenüber war aus Sicht meiner Mutter durchaus verständlich. Ich übernahm sie kindlich unreflektiert und versperrte mir damit lange den Weg zu meinen eigenen Fähigkeiten, Talenten und zu meiner Selbstliebe. Es war so, dass ich mir teilweise bewusst, teilweise unbewusst nicht mehr erlaubte, bestimmte Eigenschaften zu leben oder mich, so wie ich war, gut zu fühlen. Wer will denn schon freiwillig wie ein Arsch sein? Gleichzeitig öffnete das Nichtwissen um die väterliche Seite die Tür zu vielen Fantasien. Ich fing an, mir die Menschen, die ich nicht kannte, in meinem Kopf zu bebildern.

Der nächste große Schock, etwas, das mich zutiefst traurig stimmte, kam, als ich erfuhr, dass ich einen Halbbruder habe, der neun Tage vor mir im selben Krankenhaus das Licht der Welt erblickt hatte. Dass es noch zwei weitere, jüngere Halbgeschwister gab, die mein Vater einige Jahre später mit einer weiteren Frau gezeugt hatte, nahm ich nach dieser ersten Nachricht nur noch beiläufig auf.

Ich hatte also mit einem Schlag drei Halbgeschwister. Und dabei hatte ich mir schon immer sehnlich einen Bruder oder eine Schwester gewünscht. Nun waren sie real und doch wiederum nicht, denn sie blieben genauso ein Phantom wie mein Vater und andere Familienmitglieder seiner Linie. Natürlich fragte ich meine Mutter, ob wir Kontakt aufnehmen könnten. Aber da führte kein Weg hin.

Vier Kinder mit drei Frauen. Ich war das Geheimnis in dieser Runde. Der Bastard. Mich wollte mein Vater zunächst nicht einmal anerkennen. Beschimpfte meine Mutter als Lügnerin und Hure. Knapp einen Monat nach meiner Geburt unterschrieb er wohl auf Drängen seiner Familie doch die Vaterschaftsanerkennung und zahlte fortan bis zu meinem 18. Geburtstag Unterhalt.

DIE ANDERE FRAU

Als ich meine Mutter irgendwann mal fragte, warum sie damals nicht verhütet hatte, erzählte sie mir, dass sie überhaupt nicht aufgeklärt war, dass sie gar nicht wusste, was mit ihr geschah, als plötzlich ihre Periode aussetzte. Ich erfuhr auch, dass sie immer nur an bestimmten Tagen zu meinem Vater in die Wohnung durfte, weil er an den anderen angeblich studierte. Und dass sie, als sie merkte, dass sie schwanger war, an einem Tag, der eigentlich für Besuche verboten war, zu ihm ging. Sie wollte ihm sagen, dass ich unterwegs war, wollte ihre eigene Verzweiflung über diesen Umstand, ihre Unsicherheit mit ihm teilen.

Als sie klingelte, öffnete ihr eine Frau. Wie sich herausstellte, war sie die Ehefrau meines Vaters. Was dann passierte, gleicht einem Theaterstück, bei dem man als Zuschauer ungläubig den Kopf schüttelt oder sogar lacht, weil es so absurd wirkt und jedem die Vorstellung, dass einem selbst so etwas widerfahren könnte, äußerst unwahrscheinlich vorkommt. Da standen sich zwei betrogene Frauen gegenüber, die beide denselben Mann liebten und nun ein Kind von ihm erwarteten. In ihrem Entsetzen angesichts der Situation fingen sie an, sich auf der Straße anzuschreien, bis meine Mutter die Aussichtslosigkeit ihrer Situation erfasste und ging.

Dieses Erlebnis hatte sie zutiefst getroffen. Es lässt sich also ohne Weiteres begreifen, dass sie mich von diesem Moment an erst recht nicht bekommen wollte, weil sie selbst noch ein halbes Kind war und die Aussicht auf die Rolle einer alleinerziehenden Mutter für sie völlig inakzeptabel war. Auch, dass sie versucht hat, sich selbst und mir das Leben zu nehmen, ist vor diesem Hintergrund gewissermaßen nachvollziehbar. Ich verdanke mein Leben meiner schon erwähnten vitalen Kraft sowie meiner Oma und den anderen Familienangehörigen, die meiner Mutter Mut zusprachen und ihr versicherten, dass man »mich schon groß kriegen würde«. Und am Ende verdanke ich mein Leben natürlich meiner Mutter, die letztendlich doch die Kraft und den Mut fand, mich auszutragen, obwohl sie meinem Vater beruflich bedingt noch einige Male begegnete, er also sah, wie sein Kind in ihrem Bauch heranwuchs, und trotzdem bei seiner abweisenden Haltung blieb.

LEBEN MIT DER WAHRHEIT

Der dänische Philosoph und Schriftsteller Sören Kierkegaard fasst in dem nachfolgenden Satz wunderbar zusammen, wie mein Leben mit dem Wissen um den abwesenden Vater zunächst weiterging. »Man kann das Leben nur rückwärts verstehen, aber leben muss man es vorwärts.«

Auch für mich ging das Leben nach der Botschaft, dass es einen leiblichen Vater gibt, natürlich weiter. Lange Phasen spielte das Thema Vater überhaupt keine bewusste Rolle. Erst im Nachhinein habe ich verstanden, dass viele meiner Muster und viele Verhaltensweisen mit der Vaterentbehrung und der Art und Weise, wie ich von meinem Vater erfahren habe, in engem Zusammenhang standen. Dass ich teilweise wie »programmiert« auf ein bestimmtes Denken und Handeln war. Es nicht bewusst in der Hand hatte, also im wahrsten Sinne des Wortes nicht selbst-bewusst aus mir heraus agierte, sondern entsprechend meiner Prägung reagierte. Verlustangst war stets ein großes Thema. Oder wie Robert Betz es bezeichnet: »die Verlassenheitswunde«.[3]

Sie kettete mich nicht nur in einem ungesunden Maß an meine Mutter, was eine typische Reaktion auf Vaterentbehrung darstellt, sondern hinderte mich auch lange daran, mich überhaupt mit meiner Identität tiefer auseinanderzusetzen. Ich hatte Angst, speziell meiner Mutter damit noch mehr wehzutun. Ich wollte ein braves Kind sein, wollte bei ihr sein, ihr keinen Kummer bereiten, denn sie hatte doch schon so viel gelitten. In mir gab es eine undefinierbare, aber hartnäckige Angst davor, dass sie mich verlässt, dass ihr etwas zustößt, sie nicht mehr zurückkommt. Aber nicht nur sie, auch meinen Stiefvater und später alle anderen Personen, die mir nahestanden, bezog ich in diese Angst ein. Diese Befürchtung, verlassen zu werden, war nahezu existenziell. Sie schwebte wie ein Damoklesschwert über mir.

Ich habe mich oft gefragt, ob es besser gewesen wäre, ich hätte die Wahrheit überhaupt nicht erfahren, ob das etwas geändert hätte, mir zumindest ein paar der seelischen Verletzungen erspart hätte. Nein, hätte es nicht. Einige Psychologen sagen, dass wir instinktiv spüren, wenn etwas mit unserer Ursprungsfamilie nicht stimmt. In seinem Buch »Das Drama der Vaterentbehrung« schreibt Horst Petri dazu: »Aber wie bei allen Adoptivkindern und denen, die auch über ihre Herkunft getäuscht wurden, schlägt eines Tages die Stunde des Zweifels.« Und weiter sagt er, dass es meist die berüchtigten Zufälle sind, durch die der Schwindel oder die Geheimhaltung aufgedeckt wird – wie es auch in meiner Geschichte passiert ist. Für ihn scheint es ein Gesetz zu sein, »dass kein Mensch über seine Herkunft betrogen werden kann«.

Familiengeheimnisse dienen stets einem Auftrag, der wiederum über mehrere Generationen laufen kann. Das muss nicht immer schlecht für die beteiligten Personen sein, manchmal gibt es sogar Geheimnisse, die eine Zeit lang schützen, bis der Betroffene über die Ressourcen verfügt, sich der Wahrheit zu stellen. Destruktiv wird es erst, wenn das Geheimnis die Identitätsfindung derjenigen destabilisiert, die im Unklaren gelassen werden. Wenn Ängste und Unsicherheiten über die eigene Herkunft Selbstzweifel schüren. Fliegt die Heimlichkeit auf, dann gesellt sich zum eigentlichen Drama noch der Vertrauensverlust hinzu und die Scham derer, die das Geheimnis hatten hüten wollen. Totschweigen oder Verleugnung bindet unglaublich viel Energie. Kraft, die jene, die lügen, aufbringen müssen, und Kraft, welche die Betrogenen mobilisieren müssen, um die eigene Wahrheit zu entdecken. Totgeschwiegene sind lebendiger, als man denkt. Totgeschwiegene Kinder ebenso wie totgeschwiegene oder verleugnete Väter. Ich werde im Kapitel »Vatersuche« speziell darauf eingehen, wie überraschend groß der Wirkungskreis solch einer vertuschten Vaterschaft sein kann und in meinem Fall auch war. Wie viele Menschen bewusst oder unbewusst involviert und somit betroffen waren.

Einen Menschen über seine Herkunft zu belügen, ihn im Unklaren über seine Wurzeln zu lassen wiegt vielmals schwerer als zum Beispiel die klare Gewissheit des Todes einer nahestehenden Person. Das ist auch mit ein Grund, warum Kriegswaisen das Drama der Vaterentbehrung oftmals besser verarbeiten als jene, die ihren Vater durch Umgangsvereitelung der Mutter nicht mehr sehen können oder den Vater verlieren, weil er sich abkehrt. In der Literaturstudie »Folgen von Vaterentbehrung« von Rotraut Erhard und Herbert Janig steht dazu: »Die Tatsache, dass die Ungewissheit über das Schicksal von Angehörigen viel schwerer zu ertragen ist als die Gewissheit des Todes, weist darauf hin, dass der Umstand, nicht wissen zu dürfen, wer der eigene Vater (oder die Mutter) ist, möglicherweise traumatischere Folgen für den Betroffenen hat und schwerer zu verkraften ist als der Umstand, dass der Vater verstorben ist, die Eltern sich haben scheiden lassen, der Vater im Gefängnis oder in Kriegsgefangenschaft war, krank oder absent war, als man ihn während seiner Kindheit brauchte.« Eine Aussage, die ich vorbehaltlos unterstreichen kann.

Einiges von dem, was ich bruchstückhaft erfahren hatte, brannte sich in meinem Kinderkopf und in meinem Herzen ein. Vor allem der Gedanke, dass ich nicht gewollt war, setzte sich fest. Weder von meinem Vater, der diese Ablehnung ja offen austrug, noch von meiner Mutter, die ihre inneren Kämpfe mit der Mutterschaft nicht vor mir verbergen konnte. Als Kind nimmt man solche Ambivalenzen nicht als das wahr, was sie sind – eben Ambivalenzen. Für ein sensibles Kind kann sich das wie eine dauerhafte Existenzbedrohung anfühlen. Wird ein Familiengeheimnis gelüftet, offenbart sich plötzlich eine neue systemische Ordnung. In meinem Fall musste ich mich nun damit auseinandersetzen, welche Beziehung ich zu meinem leiblichen Vater und von nun an zu meinem Stiefvater hatte. Die Deutung, dass einer der Arsch und der andere der Heilige war, wollte mir partout nicht schmecken. Es war nicht so leicht, wie sich das meine Mutter wünschte – nach dem Motto: So, jetzt ist es gesagt, also schütteln wir uns mal kurz, und alles ist wieder gut. Nichts war gut, denn es war ja alles anders.

So geht es den meisten Menschen, die plötzlich mit einer existenziellen Wahrheit konfrontiert werden. Man ist verwirrt, weiß nicht, wer denn nun auf den Vaterthron gehört. Stellt sich die Frage, ob es wichtig ist, dass man blutsverwandt ist, oder ob man das nicht einfach zur Seite schieben und den Stiefvater als »richtigen« Vater anerkennen sollte. Vor allem, wenn man sich – so wie ich – an keinen anderen Vater erinnern kann. Bei mir hat das nicht funktioniert. Mir wurde von nun an in vielen Situationen bewusst, dass Gerhard eben nicht der »leibliche Vater« war – Papa hin oder her.

Sicher war die Zeit auch für ihn kein Sommerspaziergang. Wir haben das bis heute nicht thematisiert, aber ich kann mir vorstellen, dass die ausgesprochene Wahrheit ihn natürlich in seiner Rolle als Mann, als Ehemann und als Vaterfigur verunsichert hat. Die Chance, eine frühkindliche Bindung zu mir aufzubauen, hatte er ja nicht gehabt. Mit dem Wissen darum, dass er nicht mein leiblicher Vater war, schlich sich bei mir nach und nach der heimliche Verdacht ein, dass er mich nur als Anhängsel meiner Mutter akzeptiert hatte. Ich war eben nun mal da, und wenn er sie wollte, dann musste er mich hinnehmen. Wie mit einem Minensuchgerät ging ich fortan über jede seiner Handlungen und überprüfte sie auf Wahrhaftigkeit.

Für mich war das die einzige Möglichkeit, um meine Welt wieder zu sortieren. Um mir aus dem zerbrochenen Bild ein neues zu schaffen, das mir Halt gab. Heute, mit Abstand betrachtet, weiß ich, dass vieles davon aus meiner kindlichen Perspektive heraus zwar durchaus verständlich war, manchmal aber mit der Realität nicht übereinstimmte. Kinder kreieren sich eben eine eigene Wirklichkeit. Wir kennen das alle: Ist der Fokus auf etwas gerichtet und ist man tief von einer Sache überzeugt, dann finden sich natürlich auch an jeder Ecke Beweise für die eigene Sicht auf die Dinge.

Horst Petri stellt die berechtigte Frage, ob ein Stiefvater jemals die Rolle des leiblichen Vaters voll und ganz besetzen kann, und kommt zu dem Schluss, dass das nicht möglich ist. Er gibt zu bedenken, »dass Männern ihr Vatersein nicht mit in die Wiege gelegt wird, sondern (sie dieses) nur über einen mühsamen Prozess der psychosexuellen Identitätsfindung erreichen«. Er geht sogar so weit, ins Tierreich zu schauen, wo das Männchen, das ein neues Rudel übernimmt, meist alle Jungtiere des alten Anführers tötet.[4] Sicher gibt es in der Realität extreme Fallbeispiele, bei denen sich diese Analogie übertragen lässt, Stieffamilien, in denen Kinder aus der ersten Beziehung gequält oder auch getötet werden. Das sind glücklicherweise Ausnahmen. Trotzdem weißt dieses instinktgesteuerte Verhalten im Tierreich auf ein vorhandenes Konfliktpotenzial in Patchwork-Familien hin und darauf, dass sich ein Vater vielleicht doch nicht so einfach ersetzen lässt, wie sich das alle Beteiligten wünschen würden.

In den meisten Fällen ist es allerdings so, dass der Stiefvater – soweit Kind und Mutter das zulassen – die väterlichen Funktionen übernimmt und dem Kind damit Halt und Geborgenheit schenkt. Ich habe das weitestgehend auch so erlebt.

WOHIN MIT DER WUT?

Ein anderer Aspekt der plötzlichen Wahrheitserkenntnis war der Betrug. Wenn jemand von einem Menschen bei so etwas Gravierendem wie der eigenen Herkunft eine Lüge aufgetischt bekommt, stellt sich schnell die Frage, was er ihm überhaupt noch glauben kann. Ich selbst war damals ohnehin schon sehr darauf konditioniert, wie ein Seismograf die Stimmungen, Äußerungen und Handlungen anderer Menschen zu erfassen. Diese Eigenschaft verstärkte sich nun um ein Vielfaches. Vertrauen war nicht mehr möglich, was dazu führte, dass sich mein Alltag manchmal wie ein Tanz auf dünnem Eis anfühlte. Zum Vertrauensverlust gesellte sich zwangsläufig Wut, die sich natürlich einen Kanal suchen will. Ich hatte das Problem, dass ich die Wut aufgrund meiner Verlustangst nicht nach außen richten konnte. Also richtete ich sie gegen mich. Die Tatsache, dass offenbar mit zweierlei Maß gemessen wurde, dass man mich für meine Lügen bestrafte, die Erwachsenen aber nicht, brachte mein Bild über Gerechtigkeit nachhaltig ins Wanken.

Um an meiner Wut nicht zu ersticken, suchte ich mir irgendwann doch ein Ventil. Das geschah völlig unbewusst, und der Zusammenhang war damals niemandem klar. Unmittelbar nachdem die Bombe geplatzt war, wurde ich zur »Mörderin«. Ich baute mir Pfeil und Bogen und ging auf Froschjagd. Ich legte Mausefallen im Schuppen meiner Oma aus und freute mich diebisch darüber, wenn sie zuschnappten. Ich fing an, mich fürs Angeln zu begeistern – ein eher ungewöhnliches Hobby für ein Mädchen. Aber ich hatte richtig Freude daran, die Fische am Haken zappeln zu sehen, und ich hatte auch kein Problem damit, zuzustechen und sie zu töten. Neben den Tiermorden fing ich an, mich selbst zu verletzen. Einmal schlug ich mir mit einem Stein so lange auf die Hand, bis sie rot und blau und dick geschwollen war. Ich wollte mir wehtun, wollte ersatzweise etwas fühlen, denn das, was wirklich in mir los war, durfte ja nicht sein. Vielleicht haben mich diese Ausbrüche davor bewahrt, größeren Schaden anzurichten. Einem anderen Menschen wehzutun oder Selbstmord zu begehen. Die Wut gegen meine Mutter oder meinen Stiefvater zu richten war keine Option, schließlich wollte ich sie nicht auch noch verlieren.

FANTASIE ALS KANAL

Hin und wieder gab es Menschen, die, wenn ich ihnen meine Geschichte erzählte, sagten: »Sei doch froh, jetzt hast du zwei Väter.« Eine Sicht, die ich überhaupt nicht teilen konnte, denn statt dies als Mehrwert zu empfinden, den andere darin sahen, verspürte ich nicht nur die beschriebene Verwirrung, sondern vor allem ein Defizit. Eine Leere, eine Ungewissheit, ein schwarzes Loch, das ich als Kind mit meiner Fantasie, mit Geschichten, die ich mir ausdachte, füllte. Ich konnte ja nichts von dem, was man mir erzählt hatte, mit bewusst Erlebtem verknüpfen. Ich habe meinen leiblichen Vater, bis ich fast 40 Jahre alt war, nie zu Gesicht bekommen, und so geisterte er all die Jahre wie ein Hirngespinst durch mein Leben. Meine Fantasiegebilde hatten nicht immer mit ihm zu tun. Meist ging es darum, mich selbst in eine andere Welt zu träumen. Heldin, Retterin, eben etwas ganz Besonderes zu sein. Dazu kam das, was ich über ihn erdachte. Ich malte mir die buntesten Geschichten aus. Er war mein Robert Redford, mein Terence Hill. Ein schöner Mann, ein Schauspieler. Ich stellte mir vor, wie er eines Tages vor mir stehen, mir über den Kopf streichen und sagen würde: »Du bist meine Tochter. Es tut mir leid, dass ich nicht früher kommen konnte. Aber jetzt bin ich für dich da.« Dann umarmten wir uns in meiner Fantasie, und er nahm mich mit zum Filmset, wo ich an seiner Seite spielen durfte.

Im Kinderbuch »Das Herz des Piraten« erzählt Benno Pludra auf wunderbar einfühlsame Weise, welche Kapriolen die Fantasie eines Kindes schlagen kann, wenn es darum geht, den verlorenen Vater zu bebildern. In dieser Geschichte füllt ein Stein die schreckliche Leere, die der Vater bei seinem Verschwinden in Jessie hinterlassen hat. In ihrer Fantasie leuchtet der Stein nur für sie, spricht mit ihr und wärmt sie. Dabei scheint es dem Mädchen völlig egal zu sein, was die anderen über sie denken. Mehr und mehr zieht Jessi sich in ihre Fantasiewelt zurück, und es schmerzt, zu lesen, wie sie am Ende des Buches nicht mehr in der Lage ist, aus dieser Scheinwelt herauszutreten und den Vater, der plötzlich real auftaucht, an sich heranzulassen. Pludras Geschichte findet kein Happy End, stattdessen bleibt sie offen. Der Leser kann nur erahnen, welches Echo die Abwesenheit des Vaters in Jessis Leben auch später noch haben wird, wenn sie längst erwachsen ist. Schauen wir in die Kinderliteratur, dann finden sich viele solcher Geschichten. Ob »Pippi Langstrumpf« von Astrid Lindgren oder »Die Vogelinsel« von Werner Heickmann. Immer erzählen sie von einer tiefen Sehnsucht nach dem fehlenden Vater.

»Kinder leben mit einem Vater, selbst wenn er nicht anwesend ist«, schreibt Hans-Geert Metzger im Artikel »Der idealisierte Vater«. Er erzählt darin die Geschichte von Barack Obama, der seinen nicht anwesenden Vater in der Fantasie auf einen Stammesthron setzte. Er erzählt aber auch von der herben Enttäuschung, die sich – ähnlich wie bei Jessi in Pludras Geschichte – breitmachte, als der Sohn dem Vater real gegenüberstand und dieser so gar nicht dem idealisierten Bild entsprach. Für mich gab es diesen enttäuschenden, aber sehr heilsamen Moment auch. Darüber später mehr.

WER BIST DU, FREMDER VATER?

Kinder haben ein natürliches Interesse an dem männlichen Wesen, das ihnen Kraft seines Samens das Leben geschenkt hat. Ein Kind will wissen, woher es kommt. Es will sich, neben all den anderen kindlichen und existenziellen Bedürfnissen, die es hat, mit dem Vater identifizieren, sich in ihm spiegeln, sich in ihm wiederfinden. So entwickeln auch die meisten Kinder, die per Samenbank gezeugt wurden – wenn sie es dann wissen –, den tiefen Wunsch, mehr über den leiblichen Vater und damit über den eigenen Ursprung zu erfahren. Das nimmt manchmal fast investigative Züge an, manch einer wird zum Detektiv, und bei einigen geht der Wunsch nach der Wahrheit so weit, dass sie Gerichtsprozesse und Familienzerwürfnisse auf sich nehmen, um an den Namen des Vaters zu gelangen. Viele Fälle zeigen, wie verzweifelt Menschen sein können, die im Ungewissen über ihre Herkunft sind. Und sie belegen den natürlichen Drang, der in uns wohnt, den tiefen Wunsch, sich der eigenen Wurzeln sicher sein zu können. Ein Fakt, den keine Frau, die ein Kind auf diese Weise zeugen lässt, ausblenden sollte.

Jedes Kind ist eine Vereinigung, eine Einheit aus Mann und Frau. In jedem Kind lebt das genetische Material von Vater und Mutter und deren Ahnen. Und natürlich hat jedes Kind dieser Welt das Recht zu erfahren, wer seine Eltern sind, denn ein Kind will geliebt werden und zwar von beiden. Und wenn es die Eltern nicht lieben kann oder nicht von ihnen geliebt wird, dann sollte es wenigstens die Chance bekommen, sich damit auseinandersetzen zu können. Der Begriff Kind ist übrigens in diesem Zusammenhang sehr dehnbar, denn das Kind in uns gibt es auch noch, wenn wir 80 Jahre alt oder älter sind. Und schaut man sich um auf dieser Welt, dann ist meine These sicher nicht an den Haaren herbeigezogen, dass von Vater und Mutter geliebte Kinder, die das Glück hatten, von beiden Eltern auf dem Weg ins Erwachsenenleben begleitet zu werden, später leichter ihren Weg finden, zufriedener mit sich selbst sind und vertrauensvoller in sich ruhen.

Eine glückliche Kindheit ist zwar keine Garantie für ein glückliches Leben, aber eine gute Basis allemal. Natürlich sind auch von Mutter und Vater gleichermaßen geliebte Menschen nicht frei von Problemen, sie stoßen ebenso dann und wann an Grenzen, denn auch beständige Partnerschaften mit Kindern laufen nicht ohne Konflikte ab. Aber diese Kinder können auf ein starkes Urvertrauen zurückgreifen und daraus handeln und wirken. Und natürlich ist auch ein schlechter Start, eine Entbehrung oder ein erlebtes Trauma nicht zwangsläufig der Grund für ein konflikt- und entbehrungsreiches Leben. Trotzdem fehlt Menschen, die so etwas erlebt haben, meist das Urvertrauen. Unsere familiären Wurzeln prägen bis ins hohe Alter unser Denken, unser Handeln und vor allem unsere Entscheidungen. Niemand ist davon frei.

Das Introjekt »Eltern«, also alles, was wir nicht nur rein genetisch, sondern auch durch die Erfahrung mit ihnen in uns verankert haben, hat uns so lange fest im Griff, bis wir uns auf die Suche begeben nach dem, was darunter liegt. Nach unseren essenziellen Werten, nach unserem eigenen Wesen.

Verweigern wir uns dem, dann bleibt der Regiestuhl unseres Lebens bis ins hohe Alter von anderen besetzt. Ist der Vater nicht vorhanden, nicht greifbar für das Kind oder kennt es ihn nur von den Erzählungen der Mutter oder anderer Angehörigen, schaffen sich Kinder meist ein Ideal. Das kann, wie häufig bei Kriegswaisen oder bei Kindern anzutreffen, die ihren Vater durch plötzlichen Tod verloren haben, durchaus positiv und damit unproblematisch sein. Fällt das Urteil der Mutter oder der Verwandtschaft allerdings negativ aus, neigen Kinder oftmals dazu, die Mutter als »die Heilige« zu idealisieren, sowie den Vater und damit auch andere Männer ausschließlich durch die Brille der Mutter zu betrachten.

Es ist nicht nur ein in uns angelegtes Bedürfnis, die eigene Herkunft zu kennen. Horst Petri sagt, dass uns auch das Bedürfnis, mit Mutter und Vater aufzuwachsen, angeboren ist.[5] Hier sind Kinder also sehr konservativ. Dabei kommt der Rolle des Vaters eine ebenso große Bedeutung zu wie der Rolle der Mutter. Lange Zeit hat man das ignoriert, hat die Anwesenheit der Mutter und eine gute Bindung zu ihr als das Maß der Dinge angesehen, das ausreicht, um dem Kind einen guten Start ins Leben zu ermöglichen.

Vielleicht führte diese Sicht zu der Meinung, die heute in ultrafeministischen Kreisen vorherrscht, dass es nicht einmal mehr für die Zeugung notwendig ist, sich mit einem Mann einzulassen. In gewisser – rein pragmatischer – Hinsicht mag das stimmen. Eine Frau braucht heute keinen Partner mehr, um sich den Kinderwunsch zu erfüllen oder um ein glückliches, eigenständiges und erfülltes Leben zu leben. Sie kann das männliche Genmaterial für ihr Kind im Katalog aussuchen und den Zeitpunkt der Befruchtung durch Einfrieren ihrer eigenen Eizellen selbst bestimmen. Aber das Kind, das so per Samenspende gezeugt, in ihrem Bauch heranwächst, muss dann mit dieser Geschichte leben. Nicht nur, dass es den Mann, den Vater für seine ganzheitliche Reifung entbehren wird, es wird sich auch früher oder später damit auseinandersetzen müssen, dass nicht die Liebe und die Lust zweier Menschen Auftakt seines Lebens waren, sondern eine künstliche Befruchtung. Ich möchte weder gleichgeschlechtliche Beziehungen von Frauen, die sich ihren Kinderwunsch erfüllen, diffamieren, noch Frauen, die sich für eine Samenspende entscheiden, weil sie nicht den richtigen Partner finden oder ganz bewusst auf Partnerschaft verzichten wollen. Ich bin jedoch der Meinung, dass es grundlegend falsch ist, zu glauben, Väter seien für die gesunde Entwicklung des Kindes per se entbehrlich. Das Bild vom Vater existiert auch in uns, wenn er körperlich nicht an der Zeugung beteiligt war. Gehen alle offen damit um, muss das nicht problematisch sein. Leider mangelt es in vielen Fällen an dieser Ehrlichkeit.

Das, was ein Vater dem Kind vermittelt, seine Interaktion im Familiengefüge, das kann durch niemand zu einhundert Prozent ersetzt werden, auch nicht durch einen Ersatzvater oder dadurch, dass zwei liebevolle Frauen das Kind gemeinsam bemuttern. Es gibt allerdings – auch das sei erwähnt – Studien, die zu dem Schluss kommen, dass ein Kind, das mithilfe eines anonymen Samenspenders entstanden ist und in einer lesbischen oder heterosexuellen Beziehung aufwächst, nicht unbedingt Nachteile erleiden muss. Die wenigen Forschungen, die es über solche Beziehungen gibt, zeichnen ein überwiegend positives Bild. Entscheidend ist, so hat man festgestellt, der Umgang mit der Wahrheit. Es ist wichtig, dass Frauen in diesem Fall zu ihrer Entscheidung stehen und das Kind nicht belügen.

DAS WICHTIGE DREIECK

Sieht man eine Mutter-Vater-Kind-Beziehung wie ein Dreieck, dann wird schnell deutlich, dass es Folgen haben muss, wenn eine Ecke fehlt. Dann kann das, was die Psychologie als »Triangulierung« bezeichnet und was besonders in den ersten drei Lebensjahren von großer Bedeutung ist, nicht stattfinden. Dieses Konzept besagt, dass der Vater in die Mutter-Kind-Symbiose eintritt und dem Kind den nötigen Rückhalt gibt, sich aus der engen Beziehung zur Mutter zu lösen. Verständlich, dass das für das Kind mit einer großen Ambivalenz und mit enormen Ängsten verbunden ist. Dieser Schritt ist allerdings unglaublich wichtig, damit der kleine Mensch seine eigene Persönlichkeit entwickeln kann, Grenzen erkennt und sich selbst im Kontext seiner Umwelt erfährt.

Beobachten Sie ein Kleinkind bei seinen ersten Versuchen, sich seine Welt zu erobern. Es schwankt stets hin und her zwischen dem Trieb, Neues zu entdecken und zu wagen, und dem Wunsch, ewig im Schoß der Mutter zu verweilen. Und genau hier ist der Vater von immenser Bedeutung. Er gibt durch sein Wesen, durch seine forsche, männliche Energie dem kleinen Menschlein die Kraft und den Anstoß, nicht in der Muttersymbiose stecken zu bleiben, sondern immer wieder Neuland zu betreten, sich wieder und wieder abzunabeln. Zu lernen, zu forschen, zu entdecken. Der Vater nimmt das Kind quasi an die Hand und macht ihm Mut, die Schwelle zu überschreiten. Gleichzeitig signalisiert er dem Kind, dass es sicher sein kann. Sich seiner selbst sicher. Selbstbewusst.

Selbstbewusstsein wird allgemein so definiert, dass man von seinen Fähigkeiten, von seinem Wert als Person überzeugt ist, was sich besonders in selbstsicherem Auftreten ausdrückt. Es ist mittlerweile erwiesen, dass Mädchen, die mit einer guten Beziehung zu ihrem Vater aufwachsen, auch ein gutes und gesundes Selbstbewusstsein entwickeln. Die Hamburger Paartherapeutin Angelika Faas, die sich intensiv mit dem Thema »Vater-Tochter-Beziehung«

auseinandergesetzt hat, ist überzeugt, dass es der Vater ist, der ganz entscheidend die Zukunft seiner Tochter beeinflusst. Wir wissen heute, dass sie von ihm lernt, sich in der Männerwelt zurechtzufinden und sich Respekt zu verschaffen. Väter setzen auf Sachlichkeit, Mütter mehr auf Emotionalität. Aber gerade diese Kombination aus Sachlichkeit und Emotionalität ist eine unschlagbare Mischung, die Mädchen stark macht. Faas sagt in einem Artikel in der Welt am Sonntag dazu: »Das väterliche Vertrauen in ihre Fähigkeiten macht Mädchen stark. Ein Mann besitzt die Kraft, seine Tochter davon zu überzeugen, dass sie einen Teil von seiner Welt abbekommen kann.«[6]

Erhard und Janig fassen es in ihrer Literaturstudie wie folgt zusammen: »Untersuchungen von besonders erfolgreichen Frauen weisen auf eine vermehrte väterliche Unterstützung und Anregung hin.«[7] Das heißt, hinter diesen Frauen steht überwiegend ein Vater, der sie liebevoll in die traditionelle Männerwelt eingeführt hat. Der mit ihnen gerauft, Ausflüge unternommen und ihre Leistungen wertgeschätzt hat. Gewiss wird nicht jedes kleine Mädchen, das diese Unterstützung erfahren hat, später eine Führungsrolle bekleiden. Aber die Unternehmungen mit dem Vater haben einen großen Einfluss auf das Erlernen der Geschlechterrolle. Väter animieren dazu, mutig zu sein. Sie vermitteln kleinen Mädchen das Gefühl, dass sie sich auf sich selbst und ihre Fähigkeiten verlassen können.

UMFELD ALS HALT UND DIE KRAFT DER RESILIENZ

Fehlt der Vater, dann spielt bei der Frage, inwieweit sich die Entbehrung problematisch auswirkt, das gesellschaftliche Umfeld, in das man integriert ist, natürlich eine große Rolle. Sicher gibt es in jedem von uns die Anlagen für destruktives, zerstörerisches und selbstzerstörerisches Verhalten, und vielfach ist es nur eine Gratwanderung, manchmal nur eine Frage des Zeitpunkts, der Umstände oder eines Auslösers, der das ganze System zum Zusammenbruch führen kann. Ich selbst stand oft genug dicht am Abgrund und kann nur vermuten, wie es gewesen wäre, hätte ich in einem anderen Milieu aufwachsen müssen. Menschen, die uns begegnen, die uns begleiten, die die Situationen, denen wir ausgesetzt sind, in irgendeiner Form verstärken oder abmildern, beeinflussen sehr direkt, wie wir mit seelischen Erschütterungen umgehen. Trotzdem können auch die wohlmeinendsten Begleiter eben doch nicht alles abfedern oder zurechtrücken. Startet ein Leben mit einem traumatischen Erlebnis, und kommen im Laufe der Jahre weitere vom Kind als negativ erlebte Erfahrungen hinzu, so ist irgendwann die Verarbeitungskapazität im wahrsten Sinne des Wortes erschöpft. Das erklärt, warum manche Menschen heftiger reagieren, andere weniger heftig. Jedes Leben ist anders, jeder Mensch ist ein Individuum mit einer einzigartigen Kombination an Talenten, Voraussetzungen, Erlebnissen und Eigenschaften, und »aus einem Leben ohne Vater muss nicht zwangsläufig ein Leid entstehen«, wie die Psychologin Sigrid Huth im Buch »Vatersuche« treffend sagt.

Neben dem Umfeld sind es vor allem auch die angeborenen Eigenschaften eines Kindes, die darüber entscheiden, wie es mit dem Vaterverlust oder der Vaterentbehrung zurechtkommt. Ich habe das Glück, über Anlagen zu verfügen, die mir seit jeher geholfen haben, mich immer wieder aufzurichten: eine positive Grundhaltung und meine Anpassungsfähigkeit. Beide Charakterzüge ermöglichen es mir, auch schwierigen Situationen etwas Gutes abzugewinnen, und wenn es die Schneeflocke draußen vor dem Fenster ist, über die ich mich freuen kann, während drinnen der Sturm tobt. Darüber hinaus wohnt in mir eine starke Begeisterungsfähigkeit, die mich, wie Sie in den nachfolgenden persönlichen Schilderungen lesen werden, vor Schlimmerem bewahrte, weil ich immer etwas entdeckt habe, was mich interessierte und fesselte. Heute würde man das alles wahrscheinlich als Resilienz bezeichnen, als die Fähigkeit, trotz einiger Schrammen durch Lebenskrisen hindurchzugehen und nicht an ihnen zu zerbrechen.

3. WAS BIN ICH OHNE IHN WERT? – DIE AUSWIRKUNGEN DER VATERENTBEHRUNG

DOPPELT VATER-VERLASSEN

Ich bin 16 Jahre alt. Ein Teenager, der eigentlich kein Teenager mehr ist. Mein Stiefvater ist in eine andere Wohnung gezogen, weil meine Mutter sich von ihm scheiden lassen will. Ich sehe ihn kaum noch, er meldet sich nicht bei mir. Ab und zu kommt er, um ein paar Sachen abzuholen. Dann reden wir kurz, und ich kann seine Trauer spüren.

Als meine Mutter mir sagte, dass sie sich trennen will, tobte ich, beschimpfte sie, gab ihr die Schuld am Scheitern der Beziehung. Hinter meiner Wut steckte allerdings etwas anderes – eine verdammt große Angst. Und das Gefühl, erneut verlassen zu werden. Mein Stiefvater ist mein Ansprechpartner in allen schulischen Belangen gewesen. Er hat die Hausaufgaben mit mir erledigt, mir immer geholfen, da er viel wusste, und er war in der Schule als Elternvertreter angesehen. All das brach weg, weil er sich kaum noch meldete, sich zurückzog. Weil es ihn schmerzte, mich und meine Mutter zu sehen.

Die Trennung meiner Eltern fiel genau in die Zeit meines Wechsels an die Oberschule. Der war auch ohne das persönliche Drama drum herum nicht ganz unproblematisch, denn um in der ehemaligen DDR zum Abitur zugelassen zu werden, brauchte man nicht nur ausgezeichnete Noten, sondern auch die richtige Gesinnung. Meine Mutter war schon immer sehr »westlich« orientiert gewesen, was Gerhard durch seine Art und seine berufliche Position nach außen hin gut kompensieren konnte, sodass ich deshalb keine Probleme bekam. Nun war er plötzlich fort, und das machte sich bemerkbar. Ich fühlte mich haltlos, war überfordert mit dem rigiden sozialistischen Reglement an der Oberschule. Mir fehlten der Rückhalt, der Ausgleich. Die vielen kleinen Schikanen, die ich aufgrund meiner »nicht sozialistischen Gesinnung« auch seitens der Mitschüler erfuhr, machten mir plötzlich etwas aus. Meine Leistungen brachen ein, und obwohl ich ein talentiertes und interessiertes Mädchen war, konnte ich auf meine Kompetenzen nicht mehr zurückgreifen. Ich war wie von mir selbst abgeschnitten, und ich kann heute ganz klar sagen, dass mir damals die väterliche Aufmerksamkeit und der väterliche Zuspruch gefehlt haben.

Die Trennung, der Schulwechsel, die Anfeindungen der Klassenlehrerin und der Mitschüler – ich wusste nicht mehr, wo mir der Kopf stand. Ich konnte plötzlich nicht mehr funktionieren, schwänzte die Schule oder wurde krank. Irgendwann bat ich meine Mutter, dafür zu sorgen, dass ich in eine andere Klasse wechseln kann, weil ich wusste, dass es dort etwas weniger »staatsgetreu« zuging. Ich hatte die Hoffnung, dass es mir dort besser gehen würde. Vielleicht auch, weil die neuen Mitschüler von meiner »Schande« nun auch den zweiten Vater verloren zu haben, nichts wussten. Aber die Schulleitung sah keinen triftigen Grund für einen Wechsel und gestattete ihn nicht.

Also fasste ich einen Entschluss. An dem Tag, als wir eine Mathematikarbeit schrieben und ich nach einem Blick auf das Blatt genau wusste, dass ich die Aufgaben nicht bewältigen würde, holte ich die Schlaftabletten, die ich meiner Mutter entwendet hatte, unauffällig aus meiner Tasche und verschwand damit auf der Schultoilette. Da saß ich dann mit den Tabletten in der Hand. Ich weinte bitterlich, war hin- und hergerissen zwischen dem Wunsch, all dem ein Ende zu bereiten, und der Stimme, die in mir rief, dass es immer einen Ausweg gibt. Ich kämpfte mit mir, führte die Tabletten zum Mund, ließ sie wieder sinken. Ich dachte an meine Mutter, an meine Väter, de-

nen ich offensichtlich nicht wichtig genug war, dass sie bei mir geblieben wären, an meine Kindheit. Und plötzlich fand ich einen Ausweg. Nach einer Viertelstunde, kurz vor Unterrichtsende spülte ich die Tabletten in die Toilette, ging zum Lehrerzimmer, klopfte, und als der damalige Physiklehrer die Tür öffnete, sagte ich ihm, dass ich die Pillen genommen hätte, und er möge doch bitte einen Krankenwagen rufen. Das tat er dann auch, wir fuhren ins Krankenhaus, und ich erzählte ihm auf dem Weg, dass ich es getan hätte, weil ich mit meiner Klassenlehrerin nicht zurechtkam. Er war schrecklich aufgebracht, hielt meine Hand und versprach mir, sich dafür einzusetzen, dass ich die Klasse wechseln kann, wenn ich ihm wiederum versprechen würde, so etwas nie wieder zu tun. Im Krankenhaus angekommen, pumpte man mir den Magen aus.

Später holte meine Mutter, die man in der Zwischenzeit verständigt hatte, mich ab. Ich kann mich an ihre Reaktion nicht mehr erinnern. Ich weiß nur, dass niemand je auf die Idee gekommen ist, mich einem Psychologen vorzustellen. Und dass meine Mutter und ich von diesem Zeitpunkt an noch engere Verbündete waren. Das war paradox, denn eigentlich war das genau die Zeit, in der man sich von seinen Eltern löst. Aber ich konnte nicht. Ich fing an, sie zu idealisieren, wollte plötzlich so sein wie sie und hatte trotz eines eigenen Freundeskreises, der außerhalb der Schule lag, das seltsame Gefühl, dass niemand außer meiner Mutter wirklich für mich da war. Dass ich nur noch sie hatte. Also verwandelte sich all der pubertäre Groll in bedingungslose Bewunderung. Ich klebte an ihr wie eine Klette und vergaß, mich selbst zu entdecken. Mir die Frage zu stellen, was ich denn eigentlich mit meinem Leben anfangen will. Was ich lernen möchte, welchen beruflichen Weg ich mir vorstelle. Ich hatte überhaupt kein klares Bild von mir und meiner Zukunft, trottete neben ihr her, war wie ein Anhängsel und lebte, im Nachhinein betrachtet, mehr ihr Leben als das meine. Von Abnabelung, von Eigenständigkeit war ich ganze Universen entfernt.

VERLUST DER MUTTER

Kurz nachdem ich mein Abitur in der Tasche hatte, stellte meine Mutter einen Antrag auf endgültige Ausreise aus der DDR. Natürlich wollte ich mit, andererseits wollte ich aber auch nicht so einfach alle Zelte abbrechen. Ich fürchtete mich vor der gewaltigen Veränderung, außerdem hatte ich zu der Zeit einen Freund, und etwas in mir sah auch die Chance, mich irgendwie doch abzunabeln. Auf eigenen Beinen zu stehen. Ich hatte plötzlich den Wunsch, eine eigene Familie zu gründen. Trotzdem war da diese Ambivalenz, denn die Aussicht, die DDR zu verlassen und endlich überall hinreisen zu können, war äußerst verlockend. Als mir mein Freund klarmachte, dass die traute Familienzweisamkeit für ihn keine Option war, beendete ich mein Zögern und stellte meinen eigenen Antrag. Ich habe nie herausfinden können, ob die Zeitverzögerung der Grund war, warum meine Mutter nach einem Vierteljahr ausreisen durfte, ich aber nicht. Meine Akten im Landesarchiv Berlin und bei der Stasi-Unterlagenbehörde sind an den entscheidenden Stellen geschwärzt. Es ist auch im Nachhinein nicht mehr wichtig. Es heilt nichts, wenn man Namen kennt. Und Rache ist ein schlechter Lebensberater.

Fakt ist, dass meine Mutter im Mai 1987 ausreiste und ich allein in Ostberlin bleiben musste. Es war nicht klar, wann wir uns wiedersehen würden, denn einreisen durfte sie natürlich nicht. Zu meinem Stiefvater hatte ich in dieser Zeit fast keinen Kontakt, auch nicht zu anderen Familienmitgliedern. Mein Freundeskreis brach auseinander, weil die meisten in anderen Städten studierten oder aufgrund meines Ausreiseantrags den Kontakt mit mir mieden. Mit anderen Worten: Ich war von einem Tag auf den anderen auf mich allein gestellt. Und damit war ich völlig überfordert. Zweieinhalb lange Jahre wartete ich darauf, ausreisen zu dürfen, und was in dieser Zeit mit mir geschah, lässt sich nur mit dem Wort »Absturz« beschreiben. Ich zeigte, ohne es damals zu wissen, alle Symptome einer Posttraumatischen Belastungsstörung, nahm die Welt um mich herum wie durch eine Glasscheibe wahr. Es fühlte sich an, als sei ich nicht mehr da, als würde alles, was geschah, automatisch, ohne mein Zutun passieren. Ich schaute mir dabei zu, wie ich ins Bodenlose stürzte, zu trinken anfing, nächtelang durchfeierte, wahllos mit älteren Männern schlief und dabei immer nach dem Vaterersatz suchte. Da die Lebenshaltungskosten in der ehemaligen DDR sehr niedrig waren, kam ich einigermaßen mit dem Puffer zurecht, den mir meine Mutter dagelassen hatte. Außerdem jobbte ich hier und da als Model. Nach außen sah man mir nicht an, was mit mir los war, nur ich selbst sah mir dabei zu, wie ich langsam innerlich und später auch äußerlich verwahrloste. Irgendwann nicht einmal mehr den Müll runterbrachte und keine Kohlen für den Winter (in meiner Wohnung gab es noch einen Ofen) bestellte. Es war mir egal. Ich war mir egal. Mehr als einmal saß ich an der Kante eines Balkons und überlegte, dass es doch nur ein kleiner Sprung sei.

Ich hatte damals kein Telefon, wenn ich also mit meiner Mutter telefonieren wollte, dann stand ich manchmal stundenlang in einer Telefonzelle, wählte die 049 30 …, und schon nach der Vier kam das Besetztzeichen. Tut, tut, tut und wieder drehte sich die Wählscheibe. Tut, tut, tut … An manchen Tagen klappte es nach einer halben Stunde, an anderen Tagen erreichte ich sie gar nicht. Dann ging ich nach Hause, trank Wodka, legte mich ins Bett und dachte mir, dass es irgendwann aufhören würde wehzutun. Dass irgendwann Stille herrschen würde. Eine friedliche, rauschhafte Stille. Diese Todessehnsucht übertrug ich auch in dieser Situation wieder auf eine Art, die mich heute noch vor mir erschrecken lässt. Ein Bekannter hatte mir seine zwei Wellensittiche anvertraut, die ich 14 Tage hüten sollte, während er im Urlaub war. Ich ließ die Vögel verhungern. Ich konnte keine Verantwortung übernehmen. Für mich nicht und für diese armen Kreaturen schon gar nicht. Irgendwann in dieser Phase begann meine innere Auseinandersetzung mit meinem leiblichen Vater. Stellte ich mir die Frage, warum er nicht da war, warum er mir keinen Halt geben wollte.

IST VATERENTBEHRUNG EIN TRAUMA?

Kinder gehen grundsätzlich davon aus, in einem Umfeld aufzuwachsen, in dem sie Schutz und Liebe erfahren. Es ist ein Grundbedürfnis, nachdem sie suchen und das sie einfordern, so gut sie können. Wird das Bedürfnis nach Bindung, das besonders im Säuglingsalter ausgeprägt ist, nicht befriedigt, kann das schwerwiegende Konsequenzen nach sich ziehen. Gezeigt haben das die sogenannten Waisenkinder-Versuche, die man dem deutschen König und römischen Kaiser Friedrich II. von Hohenstaufen zuschreibt. Ansinnen dieser Experimente an Neugeborenen war es eigentlich, herauszufinden, welche »Ursprache« Kinder sprechen, wenn man sie isoliert von jeglicher liebevollen und sprachlichen Zuwendung aufwachsen lässt. Wenn man also nur die Grundbedürfnisse Ernährung und Hygiene der Kleinen stillt, sie jedoch weder liebkost noch mit ihnen lacht oder spricht. Das Ergebnis war so grausam wie einprägsam: Die Kinder starben.

Nun müssen es nicht zwangsläufig die Eltern sein, die die lebensnotwendige Liebe und Zuwendung geben. Kinder überleben, wenn sie eine Bezugsperson haben, die sich kümmert, und trotzdem weiß die Forschung heute, dass wir grundsätzlich darauf ausgerichtet sind, die Liebe von Vater und Mutter zu erfahren, und dass die Tatsache, dass wir aus ihnen entstanden sind, sie also praktisch in uns tragen, den Wunsch nach Nähe zu ihnen initiiert.

Wachsen Kinder allerdings bei Eltern auf, die Schwierigkeiten haben, sich ihren Kindern liebevoll zuzuwenden, die sie vernachlässigen, sodass es den Kindern an Reizen für ihre geistige und motorische Entwicklung und an der Spiegelung der Herkunftsidentität fehlt, führt dies zu vielfältigen Symptomen, von motorischer Verlangsamung über Teilnahmslosigkeit, soziale Kontaktstörungen, Wutanfälle, Angstzustände bis hin zu Aufmerksamkeitsstörungen. Lange war die Wissenschaft sich darüber einig, dass diese Folgen nur dann auftreten, wenn die Bindung zur Mutter gestört ist. Doch neueste Forschungen differenzieren dieses Bild. Demnach spielt die Mutter-Kind-Bindung nach wie vor eine zentrale Rolle, doch kaum weniger wichtig scheint die Vaterbindung zu sein, da auch hier alle Formen der Entbehrung zu den genannten Symptomen führen.

Um dem, was in einem Säugling vor sich geht, der einen Bindungsmangel erfährt, auf die Spur zu kommen, lohnt sich ein kurzer Ausflug in die Neurobiologie und in unsere frühkindliche Entwicklung. Professor Dr. Ralph Dawirs, selbst Vater von zwei Kindern, Neurobiologe und Hirnforscher, leitet die Forschung der Kinder- und Jugendabteilung für psychische Gesundheit an der Universitätsklinik in Erlangen. Auf meine Nachfrage hin antwortet er: »Der biologische Normalzustand lautet: Mama, Papa und Kind. Denn wie kein anderes Lebewesen ist der Säugling auf die Liebe und Zuwendung der Eltern angewiesen. Die Erfüllung der Bedürfnisse ist für das Kind überlebensnotwendig, und damit sind nicht nur die Grundbedürfnisse wie Hunger, Durst und Sauberkeit gemeint.«[8] Die Entwicklung des menschlichen Gehirns wird in die Zeit nach der Geburt hinein verzögert, um so optimale Anpassungsprozesse zu gewährleisten. Läuft alles gut, entwickelt sich ein Mensch, der Urvertrauen besitzt, der bindungsfähig und stark genug ist, auch mit Frustration und Enttäuschung zurechtzukommen. Doch diese verzögerte Gehirnreifung hat den Preis der absoluten Abhängigkeit des Säuglings und des Kleinkindes von den Eltern und birgt damit ein hohes Risiko, denn Kinder können sich ihr »Bodenpersonal« wie Dawirs in unserem Gespräch die Eltern ironisch nennt, nicht aussuchen. Kommt es, aus welchen Gründen auch immer, vorgeburtlich oder in den frühen Monaten zu der Erfahrung des Verlassenwerdens, dann hat das gravierende Auswirkungen auf die Entwicklung des Gehirns. In schweren Fällen kann es sogar zu einer fronto-limbischen Atrophie kommen. Vereinfacht gesagt: Die Regionen, die für die Einordnung und Archivierung sowie für die emotionale Verarbeitung der Ereignisse zuständig sind, schrumpfen buchstäblich und können ihre Funktion nicht mehr in vollem Umfang ausüben. Das führt zu Verhaltensauffälligkeiten wie Rückzug, Hoffnungslosigkeit und Gleichgültigkeit gegenüber der Umgebung. In schweren Fällen beeinflusst die fronto-limbische Atrophie den Hormonspiegel des Kindes. Er sinkt und stört damit das Wachstum und die Reifung.

Hinzu kommt, dass der akute Trennungsschmerz, den wir erleiden, wenn eine nahestehende Person plötzlich fehlt, physischen Schmerzen rein biologisch in nichts nachsteht. Emotionaler Trennungsschmerz wird in unserem Gehirn von den gleichen chemischen Substanzen gesteuert wie körperlicher Schmerz. Die italienische Forscherin Francesca D'Amato vom Institut für zelluläre und Neurobiologie in Rom konnte das mit einem Versuch an Mäusebabys nachweisen. Man züchtete die Mäuse so, dass ihnen das Gen für die Steuerung der Schmerzrezeptoren fehlte (Opiod-Rezeptor). Erstaunlicherweise zeigten diese Mäuse keinerlei Bindungsverlangen nach ihren Müttern oder irgendeine Art von Anhänglichkeitsverhalten. Normale Mäuse dagegen registrierten die Abwesenheit der Mutter und reagierten darauf. Gab man diesen Mäusen Schmerzmittel, die auf die Opiod-Rezeptoren wirkten, beruhigten die Mäuse sich, was zu dem Schluss führte, dass beide Arten von Schmerz über den gleichen Opioid-Rezeptor im Gehirn gesteuert werden.

Trennungsschmerz kann sich steigern bis hin zu panikartigem Trennungsstress mit allen Folgen, die aus der Stressforschung bekannt sind. Michaela Huber, Psychologische Psychotherapeutin, Autorin und 1. Vorsitzende der DGTD – Deutsche Gesellschaft für Trauma und Dissoziation –, beschreibt diesen Zustand in unserem Gespräch wie folgt: »Zunächst kommt es zu einem starken Zustand der Übererregung. Die Herzfrequenz steigt, die Atmung geht schneller, die Muskulatur ist angespannt, und wir sind bereit, zu kämpfen oder zu fliehen. Ist das nicht möglich, gehen wir in den nächsten, den sogenannten Freeze-Zustand über.« Freeze ist ein

Begriff, der häufig in der Computerwelt verwendet wird und bedeutet, dass keine Reaktion mehr stattfindet, obwohl das Rechnersystem intakt ist. Huber weiter: »Trotz dieser Starre ist der Körper nach wie vor extrem angespannt, bis die Physiologie kippt und in einen Untererregungszustand übergeht. Dann kommt es zur Erschlaffung, zum Aufgeben, der Körper geht in einen Ruhezustand über, wobei es in dieser Phase meist zu einer starken Dissoziation (Aufspaltung) kommt. Ein Teil des Wesens ist wie nicht mehr da, hat sich buchstäblich in einen Dämmerzustand verabschiedet und scheint körperlich wie seelisch nicht mehr zu dem Betroffenen zu gehören.«[9] Um diesen Seelenanteil herum bildet sich eine Art Schutzmechanismus. Das Kind versucht, nicht nur weiter zu überleben, sondern sich so zu verhalten, dass es sowohl von dem verbliebenen Erwachsenen, der es versorgt, als auch von dem getrennt lebenden Elternteil toleriert und geliebt wird. Dafür müssen allerdings alle Emotionen verdrängt werden.

Die Phasen, die Huber beschreibt, entsprechen den Phasen, die ein Kind durchläuft, das einen Elternteil verliert, und das ist in der Mehrzahl der Fälle der Vater. Vaterentbehrung lässt sich damit problemlos in das Konzept der Traumatheorie einordnen. Die Folgen können mit denen anderer Ereignisse, die brachial unser Gefühl von Sicherheit und Vertrauen durchbrechen, verglichen werden. Ob Kriegstraumata, körperliche und sexuelle Übergriffe, Unfälle und andere natürliche oder vom Menschen verursachte Katastrophen – die Gefühle von Hilflosigkeit und Wut, die solche Erlebnisse in der Regel begleiten, sind im Stande, den Umgang eines Menschen mit Stress nachhaltig zu beeinflussen, sein Selbstgefühl zu beeinträchtigen und die Wahrnehmung von der Welt massiv zu verändern. Dann ist das Umfeld nicht mehr der geschützte Raum, in dem sich ein Baby anfangs wähnte, sondern verwandelt sich in einen Kampfplatz, auf dem es um das nackte Überleben geht.

Der Verlust des Vaters durch Tod, Trennung, Scheidung oder weil der Vater sich abwendet, steht in der Rangfolge der Schwere von Traumen mit auf den vordersten Plätzen. Das lässt sich auch nicht dadurch wegdiskutieren, dass man all jene ins Feld führt, die keine oder nur wenige Symptome zeigen. Dass Alkohol und Rauchen schädlich sind, haben wir auch verinnerlicht, obwohl es Menschen gibt, die unkontrollierten Genuss ohne schwerere Schäden überstehen. Insofern ist es an der Zeit, das Kind beim Namen zu nennen und sich der Verantwortung, die Eltern und im Besonderen auch Väter tragen, bewusst zu werden.

WIE BETROFFEN IST DER ODER DIE BETROFFENE?

Vielleicht fragen Sie sich, wie ich dazu komme, die ausgewählten Episoden am Anfang des Kapitels mit der Vaterentbehrung in Zusammenhang zu bringen. Ob ich es mir nicht zu einfach mache, alles, was mir im Leben widerfahren ist, auf den abwesenden Vater zu schieben. Die Frage ist berechtigt, denn einen direkten Kausalzusammenhang, also ein Ursache-Wirkungs-Prinzip gibt es nicht. Man kann in Fällen von erlebten Traumen nie sagen, dass auf A zwangsläufig B folgt. Nicht jeder, der als Kind geschlagen wurde, wird selbst zum Schläger. Nicht jeder, der missbraucht wurde, missbraucht später auch. Und nicht jeder, der ohne Vater aufgewachsen ist, entwickelt spezielle Verhaltensmuster, die sich mit denen anderer Menschen vergleichen lassen, die auch auf die Anwesenheit des Vaters verzichten mussten. Ohne den leiblichen Vater aufzuwachsen ist, wie Sigrid Huth sagt: »ebenso eine Spielart des Lebens, wie das Leben mit dem anwesenden Vater, der ja auch nicht immer präsent ist.«[10]

Spielart ist ein freundliches Wort in diesem Zusammenhang, bedenkt man, dass Vaterentbehrung für viele Menschen ja doch mit weitreichenden Konsequenzen verbunden ist. Ein Forscherteam um die Medizinerin Cristina Barboza Solis vom französischen Gesundheitsforschungsinstitut Inserm hat eine Langzeituntersuchung ausgewertet, in der seit 1958 die Daten von mehr als 7500 Briten von ihrer Geburt an erhoben wurden. Ziel der Wissenschaftler war es, herauszufinden, ob und wie sich belastende Erlebnisse im familiären Umfeld auf das spätere Erwachsenenleben auswirken. Dazu beobachtete man speziell jene aus der Gruppe, die als Kinder vernachlässigt worden waren, solche, bei denen ein Elternteil Alkoholiker war oder in Haft kam, und darüber hinaus Jungen und Mädchen, deren Eltern sich getrennt hatten. Heraus kam, dass es sehr wahrscheinlich ist, dass solche Kinder später gesundheitliche Probleme haben, »was sich in ihrer physiologischen Abnutzung im Erwachsenenalter zeigt«, wie es in der Studie heißt.

Die Folgen der Vaterentbehrung sind vielfältig. In ihrem Buch »Töchter ohne Väter« lässt Barbara Stambolis Frauen zu Wort kommen, die ihren Vater durch den Krieg verloren haben. Was mich bei diesen Erzählungen am meisten berührte, war die Tatsache, dass all diese Frauen, die ihre tiefe Sehnsucht und ihre Verlusterfahrungen schildern, im wahrsten Sinne des Wortes »gestandene Frauen« sind. Dass sie frühzeitig selbstständig wurden, Verantwortung übernahmen, Krisen und Umbrüche überstanden und ihr Leben meisterten. Und trotzdem schildern sie so eindrücklich, dass es fast schmerzt, wie sehr ihnen etwas gefehlt hat: der Vater an ihrer Seite. Stambolis schreibt dazu: »Es scheint ein Widerspruch zwischen dem unsicheren Selbstgefühl, dem Eindruck eines Defizits an Selbstbewusstsein und Selbstsicherheit und den tatsächlich in der Regel doch so stark wirkenden Frauen und ihren ebenfalls starken Müttern zu bestehen.«

Nun bin ich keine Kriegshalbwaise, hatte sogar einen liebenden Stiefvater und empfand dieses Defizit trotzdem. Und auch ich präsentierte nach außen hin überwiegend ein anderes Bild. Begab mich, wie viele andere, die Vaterentbehrung erlebt haben, zu einer Zeit auf die Suche nach meinem Vater, als ich eigentlich selbst schon mit beiden Beinen mitten im Leben stand und ihn nicht mehr gebraucht hätte. Warum? Weil es nicht aufhörte, wehzutun. Weil ich immer das Gefühl hatte, dass ein Teil von mir fehlt. Als mich ein Coach vor vielen Jahren fragte, was mich denn daran hindere, konsequent meine Ziele zu verfolgen, antwortete ich: »Ich wünsche mir immer jemanden, der mir die Hand auf die Schulter legt und mir sagt, dass ich es gut und richtig mache. Fehlt das, dann verliere ich irgendwann den Mut und die Kraft, weiterzugehen.«

Spannend im Zusammenhang mit der Vaterentbehrung ist die Frage nach den Erfahrungswiederholungen in unserem Leben. Ich hatte es schon angesprochen. Schaut man sich die Lebensläufe der Menschen an und vergleicht diese mit denen der Eltern- oder Großelterngenerationen, dann finden sich häufig auffällige Ähnlichkeiten. Manchmal werden traumatische Ereignisse, die die Eltern erlebt haben, so wie bei mir, eins zu eins von den Kindern oder den Enkelkindern noch einmal erlebt. Zufall? Schicksal? Oder doch Bestimmung?

Die Häufigkeit, mit der dieses Phänomen auftritt, kann meines Erachtens nicht mit einer einfachen Wahrscheinlichkeitsrechnung plausibel gemacht werden. Wer es selbst nicht geschafft hat, die traumatischen Erlebnisse seines Lebens aufzuarbeiten und die damit verbundenen Gefühle zu transformieren, gibt diese Aufgabe unbewusst an seine Kinder oder Enkelkinder weiter. In diesem Zusammenhang sei nur kurz auf die Forschungen der Epigenetik hingewiesen – ein relativ junger Forschungszweig, der aber einen Erklärungsansatz für das Phänomen der Wiederholung liefern könnte. Denn tatsächlich erlaubt die Epigenetik – um es mal mit einfachen Worten zu formulieren – durch eine Art Kodierung selbst kleinsten Umwelteinflüssen den Eingriff in unser Erbgut. Mehrere Studien haben bereits gezeigt, dass traumatische Erlebnisse sogenannte epigenetische Veränderungen auslösen können. Ist die Mutter in der Schwangerschaft erhöhtem Stress ausgesetzt, wovon man zum Beispiel ausgehen kann, wenn sich der Vater nicht zum Kind bekennt oder auf eine Abtreibung drängt, dann hat das Einfluss auf die Aktivität einzelner Gene der Mutter, die zum Beispiel zu einer späteren Depression führen können. Diese Genveränderungen werden an das ungeborene Kind weitergegeben. So haben andere Studien gezeigt, dass Kinder, die sozusagen schon »vorbelastet« sind, einen veränderten Cortisolspiegel aufweisen, das heißt, dass sie viel schneller im Stressmodus sind. Das wiederum wirkt sich negativ auf die Gehirnreifung aus.

Aber selbst wenn Eltern ganz bewusst darauf verzichten, ihre Kinder so zu behandeln, wie sie behandelt wurden, weil sie sich darüber im Klaren sind, welche Auswirkungen das Trauma auf sie selbst hatte, reagieren Kinder oft so, als hätten sie dieselbe traumatische Kindheit erlebt. Kinder sind äußerst sensibel und empfänglich für jedwede Art von Gefühlsschwankungen.

Werden Mutter und Kind vom Vater verlassen, erlebt das Kind nicht nur seinen eigenen Schmerz, sondern fühlt auch den der Mutter intensiv mit. Der Punkt ist, dass der Schmerz eines jeden Traumas von den bewusst erlebten Gefühlen abgespalten wird. Das ist ein wichtiger Überlebensmechanismus. Was entsteht, ist ein sogenanntes Überlebens-Ich, mit dem man als »funktionierender« Mensch durchaus durch das Leben gehen kann, leider mit der Folge, dass dieser Ich-Anteil nicht fühlen darf. Eltern, die im Überlebensmodus agieren, nehmen Kinder, die ihre Gefühle spontan und intensiv ausleben, unbewusst als Bedrohung wahr. So kommt es dazu, dass entweder die Eltern dafür sorgen, dass das Kind seinen »fühlenden Teil« abspaltet, sich anpasst und ebenfalls in den Überlebensmodus wechselt, oder die Kinder tun es von sich aus, weil sie es als »Auftrag« spüren und annehmen. Weil sie mit den Eltern »kooperieren« wie der dänische Familientherapeut Jesper Juul es bezeichnet.

VIELE MOSAIKSTEINE ERGEBEN DAS BILD

Natürlich ist der fehlende oder abwesende Vater nur ein Baustein in einem komplexen Gesamtgefüge. Und doch lässt sich sagen, dass seine Abwesenheit eine wesentliche Einflussgröße darstellt, die zu bestimmten signifikanten Häufungen von Problemen führen kann. Dabei spielt laut Prof. Dr. Alexander Thomas vom Institut für Psychologie der Universität Regensburg der Zeitpunkt des Vaterverlustes eine wesentliche Rolle. So wirkt sich der Vaterverlust in frühen Jahren stärker aus als der in späteren. Das trifft allerdings nicht auf das Drama zu, wenn der Vater plötzlich stirbt. In diesem Fall ist es genau anders herum, je später, desto traumatisierender ist der Verlust für das Kind oder den Jugendlichen.[11] Auffällig ist auch, wie unterschiedlich Jungen und Mädchen mit einer Vaterentbehrung umgehen. Ich hatte es schon angedeutet – während Jungs nach außen gehen, häufig aggressiv, manchmal sogar kriminell werden, spielt sich das Drama bei Mädchen eher im Inneren ab.

Langzeitstudien zum Thema Vaterentbehrung sind derzeit noch rar gesät, und die vorhandenen zeigen leider oft keine eindeutigen Resultate, da sie meist nur mit kleineren Gruppen durchgeführt wurden. Als erwiesen gilt allerdings, dass sich die Einflussgröße »Vater anwesend oder nicht« tendenziell auf die psychische und physische Gesundheit der Betroffenen auswirkt. Horst Petri hat in einem Artikel für »Die Deutsche Liga für das Kind« die wissenschaftlich gesicherten Erkenntnisse über die möglichen Folgen der Vaterentbehrung wie folgt zusammengefasst:

1) Für den intellektuellen Bereich, der sich durch Schulnoten, Leistungstests, Berufsabschlüsse und am beruflichen Erfolg überprüfen lässt, besteht in der Forschung weitgehende Übereinstimmung über die negative Wirkung der Vaterentbehrung. Davon sind Jungen und Mädchen gleichermaßen betroffen.

2) Für die eigene Geschlechtsrollenentwicklung verweisen alle Befunde auf die entscheidende Funktion der Mutter. Wenn ihr weibliches Selbstbild ungestört bleibt und sie das männlich-väterliche Prinzip weiterhin akzeptiert, können sowohl Mädchen als auch Jungen ein stabiles sexuelles Identitätsgefühl und befriedigende Partnerbeziehungen entwickeln. Anderenfalls drohen für Mädchen und Frauen die Gefahren des sexuellen Missbrauchs in der Kindheit, frühe Schwangerschaften, frühe Ehen und schwere Partnerprobleme; Jungen und Männer sind häufig durch sexuelle Störungen, Bindungslosigkeit zu Frauen, Donjuanismus oder andere Partnerschwierigkeiten belastet.
3) Für die Gesellschaft am besorgniserregendsten sind die sozialen Folgen der Vaterentbehrung, die sich bei Jungen am nachhaltigsten niederschlagen. Wenn das für sie so wichtige männliche Identifikationsobjekt entfällt, bleibt ihre Gewissensbildung unterentwickelt. Dadurch kann sich das bei ihnen stärker als bei Mädchen ausgeprägte Triebpotenzial der Aggression zu einer gefährlichen, weil ungesteuerten Kraft entwickeln. Deswegen ist bei ihnen der Weg von der Verwahrlosung zur Gewaltkriminalität, oft im Zusammenhang mit Alkohol- oder Drogenabhängigkeit, nicht weit. Die Zahlen, die über die verschiedenen Formen sozialer Entgleisung bei Kindern, Jugendlichen und Heranwachsenden vorliegen, sind in der Tat alarmierend.
4) Schließlich sind die ernsthaften seelischen Erkrankungen zu nennen. Untersuchungen an erwachsenen Patienten zeigen eine Häufung vaterloser Schicksale bei Neurosen, Depressionen, schweren Persönlichkeitsstörungen, Schizophrenie, Drogen- und Alkoholsucht und bei Selbstmordversuchen und Selbstmorden. Für alle diese Erkrankungen sind ein tiefes Misstrauen in die Verlässlichkeit menschlicher Bindungen und ein starker Selbsthass, weil man sich selbst nicht für liebenswert hält, charakteristisch.

Entscheidend für die Verarbeitung der Vaterentbehrung ist neben dem Umfeld und anderen Erfahrungen vor allem, wie die Mutter oder andere Angehörige über den Vater sprechen, und ob das, was das Kind hört, auch mit seiner Wahrnehmung und mit seinem Erleben übereinstimmt. Kinder haben sehr feine Antennen und leiten viel ab aus dem, was sie sehen und intuitiv wahrnehmen. Stimmt das, was über den Vater erzählt wird, nicht mit dem überein, was das Kind aus den Gebärden, aus der Körpersprache und aus den »Schwingungen« entnimmt, dann führt das zu Irritationen. Diese schreibt das Kind aber nicht den Erwachsenen zu, denn die haben ja die »Wahrheitshoheit«. Nein, es zweifelt an seiner eigenen Wahrnehmung.

In diesem Zusammenhang komme ich noch einmal auf den Betrug zurück, der begangen wird, wenn Mutter und Stiefvater das Kind nicht über seine Herkunft aufklären. Abgesehen davon, dass Kinder intuitiv spüren, dass etwas nicht stimmt, ist das Drama natürlich dann umso größer, wenn sie zufällig erfahren, dass sie belogen wurden. Sigrid Huth sagt dazu: »Das ist wirklich eine sehr schmerzhafte Kränkung für die Tochter, weil beide [Mutter und Stiefvater] sie in die Irre geführt haben. Diese Irreführungen, diese Realitätsverdrehungen sind es, an denen die jungen Frauen später oft verzweifeln.«[12]

Weiß das Kind um den leiblichen Vater, und ist das Bild überwiegend positiv besetzt, so hat es die Chance, die eigene Trauer zu verarbeiten. Belegen lässt sich das anhand vieler Geschichten, die Kriegshalbwaisen über ihren Umgang mit dem Verlust erzählen. Die meisten von ihnen bewältigten ihn, weil sie – anders als viele Scheidungskinder – mit einem positiven Vaterbild aufgewachsen sind und dieses positive Bild als Introjekt in ihnen weiterleben konnte. Sie haben die »Stimme des Vaters« quasi in sich ausgebildet und damit die entstandene Leere gefüllt. Die Journalistin Christine Brinck berichtet in einem Artikel für »DIE ZEIT«: »Das Bild des Vaters steht buchstäblich auf dem Klavier oder, wie im

Falle der Kriegswaise Gerhard Schröder, auf dem Schreibtisch. Die Sehnsucht des Waisenkindes nach seinem Vater entspricht jener der Mutter nach ihrem Mann.«

EINZELSCHICKSAL ODER KOLLEKTIVE ERFAHRUNG?

Spannenderweise sind sich viele der betroffenen Menschen bewusst, dass sie in irgendeiner Form eine »Vaterthematik« haben. Ich musste nie viel fragen, manchmal war es so, dass ich nur erwähnt habe, an welchem Buchprojekt ich gerade arbeite, und schon sprudelten die Geschichten heraus, oft dauerte es nicht lange, bis sogar Tränen flossen. Das zeigt mir, wie wichtig dieses Thema ist, wie tief unsere Erfahrungen sitzen und wie sehr wir selbst als Erwachsene noch geprägt sind von dem, was uns als Kind widerfuhr.

So erzählte mir – nachdem ich in meinem privaten Umfeld eine kleine Umfrage zum Thema Vatererfahrung gestartet hatte – eine Bekannte: »Unser Vater ist mit 24 Jahren im Krieg gefallen, als meine Zwillingsschwester und ich ein halbes Jahr alt waren. Unsere Mutter war damals 22 Jahre alt. Unser Vater stand von da an mit einem Foto immer auf dem Regal. Jedes Jahr wurden der Todestag, der Volkstrauertag und der Geburtstag von ihm zelebriert. Je länger er tot war, je mehr wurde er für uns als Prinz dargestellt. Wir vergötterten ihn und haben dadurch auch verhindert, dass unsere Mutter noch einmal geheiratet hat. Wir wollten nur unseren Vater, denn er war ja nach Aussagen und Schilderungen unserer Mutter der Allerbeste. Später war ich auch fest davon überzeugt, dass ich einen Prinzen heiraten werde und dass der diesem Ideal entspricht. Das lud ich natürlich auf den Männern ab.«

Jemand anderes schrieb mir: »Ich verlor meinen Vater durch einen Autounfall, als ich sechs Jahre alt war. Das häufigste Wort, welches ich zu diesem Zeitpunkt von meiner Mutter hörte, war: WARUM? Heute weiß ich, dass mir eine plausible Erklärung für den Tod mehr genutzt hätte, als eine nicht zu beantwortende Frage.«

Eine weitere Stimme: »Ich bin mit den Heldengeschichten meines Vaters groß geworden. Er starb, als ich zehn war. Viel Aufräumarbeit, seit ich 50 bin.«

Noch mehr Aufräumarbeit bedeutet es meist für Scheidungskinder, die nicht nur unter der Vaterentbehrung leiden, sondern auch noch im Epizentrum der Machtspiele ihrer Eltern stehen. Auch bei Kindern, die aus einer Laune heraus, bei einem One-Night-Stand, gezeugt wurden oder bei jenen, die durch eine Vergewaltigung entstanden, wird sich dieser besondere Umstand zusätzlich bemerkbar machen.

Neben den ganz persönlichen Einzelschicksalen spiegelt sich das Vaterthema auch auf der kollektiven Ebene wider. Die über Jahrhunderte andauernde patriarchalische und autoritäre Haltung der Gesellschaft hat dazu geführt, dass das Weibliche in der kollektiven Wahrnehmung überwiegend auf Schönheit, Pflichtbewusstsein, Ergebenheit und auf Dienen reduziert wurde und unterschwellig nach wie vor wird. Ich werde später noch darauf eingehen, trotzdem sei hier schon die Bemerkung erlaubt, dass Frauen nach wie vor in vielen Positionen weniger verdienen als ihre männlichen Kollegen und dass Hausarbeit nach wie vor überwiegend Frauensache ist. Schöpfertum, Wille und Kraft werden noch immer als männliche Attribute angesehen. Das kommt einer Entwertung gleich, die viele Frauen wütend macht, weil sie sich nicht gesehen und anerkannt fühlen. Leider äußert sich diese Wut nicht immer auf konstruktive Weise, sondern, genauso wie die Frauen es selbst erfahren mussten, in einer Abwertung – nun allerdings der Männer. Auf der anderen Seite unterwerfen sich auch viele Frauen immer noch diesem Patriarchat, indem sie ihr Schöpfertum und ihre Kraft unterdrücken, sich also abhängig machen. Das wiederum werfen ihnen die streitbaren Frauen vor, und so entsteht nicht nur ein Graben zwischen den Geschlechtern, sondern auch zwischen den Frauen.

UMGANG MIT DEM SCHICKSAL

Die Bandbreite der Auswirkungen von Vaterentbehrung reicht von schwerer Traumatisierung, die sich entweder gesundheitlich oder in den Beziehungen oder im beruflichen Kontext widerspiegelt, über maßlos gesteigerten Ehrgeiz, Versagensängste und Narzissmus bis hin zu völliger Negation des Schmerzes im Sinne von: Das war halt so, und es hat mir nichts ausgemacht. Punkt.

So sagte – um mal ein prominentes Beispiel zu wählen – die Schauspielerin Jodie Foster in einem Interview: »Ich kann mich nicht erinnern, meinen Vater je vermisst zu haben.«[13] Fosters Vater hatte sich noch vor ihrer Geburt aus dem Staub gemacht, sie wuchs bei zwei Frauen auf und hat – glaubt man der Boulevardpresse – ihren eigenen Kindern, die per Samenspende gezeugt wurden, bis heute nicht verraten, wer deren Vater ist. Es bleibt nur zu vermuten, dass die Kinder sich irgendwann auf die Suche nach ihren Wurzeln begeben werden.

Abgesehen davon, glaube ich Jodie Foster nicht. Und auch nicht den anderen, die von sich behaupten, dass Vaterentbehrung spurlos an ihnen vorübergegangen ist. Der Punkt ist meines Erachtens, inwieweit man den Zusammenhang zwischen den gelebten Mustern, den akuten Problemen und der Vaterentbehrung erkennt oder erkennen will, wie groß der Leidensdruck ist und ob man dann bereit ist, sich damit auseinanderzusetzen. Die Sehnsucht nach dem nicht anwesenden oder verlorenen Vater ist in uns, auch dann, wenn wir es nicht wahrhaben wollen. Oder wie Horst Petri es ausdrückt: »Man kann sie verdrängen, verleugnen, ins Gegenteil verkehren, das heißt Abwehrmechanismen entwickeln, um die an die Sehnsucht gekoppelten Gefühle von Einsamkeit, Warten, Hoffen, Enttäuschung, Hass, Verzweiflung und Liebe, die ein fehlender Vater verursacht, besser ertragen zu können oder gar nicht mehr wahrnehmen zu müssen.«[14] Der innere Vater ist in uns angelegt wie ein Gefäß, das automatisch mit Bildern und Erfahrungen gefüllt wird. Aus diesem Gefäß heraus bedienen wir uns ein Leben lang, wenn es darum geht, auf etwas, das von außen auf uns einwirkt, zu reagieren.

Ich kenne einige Menschen, die ganz ehrlich von sich sagen, dass sie Angst davor haben, näher hinzuschauen, weil »dann das ganze Kartenhaus zusammenbrechen würde«. Und ich kenne andere, die mit dem Satz: »Meine Geschichte hat mich zu dem gemacht, was ich bin!« das Ganze mit einem gewissen Trotz vom Tisch wischen. Natürlich stimmt es, dass wir nicht so wären, wie wir sind, wenn wir dies oder jenes nicht erlebt hätten. Und ja, es stimmt auch, dass negative Erfahrungen durchaus positive Auswirkungen haben können. An dieser Stelle sollte man allerdings genau hinschauen, denn oft haben die starken Charaktere, jene, die wir für ihre Authentizität und ihr Charisma bewundern, sich diesen Status hart erarbeitet, indem sie mit therapeutischer Unterstützung durch das »Tal der Tränen« gegangen sind, um durch Traumen verlorene Wesensanteile wieder zu integrieren. Manch einer oder eine hatte dabei das Glück, die Kreativität als Kanal, durch den Leid transformiert werden kann, für sich zu entdecken. Aber dazu mehr im Kapitel »Bewältigungsstrategien«.

Jeder Mensch entwickelt im Laufe seines Lebens ganz eigene Strategien, um sich vom Schmerz, den bestimmte Erfahrungen mit sich bringen, abzukapseln. Julia Onken beschreibt in ihrem Buch »Vatermänner« sehr anschaulich, welche Strategien Töchter entwickeln, um die Aufmerksamkeit des Vaters auf sich zu lenken, und was passiert, wenn sie diese nicht bekommen. Sie unterscheidet zwischen der Gefall-, der Leistungs- und der Trotztochter und zeigt auf bestechend klare Art und Weise, wie sehr die unerwiderte

Liebe zum Vater uns prägen, wie sehr sie schmerzen kann und welche Mechanismen wir entwickeln können, um diesen Schmerz ja nicht fühlen zu müssen. Doch wenn etwas Entscheidendes schiefläuft, der Partner beispielsweise fremdgeht, man den Job verliert, etwas, womit man sich identifiziert hat, wegfällt, rutscht man in eine Krise, und erst dann – wenn man die Chance nutzt, herauszufinden, welche Ursache hinter all dem stecken könnte – trifft man nicht selten auf das Thema eines abwesenden Vaters. Horst Petri erzählt am Ende seines Buches »Das Drama der Vaterentbehrung«, wie er auf diese Thematik gestoßen ist: »Bei der Lektüre (Protokolle über Patienten) musste ich mir eingestehen, bei manchen Patienten die Tragweite der Vaterentbehrung für ihr Lebensschicksal nicht richtig ermessen und deshalb nicht in der notwendigen Tiefe durchgearbeitet zu haben.«

Schaut man hinter die Masken der Menschen oder erfährt ihre Geschichten, dann kann man sehen, mit wie viel Leid so mancher Lebenslauf gespickt ist, der seinen Anfang ohne Vater genommen hat. Und wie oft Partner, Vorgesetzte, Nachbarn, Fremde oder Kinder als Projektionsfläche etwas austragen müssen, das seinen Ursprung dort hat, wo der Vater abwesend war.

Fehlt der Vater, fehlen oft die Wurzeln, ein Stück der Basis, die einen sicher durchs Leben trägt. Im Film »Yalom – die Anleitung zum Glücklichsein« beschreibt der Psychiater, Psychotherapeut und Autor Irvin D. Yalom dieses Gefühl sehr treffend und auch, dass es stets in solchen Situationen auftaucht, in denen man erfolgreich ist. »Ich kam mir immer vor wie ein Hochstapler«, sagt Yalom und sinngemäß weiter, dass er eigene Entwicklungsschritte nie als etwas betrachtet hat, das er selbst geleistet hatte, sondern lange Zeit den günstigen Umständen, dem Schicksal oder anderen Personen zuschrieb.

Natürlich muss nicht jedes Drama zwangsläufig in eine Sackgasse führen. Viele der entwickelten Strategien und Muster haben auf den ersten Blick vielleicht sogar etwas Positives. Mehrfach hörte ich von Menschen, die auf unterschiedlichste Art die Vaterentbehrung erlebt haben, dass sie durchaus davon profitiert hätten – allerdings gemessen an den gesellschaftlichen Normen, die heute vorherrschen. Ausgeprägtes Sicherheits- oder Leistungsdenken zum Beispiel sind ja per se nichts Schlechtes.

Ich denke da an eine Frau, die mir ihre Vatergeschichte erzählte. Die Mutter hatte den Vater vor die Tür gesetzt und die Geschwister anschließend allein großgezogen. Für den Vater hatte sie kein gutes Wort mehr übrig, sodass auch die Kinder – die Tochter war zu dem Zeitpunkt vier Jahre alt – irgendwann den Kontakt zu ihm mieden. Die Mutter klagte stets darüber, dass der Vater, »das Arschloch«, zu wenig oder unregelmäßig Unterhalt zahlte. Sie schob die finanzielle Misere, in der die Familie steckte, immer wieder ihm in die Schuhe. So entwickelte die Tochter schon recht früh den Drang, selbstständig zu werden. Niemals wollte sie von einem Mann und dessen Zahlungen finanziell abhängig sein. Das gelang ihr auch. Sie verzichtete auf eigene Kinder und schaffte es, gut für sich selbst zu sorgen. Allerdings bemerkte sie in unserem Gespräch, dass das wie ein Zwang war. Dass sie sich dadurch immer auf eine seltsame Art getrieben und gehetzt fühlte. Hinter dem fast atemlosen Vorwärtsdrängen verbirgt sich bei vielen die Angst, erneut Mangel erfahren zu müssen. Frühkindliche Mangelerfahrungen – also unzureichend genährt zu werden, egal ob von Mutter oder Vater und egal ob auf der emotionalen, seelischen oder körperlichen Ebene – bringen unser Urvertrauen ins Wanken. Sie haben das Gefühl im Schlepptau, dass Liebe und Fülle begrenzt und nicht für jedermann in gleichem Maße zugänglich sind. Sie sorgen dafür, dass man nicht offen und herzlich durch die Welt geht, sondern misstrauisch wachsam, weil man überall Gefahr und Verrat wittert. Daraus entsteht oft eine anmaßende Erwartungshaltung dem Leben und den Mitmenschen gegenüber. Etwas, das sich immer dann beobachten lässt, wenn Menschen lautstark behaupten, dass ihnen dieses und jenes zusteht. Oder wenn sie sich einfach ungefragt bedienen, weil sie der

Meinung sind, dass ihr erlebtes Leid das rechtfertigen würde. Der Autor Andreas Altmann sagte in diesem Zusammenhang mal sinngemäß in einer Fernsehsendung im Interview, dass aus ihm natürlich ein Narzisst werden musste. Einer, der sich auf anderen Wegen all das nimmt, was ihm in der Kindheit vorenthalten wurde.[15] Altmann meint in seinem Fall den Erfolg, der ihm etwas gibt. Für andere sind es materielle Dinge. Die Crux daran ist, dass man auf diese Weise den erfahrenen Mangel nicht kompensieren kann. Denn finanzieller Reichtum, eine besondere Stellung oder materielle Werte berühren nicht unser wahres Sein. Im Wesenskern bleiben wir die verletzte Tochter oder der verletzte Sohn, die oder der den Mangel immer noch spürt und dementsprechend handelt.

PHASEN DER INNEREN BEZIEHUNG ZUM FEHLENDEN VATER

Die Auseinandersetzung mit der eigenen Geschichte und dem fehlenden Vater durchläuft unterschiedliche Phasen. Phasen, die nicht zwangsläufig nacheinander folgen müssen, die manchmal auch parallel existieren, manchmal stagnieren, was dazu führt, dass der Betroffene in einem bestimmten emotionalen Zustand stecken bleibt. Da ist zunächst die bereits beschriebene Phase der Fantasierung. Die Vorstellung vom Vaterideal, die sich, löst man sie nicht auf, wunderbar auf Partner, Chefs oder Freunde projizieren lässt. Oft hört oder liest man im Zusammenhang mit der Problematik Vaterentbehrung von »vaterlosen Kindern«. Auch von der »vaterlosen Gesellschaft« war schon vielfach die Rede. Ich zitiere an dieser Stelle Hans Geert Metzger, der in seinem Buch »Die Bedeutung des Vaters« dazu schreibt: »Es gibt kein vaterloses Kind. Auch wenn der Vater völlig unbekannt ist, kein sichtbares Bild von ihm existiert, bildet sich im Inneren des Kindes eine unbewusste Vorstellung vom Vater, die sich wesentlich aus der Identifikation mit den unbewussten Beziehungsmustern der Mutter speist.« Und genau das ist ein Punkt, an dem einige Menschen buchstäblich aufwachen und sich auf den Weg machen, das Vaterbild zu klären. Wenn sie nämlich bemerken, dass sie nicht ihr eigenes Leben leben, sondern etwas wiederholen, das sie von der Mutter schon kennen.

Nicole Zepter, eine Berliner Autorin, erfährt kurz nach ihrem 18. Geburtstag, dass sie belogen wurde und dass der Mann, den sie Papa nannte, gar nicht ihr Vater ist. Sie bricht daraufhin den Kontakt zur Mutter fast gänzlich ab, will sich nicht mit ihr identifizieren, sondern eigene Wege gehen, bis sie irgendwann mit Mitte 30 feststellen muss, dass sie ihrer Mutter ähnlicher ist, als sie dachte. Im »ZEIT Magazin« schreibt sie: »Als ich schließlich mein Baby in den Armen halte und daran denke, den Kontakt zum Kindsvater völlig einzustellen, wird mir all das erst richtig klar: Ich verhalte mich wie Mama. Ich bin wie sie. Ich habe ihre Rolle eingenommen. Und ich frage mich: Warum? Und: Wie komme ich da raus?« Dass Kinder die Muster ihrer Eltern aufnehmen und fortführen, ist nicht ausschließlich ein Phänomen der Vaterentbehrung. Vielmehr ist es ein Prozess, dem wir uns wenigstens teilweise entziehen können, wenn wir uns damit auseinandersetzen und nach unseren eigenen Werten und Anlagen forschen. Als Kinder speichern wir die Verhaltensweisen und die Werte der Eltern. Später beeinflussen diese gespeicherten Inhalte unbewusst unsere Entscheidungen und damit unser Tun. Selbst dann, wenn wir uns vornehmen, alles ganz anders zu machen, den Kontakt abbrechen oder gegen unsere Eltern kämpfen, verbindet uns ein unsichtbares Band, das unser Handeln leitet. Viele, die das erkennen, brechen wie Nicole Zepter auf, um hinter die Kulisse der Fremdsteuerung zu schauen und sie aufzulösen. Damit geben sie auch das Fantasiebild auf, das sie vom fehlenden Vater in sich tragen.

Andere jedoch bleiben in der Phase der Fantasierung bis zum Lebensende stecken und verzichten zugunsten des Wunschbildes auf eine reale Begegnung mit dem Vater und darauf, selbst Drehbuchautor und Regisseur des eigenen Lebens zu werden.

Eine zweite Phase, an die auch ich mich sehr gut erinnern kann, ist gekennzeichnet von Wut, Trotz und Hass auf den abwesenden Vater. Diese Phase taucht in zwei sehr unterschiedlichen Qualitäten auf. Die erste ist bestimmt durch die Verleugnung des eigentlichen Problems, in dem man selbst feststeckt. Es ist sozusagen die Opferwut. In diesem Zustand will man nicht leiden. Will dem Vater, der verlassen hat, den eigenen Schmerz nicht gönnen. Ihn indirekt damit bestrafen, dass man ihn aktiv aus dem Leben streicht, ihn für »nicht existent« erklärt und dem Umfeld vermittelt, dass er einem egal ist. Natürlich ist das eine Illusion, wenn nicht sogar glatter Selbstbetrug. Denn Hass, Trotz oder Gleichgültigkeit sind Gefühle, die Energie binden und unfrei halten. Auch wenn der Schmerz abgespalten ist, so wütet er dennoch aus dem Untergrund heraus und beeinflusst das Leben massiv. Unbewusst versucht man, dem Vater etwas zu beweisen, man will besser sein als er, kanzelt ihn ab. Spannend ist, dass Menschen, die in dieser Phase stecken, oft sehr erfolgreich sein können, weil der Widerstand sie auf eine gewisse Weise antreibt und stärkt. Der Preis ist jedoch hoch, denn die Erfolge löschen die innere Anspannung und Leere, die diese Menschen fühlen, nicht aus. Dazu kommt, dass die Wut oft auch auf andere projiziert wird. So kann plötzlich das ganze Leben zu einem Kampf gegen alles und jeden werden, denn irgendwo muss die Wut ja hin.

Wut kann aber auch in einer zweiten Qualität auftauchen. Dann ist sie Teil des Heilungsprozesses, den man durchläuft, wenn man sich mit dem fehlenden Vater auseinandersetzt. Im Grunde geschieht in dieser Phase genau das Gegenteil von dem, was in der Opferphase passiert. Der Schmerz wird nicht verdrängt, sondern ernst genommen, er darf an die Oberfläche kommen. In einem geschützten Rahmen – meist mit therapeutischer Begleitung – erlaubt man sich, die Gefühle des verletzten inneren Kindes, die mit der Vaterentbehrung verbunden sind, zuzulassen. Mehr darüber im Kapitel »Bewältigungsstrategien«.

Es gibt noch eine weitere Phase, die ich auch durchlebt habe und die, ähnlich wie die anderen zwei, dazu dient, den Schmerz abzuwehren und im Opferstatus zu verharren. In dieser Phase denken sich Betroffene alle möglichen Entschuldigungen aus, warum und weshalb der Vater sich nicht gemeldet hat oder nicht melden konnte. Mit dem Hintergedanken, dass es ja gar nicht sein kann, dass er sich nicht kümmert, oder kein Interesse zeigt, lügt man sich selbst und anderen in die Tasche. Und auch hierbei gilt: Diese Art der Bewältigung ist nichts weiter als ein Versuch, der schmerzhaften Wahrheit auszuweichen. Leider funktioniert auch das nicht. Am Ende bleibt nur die aktive Auseinandersetzung. Und wenn diese nicht möglich ist, weil der Vater abblockt und einer Konfrontation ausweicht, oder er nicht auffindbar oder nicht mehr am Leben ist, dann bleibt jedem Betroffenen immer noch die Auseinandersetzung mit sich selbst. Eben mit jenen Gefühlen und Folgen, die vorhanden sind.

SCHAUPLATZ BERUF

Bei manchen Menschen spielen sich die Auswirkungen besonders auf der beruflichen Ebene ab. Wer seinen Platz im Leben nicht kennt, wer keine vollständige Ich-Identität ausbilden konnte, eine, die sich auf zwei Säulen, also auf Mutter und Vater, gründet, bei dem ist die Gefahr groß, auch beruflich den eigenen Platz nicht zu besetzen.

Frauen, die vom Vater unterstützt und anerkannt wurden, finden leichter zu dem, was sie wirklich wollen. Das ist hinreichend wissenschaftlich untersucht und belegt. Sie sind sich ihrer Talente und Fähigkeiten sicher und haben seltener Probleme damit, sich für einen Beruf, der sie ausfüllt und bei dem sie sich »richtig am

Platz« fühlen, zu entscheiden. Frauen, die weitestgehend vaterlos aufgewachsen sind oder auf die väterliche Anerkennung verzichten mussten, haben es dagegen nicht so leicht. Sie irren überdurchschnittlich oft umher, probieren mal das eine, mal das andere aus, schaffen es aber selten, ihre Fähigkeiten selbstbewusst einzubringen. Sie trauen sich einfach nichts zu, verkaufen sich oft unter Wert und dümpeln weit unter ihrem Potenzial dahin. Manch eine geht auch mit der oben beschriebenen Selbstüberschätzung ans Werk, träumt von einem Leben als Berühmtheit, sieht sich immer wieder glorreich handeln, merkt aber nicht, dass diese Wolkenschlösser jenseits jeder Realität sind. Dass daraus ein Teufelskreis entsteht, der mit jedem Erwachen im Alltag erneut mit Enttäuschung endet, ist für sie schwer auszuhalten. Ich kann davon ein Lied singen. Die Liste der großartigen Projekte, die ich mir ausgedacht habe und anschieben wollte, ist ellenlang. Darunter waren wirklich gute Ideen, doch wenn ich ehrlich bin, hatte vieles von dem, was ich erträumt habe, nur einen Sinn: mich als Person sichtbar zu machen. Ich wollte etwas Besonderes sein, berühmt und angesehen, wollte damit zum einen die Leere in mir füllen, zum anderen vielleicht doch etwas leisten, was die Aufmerksamkeit des Vaters auf mich gelenkt hätte. Traurig nur, wenn man wieder und wieder an seinen Projekten scheitert, weil die männliche Kraft, der Durchsetzungswille, die Einsicht, es nicht für andere, sondern für sich selbst zu tun, fehlen.

Manch anderes vaterloses Kind besaß die nötige Kraft und schaffte es tatsächlich, berühmt oder bekannt zu werden. Unter Prominenten tummeln sich viele, die entweder ganz ohne den leiblichen Vater aufgewachsen sind oder auf seine Anerkennung verzichten mussten: die Schauspieler Mario Adorf, Rolf Zacher oder Gottfried John, die Sängerin Annett Louisan, der Sänger Hansi Hinterseer, die Schauspielerin Nicolette Krebnitz, die Politiker Gerhard Schröder und Erwin Huber – um nur einige Beispiele zu nennen.

Vaterentbehrung hat viele Gesichter. Häufig entwickeln Frauen oder Männer aus einer gewissen Trotzhaltung heraus einen übertriebenen Ehrgeiz, der sie im schlimmsten Fall bis an die Leistungs- und Belastungsgrenzen bringt. Nach außen hin sind sie erfolgreich. Doch innerlich bleiben sie leer, weil sie nicht aus ihren Wünschen und Vorstellungen heraus etwas erreichen wollen, sondern unbewusst agieren, um dem Vater zu gefallen. Alle Anstrengung nur, um einmal von ihm getätschelt, wertgeschätzt oder überhaupt gesehen zu werden. »Schau mich bitte an, ich bin doch dein süßes Mädchen. Ich kann was.« Die Sätze stehen wie eingemeißelt auf der Stirn von vielen Frauen. Sie mühen sich ein Leben lang ab, denken und sagen, sie tun es für sich, doch eigentlich hecheln sie der Anerkennung und einer Liebe nach, die nie vorhanden war oder längst verloren ist. Bei vielen endet dieser Kampf in einem Burn-out oder in einer Depression. Was für einen hohen Preis doch all diese Menschen zahlen! Ich bin jedes Mal aufs Neue berührt, wenn ich so etwas wahrnehme. Wenn ich sehe, wie sich die Vaterentbehrung durch die Biografien zieht, selbst dann noch, wenn wir als Erwachsene den Vater eigentlich nicht mehr brauchen. Der Schmerz hört einfach nicht auf. Die Erfahrung des Verlustes in der Kindheit kann man nicht ausradieren, und man kann auch das »Geliebtwerden« nicht nachholen. Andreas Altmann bringt es auf den Punkt: »Der Zukurzgekommene ist gezeichnet für den Rest seines Lebens.«[16]

SCHAUPLATZ GELD

Auch wenn wir es manchmal gern anders hätten: Geld spielt in unserer Welt eine zentrale Rolle. Dabei hat es nicht nur eine wirtschaftliche, sondern immer auch eine psychosoziale Bedeutung. Lebensqualität, Macht, Freiheit, Erfolg, Sicherheit, Anerkennung, Selbstständigkeit sind Begriffe, die wir mit Geld assoziieren. Geld beeinflusst unseren Blick auf andere Menschen, es ruft Stolz oder Neid hervor. Wesentlich aber ist, dass wir oft in hohem Maße unseren Selbstwert an etwas binden, das auf den ersten Blick nichts weiter als ein Zahlungsmittel ist. Geld gibt uns die Bestätigung dafür, etwas wert zu sein. Für viele Kinder ist es Realität, dass sie väterliche Bestätigung ausschließlich in Form von Unterhaltszahlungen erhalten. Manche Kinder bekommen nicht einmal das, sondern müssen miterleben, dass sich Väter dieser Pflicht entziehen oder mit der Mutter einen erbitterten Kampf darum führen. Geld ist also ein ganz reales Thema im Zusammenhang mit einer Vaterentbehrung, denn allzu oft rutschen alleinerziehende Frauen durch die Trennung vom Vater in die Armut ab, was natürlich auch für die Kinder entsprechende Folgen hat. Aber nicht nur Mütter verarmen, sondern oftmals auch die zum Unterhalt verpflichteten Väter. Bei rund 180 000 Scheidungen mit Kindern jährlich und einer ähnlichen Zahl an Trennungen, die nicht über die Statistik laufen, weil die Paare nicht verheiratet waren, muss man kein Rechenkünstler sein, um zu erkennen, dass sich für alle Beteiligten die finanziellen Verhältnisse zum Nachteil verändern. Da die Kinder bei der Trennung zu 80 Prozent bei den Müttern bleiben, die daher meist nicht Vollzeit arbeiten können, ist die Unterhaltszahlung vom Vater existenziell wichtig. Für viele Männer, die über kein hohes Einkommen verfügen, bedeutet das jedoch ein extrem großes Armutsrisiko, dazu kommt bei einigen noch, dass sie viel Geld in Prozesse investieren müssen, um sich ein Umgangsrecht mit ihren Kindern zu erstreiten. Der Fachbuchautor Peter Tholey schreibt dazu im Buch »Schlagseite MannFrau kontrovers«: »Das ergibt eine Summe von zirka 1,5 Millionen Männern, die von dauerhafter Armut durch Unterhaltsforderungen betroffen sind.« Eine Zahl, von der man selten hört oder liest und die erst einmal stutzig machen oder Abwehr auslösen kann, besonders wenn eigene Verletzungen hineinspielen. Doch die Zahl der Männer, die wegen einer anderen Frau die Familie verlassen oder sich aus dem

Staub machen, ist gar nicht so hoch, wie landläufig vermutet wird. Meist reichen die Frauen die Scheidung aus anderen Gründen ein, vielfach weil Männer die Erwartungen der Frauen nicht erfüllen. Und es ist sogar so, dass der Anteil der Frauen, die unterhaltspflichtig sind und die sich weigern, Unterhalt zu zahlen, höher ist, als der Anteil der Männer, die sich der Zahlung entziehen. Taucht man tiefer in die Zahlen ein, dann zeichnet sich gerade beim Thema Armutsgefährdung ein anderes Bild als das, was in der öffentlichen Wahrnehmung überwiegt. Vielleicht liegt es ja weniger am Willen der Väter als daran, dass sie wirklich nicht zahlen können. Ein Blick in die Statistik unterstreicht diese Vermutung: »Laut Zahlen des Bundesministeriums für Familie, Senioren, Frauen u. Jugend erhalten ca. 27,4 % der alleinerziehenden Mütter minderjähriger Kinder keinen Kindesunterhalt. Der Anteil nicht leistungsfähiger Trennungsväter muss demnach bei ca. 21,9 % liegen. Da der Selbstbehalt von 900 bzw. 770 Euro und die Armutsgefährdungsschwelle eines Alleinstehenden in Höhe von 801 Euro für das Jahr 2009 nicht allzu weit auseinanderliegen, kann davon ausgegangen werden, dass grob ein Fünftel der unterhaltspflichtigen Trennungsväter armutsgefährdet ist.«[17]

Ich denke, an einer Trennung sind immer zwei Menschen beteiligt, also warum soll der eine dafür mehr zahlen als der andere? Warum soll der eine mehr Kindererziehungsarbeit leisten als der andere? Das passt auch nicht zur Gleichberechtigung. Ich werde im sechsten Kapitel noch ausführlicher auf dieses Thema eingehen.

Die Antwort auf die Frage, was es bei Kindern bewirkt, wenn nur der Unterhalt im Vordergrund steht, wie in solch einem Klima ihr eigenes Verhältnis zu Geld geprägt wird, kann man sich eigentlich an fünf Fingern abzählen. Es bleibt der Nachgeschmack, dass man als Kind Streitobjekt war, dass man missbraucht wurde. Wofür? Unter anderem für Geldforderungen. Auch an dieser Stelle werden Rollenbilder geprägt, die es später erschweren, unvoreingenommen Partnerschaften einzugehen oder zu führen. Da haben dann die einen »die geizigen Männer, die nicht zahlen« im Kopf und die anderen »die Frauen, die doch nur Geld wollen«, um bloß zwei Beispiele zu nennen.

Aber abgesehen davon – der Vater hat als erster Mann im Leben einer Frau die tragende Rolle, dem Mädchen nicht nur ihre weiblichen Anteile zu spiegeln, sondern ihm auch männliche Werte zu vermitteln. Nun wird ja das Thema Geld in der öffentlichen Wahrnehmung eher den männlichen als den weiblichen Attributen zugeordnet. Ich selbst habe schon immer den Verdacht gehegt, dass frühe seelische Mangelerfahrungen sich später auch in Form von Geldmangel zeigen, und fand das auch in diversen Büchern bestätigt. Doch ich wollte es genau wissen und habe daher für diesen Abschnitt die Trainerin und Autorin des Buches »Nimm das Geld und freu dich dran«, Dr. Petra Bock, gefragt, ob sie solch einen Zusammenhang bestätigen kann. Hier nun ihre Antworten, die auch für mich die eine oder andere Überraschung bereithielten:

»Meine Erfahrung ist heute, dass es viele Familien gibt, in denen die Mütter die Geldmanagerinnen sind und entscheiden, wie es ausgegeben wird. ›Offiziell‹ schreiben wir den Männern in androzentrischen Kulturen diese Rolle zu. Inoffiziell waren und sind es wahrscheinlich schon seit Jahrhunderten in vielen Familien, vor allem in Familien der Unterschichten, die Frauen, die das Geld verwalten und entscheiden, was damit gemacht wird. Wahrscheinlich auch deshalb, weil Alkoholismus bei Männern dieser Schichten weitverbreitet war und die Frauen, um die Familie überleben zu lassen, ihren Männern bereits am Lohnzahltag das Geld abgenommen haben. Ich wäre also vorsichtig mit der These, dass Männer die ›Geldkompetenz‹ hätten und Frauen nicht. Im offiziellen Weltbild mag das so sein. In der erlebten Realität war und ist es oft anders. Wenn Frauen aber aus Not die Geldkompetenz in der Familie hatten, haben Mädchen gelernt, dass es ein Zeichen von Not und Schwierigkeiten ist, wenn Frauen beim Thema Geld die

›Hosen anhaben‹. Sie wünschen sich dann häufig später Ehemänner, die es selbst draufhaben mit dem Geld, und halten es für einen Erfolg, wenn sie sich, im Gegensatz zu ihren Müttern, nicht darum kümmern müssen.«[18]

Ob es denn so ist, dass Frauen, die das Drama Vaterentbehrung erlebt haben, bei der Fähigkeit, mit Geld umzugehen, eher benachteiligt sind, will ich wissen. »Ich würde denken, das betrifft dann Söhne wie Töchter.« Dass Frauen, die einen liebevollen, zugewandten Vater hatten, einen besseren Umgang mit Geld pflegen, bestätigt mir Dr. Petra Bock aus ihrer Erfahrung heraus nicht. Sie meint, auch liebevolle Väter können ihren Töchtern oder Söhnen beibringen, dass Geld den Charakter verdirbt oder nicht wichtig ist. Ihrer Ansicht nach geht es eher darum, welche Werte vorgelebt werden.

Und das Thema Selbstwert? »Ich denke, Menschen können Selbstwertprobleme mit dem Thema Geld kompensieren. Entweder, indem sie darauf fixiert sind und reich werden, um eine falsche Form von Selbstwert aufzubauen, oder indem sie mit einer falschen Form von Armut eine ebenso falsche Form von Selbst-Entwertung aufbauen. So gibt es authentischen Wohlstand, und es gibt kompensatorischen Wohlstand, mit dem Ängste und Selbstwertprobleme kompensiert werden. Ebenso gibt es kompensatorische Armut, mit der ein erwachsener Mensch immer wieder Überforderung und Hilflosigkeit aussendet und sich wünscht, von anderen bemitleidet und gerettet zu werden. Deutlich gesagt, chronische Geldprobleme gehen aus meiner Sicht mit der Weigerung einher, erwachsen zu sein und Verantwortung für sein Leben und seine Existenz zu übernehmen.« Auf meine Frage, ob die Auseinandersetzung mit dem Vaterthema dazu beitragen kann, dass Verhältnis zu Geld zu verbessern, findet Dr. Petra Bock klare Worte. Ihrer Ansicht nach beschränkt sich die Einflussnahme nicht nur auf den an- oder abwesenden Vater, sondern wie beide Elternteile beim Thema Geld miteinander umgehen. Genau das ist der Punkt, der für Kinder mit Vaterentbehrung oft so kritisch ist. Auf der einen Seite zahlen viele Väter keinen oder nur verzögert Unterhalt, sodass es allmonatlich Streit ums Geld gibt, in dessen Verlauf die Frauen häufig vom Expartner abgewertet werden, indem er ihnen vorwirft, gierig zu sein. Auf der anderen Seite degradieren viele Mütter die Väter zu Zahlern, zu Goldeseln, die man hemmungslos und unter dem Deckmantel der Gerechtigkeit ausnehmen kann. Kinder lernen, wie Dr. Petra Bock bestätigt, durch das, was man ihnen in Bezug auf Geld vorlebt. Ihre These: »Auch wenn der Vater sehr liebevoll war, seine eigene Frau aber wie ein Kind behandelt hat, ist es für Mädchen später schwerer, sich selbst als erwachsene Frau gut und attraktiv zu fühlen. Die wenigsten heute Erwachsenen haben Eltern erlebt, die sich gegenseitig wirklich respektiert und wie Erwachsene behandelt haben. In der Regel wurden Frauen, die Geldkompetenz hatten, als ›Drachen‹ oder ›Xanthippen‹ verurteilt, während viele Frauen als ›brav‹ galten, die sich in Sachen Geld inkompetent und unterwürfig verhalten haben.«

SCHAUPLATZ BEZIEHUNGEN – WENN TÖCHTERN DER VATER FEHLT

Die amerikanische Psychotherapeutin Linda Leonard spricht in ihrem Buch »Töchter und Väter« von einer »offenen Wunde« in der Psyche der Frau, die ein Leben lang klaffen und bluten kann, wenn die Beziehung zum Vater verletzt ist. Ihre Kategorisierung dieser Frauen in die »Puella«, also das ewige Mädchen, und in die »geharnischte Amazone« als Folge der Vaterentbehrung klingt nicht nur plausibel und nachvollziehbar, sondern lässt sich relativ leicht im eigenen Umfeld erkennen.

Die Puella bleibt rein psychisch ewig das Püppchen, das gefallen will, und das junge Mädchen, das keine Verantwortung für das eigene Leben tragen möchte. Sie neigt dazu, die Abhängigkeit, die andere auf sie projizieren, anzunehmen. »Damit tritt sie ihre eigene Stärke sowie die Verantwortung für die Gestaltung ihrer Identität an andere ab«, schreibt Leonard und fügt an, dass diese Frauen oft einen autoritären Mann heiraten. Meist bleiben sie »das hilflose, in Selbstmitleid, Depression und Trägheit verstrickte Opfer«. Mut, Disziplin, Entscheidungskraft oder Zielstrebigkeit sucht man bei der Puella vergebens, stattdessen ordnet sie sich den »altmodischen, dominierenden, patriarchalischen Prinzipien« unter und bleibt in weiblichen Rollenklischees, die von der Gesellschaft nach wie vor hochgehalten werden, verhaftet. Dagegen versucht die Amazone, die Gefühle, die sie quälen, mit Leistung zu überdecken. Leistung, die nie genügt, die zur Obsession werden kann und doch keinen Sinn und keinen Halt gibt. »Von der Entwicklung her betrachtet, sehe ich in diesem Muster eine Reaktion auf einen unzulänglichen Vater, entweder auf persönlicher oder auf kultureller Ebene. Solche Frauen reagieren auf die Vernachlässigung durch den Vater oft, indem sie sich auf der Ich-Ebene mit den männlichen oder väterlichen Funktionen identifizieren.« Doch genau wie die Puella hat auch die Amazone das innere Band zum Vater nie losgelassen. Nur ist es nicht aus Liebe, Zuneigung und Verständnis geknüpft, sondern aus Anforderungen an sich selbst und den Vater. Und so sehr die Amazonen auch meinen, sich von allem befreit zu haben, was mit dem Vater zusammenhängt, im Kern versteckt sich doch ein kleines Mädchen, das sich vom übermächtigen Vater immer noch herumkommandieren lässt. Die Macht sowohl über die Amazone als auch über die Puella verbleibt bei ihm. Das ist der Punkt, an dem sich Puella und Amazone treffen. Hier sind sie gleich, denn beide definieren sich über das Gefühl, gebraucht zu werden. Beide haben es nicht geschafft, ein wahres Selbst, eine Ich-Stärke zu entwickeln, aus der heraus sie agieren können.

Allein anhand dieser Kategorisierung lässt sich schon gut ablesen, wie der Vater auch die späteren Beziehungen von Frauen prägt. Trotzdem ist die Bandbreite der Prägung ebenso breit und differenziert wie die Folgen insgesamt. Der Vater ist nun mal die erste große Liebe im Leben einer Frau. Das klingt schon fast platt, weil es im Gegensatz zur gelebten Realität vieler Mädchen als Metapher so inflationär benutzt wird. Aber es ist die Wahrheit. Meine eigenen Töchter vergöttern ihren Vater. Er ist ihr Held, ihr Traummann, der, der alles weiß, der ihnen die Welt zeigt, mit ihnen Quatsch macht, mit ihnen rauft, mit ihnen Fahrrad fährt. Umgekehrt sind sie »seine Mädels«, »seine Prinzessinnen und schlauen Mädchen«. Obwohl wir getrennt leben, verbringen sie mit ihm fast ebenso viel Zeit wie mit mir. Das war uns beiden wichtig, und auch wenn es anfangs nach der Trennung Streitigkeiten gab, Verletzungen auf beiden Seiten, so haben wir doch einen Weg gefunden, den Kindern ein möglichst stabiles Umfeld zu gewährleisten, sodass sie zwar auf uns als Gemeinschaft verzichten müssen (was allein schon ein großer Verlust für sie ist), nicht aber auf meine oder seine Anwesenheit und Zuwendung. Im Gegenteil. Ich habe den Eindruck, dass sich die Beziehung zwischen ihm und seinen Töchtern eher intensiviert hat, weil er in der Zeit, in der sie bei ihm sind, nun wirklich für sie da ist. Was für ein Glück für die Mädchen, denn schafft es ein Mann, eine gesunde, liebevolle Beziehung zu seiner Tochter aufzubauen, dann prägt das nicht nur ihr Lebens-, sondern vor allem auch ihr Liebesglück. In seiner Vaterrolle kommen dem Mann über die gesamte Entwicklungszeit zwei wichtige Aufgaben zu. Er muss seiner Tochter gleichzeitig ihre Weiblichkeit spiegeln und ihr durch seine Anerkennung bestätigen, dass sie in der Lage ist, sich die Welt zu erobern.

Kleine Mädchen fangen früh an, ihre Wirkung auf den Vater zu testen. Dazu imitieren sie weibliche Rollenvorbilder, meist die Mutter oder eben ein Rollenbild, das sie aus ihrem näheren Umfeld, aus Fernsehen, Büchern, Werbung oder Kino übernehmen. Sie ziehen die Schuhe der Mutter an, kochen für den Papa in der Puppenküche, machen sich hübsch oder bemalen sich mit Mamas

Lippenstift. Großartig, wenn der Vater dieses Spiel mitspielt, seine Tochter hofiert, ihre Schönheit wertschätzt und anerkennt, gleichzeitig aber seine eigenen Grenzen kennt.

Neben dem weiblichen Habitus und dem Spiel kokettieren kleine Mädchen gern. Sie buhlen mit einer – teils gespielten – Hilflosigkeit um die Aufmerksamkeit des Vaters. Kinder beobachten und verstehen sehr schnell, dass Frauen und Männer sich anders verhalten. Dazu schreibt Nicky Marone in ihrem Buch »Gute Väter – Selbstbewusste Töchter«: »Das junge Mädchen wird natürlich versuchen, dem Verhalten nachzueifern, das von der Gesellschaft als weibliches Verhalten gebilligt wird.« Weiter schreibt sie, dass Mädchen weibliches Verhalten in drei Kategorien einteilen: »In Dienen und Bedienen, in Entwicklung eines nicht bedrohlichen Verhaltens und in Schönheit und Sexappeal.« Diese Einteilung wird von beiden Elternteilen, besonders jedoch vom Vater gefördert. Gleichzeitig zeigt ein Vater seiner Tochter ihre Grenzen, wenn er in einer liebevollen Beziehung zu ihr steht. Er zeigt ihr, dass mädchenhaftes Verhalten allein nicht ausreicht, um auf festen Beinen durchs Leben zu gehen. Im besten Fall unterstützt er auf natürliche Weise ihre männliche Seite, die Entfaltung männlicher Attribute – ihren inneren Animus. Er ist Förderer und Korrektiv zugleich und verhindert damit, dass Mädchen dem Irrglauben verfallen, ihr Wert als Mensch hinge von ihrer Schönheit, von ihrem Sexappeal oder ihrem Liebsein ab. Er holt seine Tochter aus ihrer passiven – für andere nicht bedrohenden – Haltung heraus, damit sie etwas wagt, sich dem Leben stellt, sich reibt, Konflikte nicht scheut, sondern sie lösungsorientiert angeht. Um es mal mit einem Satz zu sagen: Im günstigsten Fall lobt er Leistung *und* Schönheit gleichermaßen.

Während die Aufgabe für den Vater in der ersten Lebensphase der Tochter darin besteht, ihr beizustehen, damit sie sich von der Mutter lösen kann und die Ambivalenz zwischen dem Wunsch nach Abgrenzung und Geborgenheit bewältigt, geht es in der ersten ödipalen Phase, also im Alter zwischen dem ersten und dem dritten Lebensjahr besonders darum, dem Mädchen die Welt zu vermitteln, sie quasi in die Welt zu führen, sie an die Hand zu nehmen, ihr Vorbild zu sein. In dieser Phase kommt es zur Verinnerlichung des – im besten Fall – positiv besetzten Vaterbildes und der Ausbildung dessen, was wir im Allgemeinen mit Gewissen bezeichnen. Gewissen heißt auf Latein *conscientia*, ein Wort, das noch zwei weitere Bedeutungen hat: Mitwissen und Bewusstsein. Ich werde später, wenn es um die Folgen bei Jungen und Männern geht, darauf zurückkommen.

Die zweite ödipale Phase, die die Zeit vom 12. bis zum 16. Lebensjahr, also bis zum Beginn der Adoleszenz umfasst, steht für den großen Umbruch, für den Schritt raus aus dem engen Kreis der Familie hin zur Gesellschaft und zum Freundeskreis. Diese Zeit ist geprägt von großer Unruhe, von Unsicherheiten, von tief gehenden Identitätsfragen und Orientierungslosigkeit. Und auch jetzt, wie schon in der ersten ödipalen Phase, ist es der Vater, der die Tochter in das Leben entlässt. Horst Petri schreibt dazu: »Von der Art, wie er für seine Kinder in der Pubertät die Weichen stellt und sie in die Welt entlässt, hängt entscheidend ihre Bewährung vor den neuen Lebensaufgaben ab.« Und in Bezug auf die Beziehungen: »Nur wenn die Tochter durch die Identifikation mit dem Vater und durch seine Bestätigung ein weibliches Selbstbild und ein positives Männerbild verinnerlicht (...), wird sie beim Eintritt in die Gesellschaft und in die Welt der Sexualität über ein stabiles Selbstgefühl als Frau verfügen.«[19]

Was aber, wenn kein Vater da ist? Oder wenn er zwar da ist, sich aber nicht für seine Tochter interessiert?

Auch hier zeigt Vaterentbehrung je nach Umweltprägung und Sozialisierung unterschiedliche Gesichter. Manch eine junge Frau kann es gar nicht erwarten, sich auf das Abenteuer Mann zu stürzen, weil sie in jedem männlichen Wesen die Geborgenheit sucht, die sie vom Vater nicht bekam. Mädchen, die ohne ausreichende

»Bevaterung« aufgewachsen sind, kommen meist früher in die Pubertät als ihre Geschlechtsgenossinnen. Eine amerikanische Studie bei der 444 Mädchen über zwei Jahre beobachtet wurden, hat das bestätigt.[20] Mädchen, die ohne Vater aufgewachsen sind, lassen sich meist viel früher auf sexuelle Kontakte ein. Für diesen frühen Wunsch gibt es auch eine These. So hat man nachgewiesen, dass der Drang, möglichst schnell erwachsen zu werden, also der Kindheit zu entkommen, bei vaterlos aufgewachsenen Mädchen größer ist. Es gibt noch eine weitere These, die besagt, dass diese Mädchen früher Kontakt zu erwachsenen Männern aufnehmen oder ihn durch einen Stiefvater ohnehin haben und dadurch sogenannten Pheromonduschen ausgesetzt sind, was sich wiederum auf den Hormonhaushalt auswirkt. Auch bei mir war der Wunsch nach Bestätigung als Frau durch Männer früh ausgeprägt. Dasselbe gilt für den Wunsch nach einem Kind und der Sehnsucht nach einer eigenen Familie. Auch dies ist typisch für vaterlos aufwachsende Mädchen, die überdurchschnittlich oft ungewollt oder gewollt schwanger werden. Denn Kinder – so die Vorstellung der Mädchen – könnten im besten Fall auch Anker sein, könnten Halt im Leben geben, weil man gezwungen ist, Verantwortung nicht nur für sich, sondern auch für das kleine Wesen zu übernehmen. Allerdings funktioniert das sicher nur, wenn die restliche Familie hinter der jungen Mutter steht und/oder der Partner sich zu Mutter und Kind bekennt.

Meist geht es jedoch um Sex statt um Liebe. Denn ein Mädchen, das seine Weiblichkeit nicht von einem liebevollen Vater gespiegelt bekommt, sucht diesen Spiegel immer aufs Neue in anderen Männern. Das führt in jungen Jahren nicht selten zu Promiskuität, die das Bedürfnis nach Nähe und Geborgenheit, das eigentlich dahintersteckt, natürlich keineswegs befriedigen kann. Im Gegenteil. Mit jeder Enttäuschung, die sich zwangsläufig einstellt, schwindet ein Stück Identität, ein Stück Selbstvertrauen, Selbstbewusstsein. Ein prominentes Beispiel ist die Tochter von

Elvis Presley, Lisa Maria Presley. Sie war vier Jahre alt, als ihre Eltern sich trennten, neun Jahre, als Elvis Presley starb. Sicher könnte man es anderen Umständen zuschreiben, dem Fakt, dass Kinder prominenter Eltern zwangsläufig unter Druck stehen. Aber das Leben der Presley-Tochter zeigt einige deutliche Symptome, die sich klar mit der Vaterentbehrung in Verbindung bringen lassen. Presley war vier Mal verheiratet, unter anderem mit Poplegende Michael Jackson. Die Schnelligkeit, mit der zwei ihrer Ehen geschlossen und wieder aufgelöst wurden, spiegelt die Suche nach dem »Mr. Right«, dem verlorenen Vater. Ebenso ihre Aussage in einem Interview in Bezug auf die Beziehung zu Michael Jackson: »Ich hatte die Vorstellung, ich könnte ihn retten.«[21] Eine Aussage, die ich auch bei der Autorin Siegried Steinbrecher im Buch »Die Vaterfalle« gefunden habe. Sie beschreibt sehr eindrucksvoll, in welcher Spirale der Selbstaufgabe sich Frauen, die sich der Liebe ihres Vaters nicht gewiss sein konnten, wiederfinden, wenn sie später ihre Partner auswählen. So berichtet sie von Ursula, einer Journalistin, die sich immer zu den Männern hingezogen fühlte, die eine gewisse Distanz signalisierten, die es aufzulösen galt. »Sie will sich in der Liebe fürchterlich anstrengen«, schreibt Steinbrecher über jene Ursula. Etwas weiter sagt die Klientin selbst: »Neben all seiner Sicherheit und Weltgewandtheit muss er aber auch eine gewisse Schutzbedürftigkeit ausstrahlen und mein Mitleid erwecken. (…) Ich muss die Möglichkeit sehen, den Mann erlösen zu können.« Ein Motiv, dem viele Frauen in ihrer Partnerwahl unbewusst folgen. Die Frau als Retterin und Engel, als Heilige, als Auserwählte und am Ende als Schuldige und Verlassene, weil der Mann sich nicht erlösen lassen will, sondern sich lieber eine andere sucht.

Ob Vaterrettung, Vateranbetung, Vatersuche, Vaterablehnung – die Beziehungen von Frauen offenbaren viele Muster, die in ihrem Kern Ausdruck einer naturgegebenen Liebe sind, die nicht gelebt werden konnte. Sich dieser Erkenntnis zu stellen ist schmerzhaft, aber heilsam. Vor allem wird so das Muster durchbrochen, immer wieder auf denselben Typ Mann hereinzufallen. Frauen mit Vaterentbehrung haben einen überdurchschnittlich großen Hang dazu, sich an Männer zu binden, von denen sie lieblos behandelt werden. Der Mechanismus dahinter knüpft an die Gefühle des kleinen Mädchens von einst an, das alles dafür geben würde, vom ersten Mann ihres Lebens geliebt, verstanden und hofiert zu werden. Unbewusst strahlen manche Frauen das aus und werden mit ihrer Bedürftigkeit zum »Freiwild« für jene, die ihrerseits nach unbegrenzter Bestätigung suchen und solche Frauen gern benutzen, um ihre narzisstischen Triebe auszuleben. Charmant umgarnen sie die Frau, die meint, dieses Mal endlich die wahre Liebe gefunden zu haben. Bis die Fassade bröckelt und sich der Charmeur als Energie saugender kleiner Junge entpuppt, der garantiert selbst eine Form der Vaterentbehrung erlebt hat.

WEITERE FOLGEN DER VATERENTBEHRUNG

Frauen, die ohne anwesenden Vater aufgewachsen sind, lassen sich weitaus häufiger scheiden als Frauen, die einen liebenden Vater hatten. Die Wahrscheinlichkeit liegt bei 92 Prozent, die Gründe dafür sind vielfältig. Meist erfüllt der Partner nicht die hohen Erwartungen der Frau, oder die Beziehung schafft es erst gar nicht, auf eine tiefere Ebene zu gelangen, weil die Frau nicht in der Lage ist, aufgrund ihrer Verlassenheitserfahrungen Nähe zuzulassen. Dann wählt sie die Distanz als Option, bleibt den wahren, tiefen Gefühlen lieber fern, um nicht noch einmal so verletzt zu werden. Frauen, die diesen Weg wählen, führen Fernbeziehungen, verlieben sich in verheiratete Männer oder in solche, die ohnehin niemanden an sich heranlassen. Oft sind die Beziehungen von kurzer Dauer, weil die Frau lieber selbst verlässt, als verlassen zu werden. Eine andere auch recht häufig gelebte Beziehungsvariante ist, sich genau den Typ Mann auszusuchen, der dem Vater oder dem inneren Bild des Vaters entspricht und damit das Drama immer und immer wieder unbewusst fortzuführen. All das kann sich hinter einer geschickten Tarnung verbergen, hinter einer Maske, die verhindert, dass das wahre Problem erkannt wird. So habe ich im Laufe meiner Gespräche einige Frauen kennengelernt, die über Jahre in unbefriedigenden Beziehungen verhaftet waren. Die sich an Kinder, den generalstabsmäßig geplanten Alltag oder den Haushalt geklammert haben, nur um nicht wahrzunehmen, dass der Mann vielleicht dem Vaterideal, nicht aber dem eigenen Wesen, den eigenen Bedürfnissen entsprach. Das böse Erwachen kam spätestens dann, wenn der Mann die Beziehung verließ, weil er sich als Mann nicht gesehen und geliebt gefühlt hat.

WENN JUNGEN DER VATER FEHLT

Kommen wir nun zu den Männern, zu den Jungs, und schauen, wie sich Vaterentbehrung bei ihnen auswirkt. Wie eingangs bereits geschrieben, neigen Jungen eher dazu, die eigenen Gefühle in Form von Aggressionen nach außen zu kehren. Dabei sollte man zunächst zwischen der Aggression, also der Aktion, die uns allen innewohnt, die uns vorwärtstreibt, die uns Dinge angehen lässt, ganz im Sinne des lateinischen Wortes aggredi, und der Aggression, die stets eine Reaktion auf etwas Erlebtes ist, unterscheiden. Wenn man Jungs lässt, dann raufen, wetteifern, rennen und kämpfen sie ausgelassen. Sie probieren sich körperlich aus, testen ihre Grenzen, wollen der Beste sein und zeigen, was in ihnen steckt. Das ist natürlich und will ausgelebt werden. Und am schönsten ist es, wenn ein Junge all das mit seinem Vater ausleben kann. Wenn der Vater da ist, der diesen aktiven Part, dieses vielleicht auch mal kämpferische, raue Spiel bedient und dem Jungen so auf natürlich Art seine Grenzen zeigt. Der Junge lernt so, wie weit er gehen kann, wo er sich anpassen muss, wann man vom anderen ablässt, um ihn nicht zu verletzen.

Ich hatte es schon angedeutet, als es um die einzelnen Entwicklungsphasen ging – die Rolle des Vaters in der Phase der Gewissensentwicklung, in der Ausbildung des Über-Ichs, der Kontrollinstanz in uns, ist immens wichtig. Peter Ballnick beschreibt in seinem Buch »Vaterseelenallein«, was geschieht, wenn der Vater diese Funktion nicht erfüllt: »Dann besteht die Gefahr, dass diese Jungen körperliche Grenzen nicht wahrnehmen können. Ihnen kann das Gespür dafür fehlen, was dem anderen wehtut. Dann wird auf den Gegner eingetreten, auch wenn er schon besiegt am Boden liegt, der Arm wird ihm weiter umgedreht, obwohl er schon aufgegeben und darum gebettelt hat, dass sein Kontrahent endlich mit dieser Quälerei aufhöre.«

Damit sind wir noch einmal bei dem Wort conscientia – Gewissen. Ist man sich seiner selbst, seiner Kraft bewusst, hilft das, empathisch zu sein, und schützt davor, die Grenzen der anderen zu überschreiten. Denken wir nur an all die Gewaltverbrechen, die in den letzten Jahren verübt wurden! An die Überfälle auf offener Straße, bei denen teils unbewaffnete Opfer auf brutalste Weise geschlagen und zu Tode getreten wurden. Gerade jetzt, da ich diesen Abschnitt schreibe, ist in Berlin weder ein Mann Opfer solch eines Verbrechens geworden. Aus einem Streit heraus wurde er angegriffen und so schwer mit dem Messer verletzt, dass er in Lebensgefahr schwebt. Der Täter ist erst 25 Jahre alt. Die hier gezeigte Aggression ist das Resultat von Frustration, Angst oder eigenem Schmerz, die auf diese Weise ungehemmt zum Ausdruck gebracht werden. Und jetzt schauen Sie sich die Zahlen an, die Matthias Matussek in seinem Buch »Die vaterlose Gesellschaft« zusammengestellt hat:

Kinder, die ohne Vater aufwachsen sind:

> 5-mal mehr gefährdet, Selbstmord zu begehen
> 32-mal mehr gefährdet, von zu Hause wegzulaufen
> 14-mal mehr gefährdet, Vergewaltigungen zu begehen
> 9-mal mehr gefährdet, frühzeitig aus der Schule auszusteigen
> 10-mal mehr gefährdet, Drogen zu nehmen
> 9-mal mehr gefährdet, in einer Erziehungsanstalt zu landen
> 20-mal mehr gefährdet, sich im Gefängnis wiederzufinden
> 33-mal mehr gefährdet, ernstlich körperlich misshandelt zu werden
> 73-mal mehr gefährdet, Opfer tödlichen Missbrauchs zu werden

Diejenigen aus der Statistik, die selbst Verbrechen verüben, sind fast ausschließlich Jungs oder junge Männer. Ich erinnere mich in diesem Zusammenhang gut an ein Ereignis aus meiner eigenen Schulzeit. Da gab es einen Jungen, der in der fünften Klasse Halbwaise wurde. Sein Vater war ganz überraschend an einem Herzinfarkt verstorben. Der Wandel, den dieser Junge durchlebte, war für alle sichtbar, für viele auch spürbar, denn das bislang freundliche Kind wurde gewalttätig und machte vor nichts und niemandem mehr halt. Obwohl er rein körperlich gar nicht so stark wirkte, schüchterte er viele Kinder derart ein, dass man ihn irgendwann der Schule verwies. Ich weiß nicht, was aus ihm geworden ist, ich weiß nur, dass er kein Einzelfall ist und dass uns die Vaterentbehrung, die wir seit Generationen erleben, massiv auf die Füße fallen wird. Peter Ballnick erzählt in seinem Buch vom Fall des jungen Daniel Schneider, der fast zum Attentäter und Mörder geworden wäre, hätte man ihn nicht über Monate hinweg observiert und rechtzeitig verhaftet.[22] Die Geschichte des Jungen ist insofern interessant, weil sich sein Familienleben im Grunde so abbildet, wie Tausende andere in Deutschland auch. Es erscheint nicht ungewöhnlich, eher fast schon normal – denn dass Ehen scheitern, Rosenkriege geführt werden, alleinerziehende Mütter ihre Kinder mit den eigenen Problemen überfrachten oder Väter es nicht schaffen, eine Bindung zu ihren Kindern aufzubauen – all das ist tausendfach gelebte Realität.

Liebende und anwesende Väter unterstützen bei ihren Söhnen vor allem die Ausbildung des Gewissens sowie die Faszination für die Männlichkeit. Zwischen dem ersten und zweiten Lebensjahr entdeckt ein Junge die Ähnlichkeit zwischen sich und seinem Vater. Ihm wird bewusst, dass er später mal »wie der Papa« wird. Gleichzeitig hilft ihm der Vater, die symbiotische Verbindung zur Mutter zu lösen. Lässt die Mutter das zu, dann wird der Sohn sich in den kommenden Jahren beim Spiel lieber dem Vater zuwenden, mit ihm raufen und toben. »Jungen fehlt gerade im vierten bis sechstem Lebensjahr, in der ersten ödipalen Phase, ein Vater, der sie den Umgang mit ihrem wachsenden Aggressionspotenzial lehrt: indem er die Aggressionen in spielerische Aktionen umleitet, Konflikte in Rollenspielen austrägt, ihnen Fairness beibringt«, sagt Horst Petri in einem Interview mit »Geowissen«. Ist der Vater jedoch in seiner Rolle nicht stark genug oder sogar ganz abwesend, dann schafft sich der Junge ein eigenes Vaterbild, das vor allem davon geprägt wird, wie die Mutter über den Vater spricht.

Psychologen nennen es das »symbolische Vaterbild«. Daneben gibt es noch ein »imaginäres Vaterbild«, das der Fantasie des Jungen entspringt, und das »reale Vaterbild«, das aus den tatsächlich erlebten Erinnerungen besteht. Bleibt Letzteres unbesetzt, können die beiden anderen Bilder sehr schnell eine Eigendynamik entwickeln, die dem Jungen später die Identifikation mit der eigenen Männlichkeit erschwert oder ihn dazu bringt, sich anderen männlichen »Vorbildern« anzuschließen. Ein gefährliches Spiel, das so manchen Jungen dorthin treibt, wo er seine Macht erproben kann und wo ihm durch Gruppenzwang oder Gruppenregeln die Grenzen gesetzt werden, die er zu Hause nicht findet, sei es in einer Gruppe Rechtsradikaler oder in einer anderen fragwürdigen

Gemeinschaft. In seinem Buch »Eisenhans« beschreibt der Autor Robert Bly die Mitglieder von Straßengangs. Keiner von ihnen hatte Kontakt zu seinem Vater, und sie alle trieb der Hass auf die Straße, hinter dem allerdings ganz offensichtlich der verzweifelte Versuch stand, all das voneinander zu lernen, was ihnen durch das Fehlen der Mutter-Vater-Kind-Triade verwehrt worden war.

Studien belegen, dass Jungen, die vaterlos aufwachsen, auf einem unterdurchschnittlichen Reifungsniveau verbleiben. Das könnte unter anderem erklären, warum viele straffällig gewordene Männer selbst nach einer Verurteilung kein Gefühl dafür entwickeln, dass sie Unrecht getan haben, und meist von einem »Ding« ins nächste schlittern. Hans Hopf schreibt dazu: »Fehlt der Vater kontinuierlich, wie häufig bei alleinerziehenden Müttern, kann es zu besonders schweren narzisstischen Beeinträchtigungen und entsprechenden aggressiven Externalisierungen kommen.« Und weiter: »Um nicht wieder zum regressiven Kleinkind und von der Mutter verschlungen zu werden, ist darum nicht selten eine hyperphallische Haltung das Ergebnis.« Denn Mütter, die allein erziehen, neigen oft dazu, ihre Söhne übermäßig zu verwöhnen und zu bewundern. Dadurch hat es der Junge umso schwerer, den natürlichen Ablösungsprozess zu bewältigen. Im schlimmsten Fall muss er »gegen den drohenden Untergang seiner Männlichkeit kämpfen«, indem er auch der Mutter hyperphallisch und übersteigert aggressiv begegnet.[23] Auf der Internetseite einer psychologischen Praxis schreibt ein vaterlos aufgewachsener Mann im Forum: »Ich war zum Beispiel ein völlig ›ungebremstes‹ Kind, voller Aggressionen.«[24] Gleichzeitig wird natürlich die eigene weibliche Seite verleugnet, wie meist auch Männer, die weibliche Attribute zeigen, entwertet oder bekämpft werden.

Ein anderes Muster, das sich ausbilden kann, wenn der Junge zu eng mit der Mutter im Kontakt ist, ist die Verschmelzung mit ihr und damit die Aufgabe der eigenen männlichen Attribute – was im wahrsten Sinne des Wortes zu einer Verweichlichung führt.

Robert Bly schreibt dazu: »Söhne mit psychisch oder emotional abwesendem Vater bekommen kein Vorbild, wie mit männlichem Zorn angemessen umzugehen ist, wie er sich überhaupt darstellt, wie er sich anfühlt, wie er anerkannt und ausgelebt werden kann, ohne dass andere darunter leiden müssen. Solche Söhne haben gewöhnlich so große Angst vor dem Gefühl Zorn, dass sie es völlig unterdrücken.«[25] Solche Männer können selbst in Situationen, in denen Zorn angemessen oder sogar gesund wäre, nicht entsprechend reagieren. Sie sagen zu allem Ja und Amen und richten ihre natürlich vorhandenen Aggressionen nach innen. Dieses Männerbild hat es sogar schon bis ins große Kino geschafft. Wer den verweichlichten Dave Buznik, großartig gespielt von Adam Sandler, im Film »Die Wutprobe« gesehen hat, bekommt eine sehr klare Vorstellung von diesem Typ Mann.

SCHAUPLATZ BEZIEHUNGEN BEI MÄNNERN MIT VATERENTBEHRUNG

Was das Beziehungsleben von Jungen, die vaterlos aufgewachsen sind, angeht, so lassen sich, ähnlich wie bei den Frauen, viele unterschiedliche Facetten erkennen. Während die Frauen in Beziehungen häufig an dem Idealbild scheitern, das sie vom Vater gemacht haben und das sie nun auf den Mann übertragen, strauchelt der Mann, der Vaterentbehrung erlebt hat, meist an seinem eigenen Männerbild – entweder in Form von Selbstabwertung oder Selbstidealisierung. Der amerikanische Psychologe Harvey Hornstein fand heraus, dass Mütter bei der Erziehung ihrer Söhne einen von drei »Aufträgen« erteilen.[26] Dieses Phänomen wird bei Söhnen, die ohne Vater aufwachsen, noch verstärkt. Die Botschaften lauten: »Du bist mein guter Junge«, »Du bist mein kluger Junge« und »Du bist mein starker Junge«. Aus diesen Botschaften heraus entwickeln sich drei unterschiedliche Verhaltensweisen, die Männer Frauen gegenüber zeigen. Aus der ersten Botschaft, dem guten Jungen geht der Kümmerer hervor. Der Frauenverehrer, der, der seiner Partnerin jeden Wunsch von den Augen abliest und alles tut, um geliebt zu werden. Innerlich lehnt dieser Mann sich selbst ab, was sich früher oder später negativ auf die Paarbeziehung auswirken wird. Die Botschaft »Du bist mein kluger Junge« formt den Erzieher. Er ist der, der gern Frauen rettet, sie nach seinen Vorstellungen modelliert und optimiert. Allerdings nur so lange, wie sie rein intellektuell und vom Selbstbewusstsein her unter ihm stehen. Entwickelt sich die Frau und begibt sich damit auf Augenhöhe, wird sie für diesen Mann uninteressant.

Zu der letzten Kategorie, den starken Jungen, gehören jene Männer, die auf allen Ebenen Held sein wollen. Sie wollen beeindrucken, durch Leistung, ein dickes Bankkonto oder sexuelle Potenz. Ob nun Frauenversteher, Frauenerzieher oder Frauenheld – hinter diesen drei Männertypen stehen am Ende kleine Jungs, die die Frage »Wer bin ich als Mann?« nicht oder nur unzureichend beantworten können. Und die darum auch in ihren Beziehungen immer noch von der Mutter geliebt und anerkannt werden wollen und dieses Verlangen nun auf ihre Partnerinnen projizieren. Sie haben den Schritt, sich von der inneren Mutter abzulösen, noch nicht bewältigt. Sie hatten keinen Vater, der sie einst dazu ermutigt hat. Der ihnen die Angst davor nehmen konnte, mit einer natürlichen Abnabelung die Mutter zu verlieren. Etwas, das Mütter unbewusst ihren Söhnen vermitteln. Also wollen sie ewig Mamas Helden bleiben. Gut, klug und stark. Schwächen dürfen diese Männer nicht zeigen, was dazu führt, dass sie sich lieber nicht zu eng binden oder gleich ganz aus der Beziehung verabschieden, wenn sie an den Punkt gelangt sind, an dem sich menschliche Schwächen natürlicherweise zeigen, weil der Blick durch die rosarote Brille die Sicht nicht länger vernebelt. Der schon vorher zitierte Mann aus dem Forum schreibt dazu: »Wenn Mutti böse ist auf mich, gehe ich zu Papi und umgekehrt. In einer Mutter-Sohn-Konstellation ohne Vater geht das aber nicht. Lehnst du dich auf gegen die Mutter, bist du gleich isoliert, allein. Du hast die Wahl, sie – salopp gesagt – bei Laune zu halten oder mit der Isolation klarzukommen. (…) Mir wird es in Zweierbeziehungen oft so eng, dass ich das Gefühl habe, absolut nicht mehr atmen zu können. Ich bekomme einen solchen Drang, mich loszureißen, auch wenn es keinen Streit gab, dass es oft nur half (mittlerweile bin ich da vorsichtiger!), die Beziehung zu beenden. (…) Es muss etwas mit Autonomie zu tun haben. Ich bleibe ich, obwohl ich mich distanziere. Das Kind im ›Normalfall‹ streitet vielleicht mit Mutti und denkt: ›Ich bin jetzt nicht Mutti!‹, geht zum Vater und denkt: ›Ich bin Vati!‹ Wo geht das Kind hin, das allein ist? Es denkt vielleicht: ›Ich bin nicht Mutti, ich bin … niemand!‹«

Neben der Kategorisierung von Hornstein gibt es noch weitere Erkenntnisse, wie sich Vaterentbehrung in den späteren Jahren auf das Beziehungsverhalten von Männern auswirkt. Wissenschaftlich belegt ist ein verstärkter Hang zur Hypersexualität, zum sogenannten Don-Juan-Syndrom. Der Trieb nach schneller Bedürfnisbefriedigung (der sich bei Kindern mit einer Vaterentbehrung auf vielen Ebenen zeigt) lässt sich dann selten beherrschen. Er ist wie eine Sucht, eine Jagd nach dem Thrill, vielleicht auch ein Abreagieren der aufgestauten Emotionen, die keinen anderen Kanal finden als die sexuelle Befriedigung. Der Psychoanalytiker Wolfgang Schmidbauer beschreibt dieses Phänomen in einem Interview sehr anschaulich. Er hebt die Hysterie heraus aus der Deutung einer Störung, die ausschließlich Frauen betrifft, und zeigt anhand von Schicksalen, dass Vaterentbehrung und der hysterische Mann, der sich in den Supermann, den Helden oder den Retter flüchtet oder seine eigene Hysterie abwertend an Frauen delegiert, auffallend häufig Hand in Hand gehen. In einem Interview sagt er: »Hysterische Männer bemerken plötzlich, dass ihnen die Figur ihrer Freundin nicht mehr gefällt, oder sie sehen auf der Straße eine Frau, die sie wesentlich attraktiver finden als ihre eigene. Das alles drückt eine hysterische Bindung an Träume und Idealisierungen aus. Die Beziehungen des Hysterikers gelingen nur in der Verliebtheitsphase, aber wenn es realistisch wird, man zusammen einen Haushalt gründet und Kinder hat, verschlechtern sie sich graduell.«[27] In seinem Buch »Der hysterische Mann« beschreibt Schmidbauer zusätzlich die Sucht dieser Männer, sich immer wieder in aussichtslose Liebesabenteuer zu begeben. Frauen zu begehren, die unerreichbar scheinen, und die Eroberung als sportliche Herausforderung zu betrachten. Schmidbauer schreibt: »In allen Fällen, in denen ich hysterische Männer mit dieser phallischen Eroberungshaltung analysieren konnte, hat sich die Hypothese vom abwesenden Vater bestätigt.«

Es ist der Vater, der dem Jungen bei der sexuellen Identifikation den Weg weist, der ihm im besten Fall durch sein Vorbild hilft, Zärtlichkeit und Sexualität zu vereinen, und der ihn dabei unterstützt, sich von der Mutter zu lösen. Versucht die Mutter, diesen Part der Identifikation zu übernehmen, indem sie den Sohn in unterschiedlichen Kontexten mit ihrem Männerbild konfrontiert, wenn sie aus ihrer Sicht »männliche Ratschläge« gibt, reagieren Jungen häufig mit Angst und Abwehr, die sich bis hin zu Frauenverachtung, Frauenhass und Frauenabwertung steigern können – ausgelebt oder unterschwellig. Im Grunde ist das nichts als ein verzweifelter Versuch, sich der Mutter nicht ganz zu unterwerfen, sich nicht kastrieren zu lassen oder sich als Erwachsene endlich von der Mutter zu befreien.

Jungs, die ohne Vater oder mit einem schwachen Vater aufwachsen, haben es schwer, ein stabiles Selbst zu entwickeln, das nötig ist, um eine Partnerschaft auf Augenhöhe zu leben. Sie haben es überhaupt schwer, herauszufinden, was es bedeutet, ein Mann zu sein. Der Autor Dieter Schnack soll auf die Frage, was denn für ihn männlich ist, mal geantwortet haben: »Ich weiß, wie Männlichkeit riecht. Männlichkeit riecht nach Tabak, nach Leder, nach Hasenbroten, nach Lack und Schweiß, kurz, sie riecht wie die

Tasche, die mein Vater bei sich trug, wenn er abends von der Arbeit kam. Ich bin mir ganz sicher, dass Männlichkeit so riecht – und ich bin froh um diese Sicherheit.«[28]

Neben den bereits aufgeführten Auswirkungen der Vaterentbehrung auf das Beziehungsverhalten gibt es auch jene Männer, die sich aufgrund des erlebten Traumas generell schwer auf Beziehungen einlassen können – sowohl zu Frauen als auch später zu den eigenen Kindern, wenn sie sich überhaupt für Kinder entscheiden. So haben Forscher der Universität Haifa in Israel 231 Frauen und Männer im Alter von 22 bis 32 Jahren nach ihrem Beziehungsverhalten befragt.[29] Das Ergebnis: Diejenigen, die aus funktionierenden Familien kamen, hatten zu 82 Prozent eine enge und intime Partnerschaft. Von denjenigen, die im Alter zwischen sechs und zwölf Jahren zu Halbwaisen wurden oder keinen regelmäßigen Kontakt zum Vater hatten, ließen sich dagegen nur zirka 60 Prozent auf eine enge Beziehung ein. Viele gaben an, erneute Bindungen wegen Verlustängsten zu scheuen. Wir können Bindung eben nur zulassen, wenn wir gesunde Bindungen erlebt haben und dadurch an uns selbst angebunden sind. In uns verankert. Das lässt sich nicht wegreden, auch nicht mit einem Trauschein und romantischen Liebesschwüren überdecken. An der Stelle sei allerdings auch darauf hingewiesen, dass nicht jeder Mann, der ohne Vater aufgewachsen ist, zu einem Frauenhasser oder Muttersöhnchen wird. Das sind die extremen Ausschläge. Sie verweisen jedoch darauf, welcher Zündstoff sich hinter Vaterentbehrung verbergen kann und was, wenn auch in weitaus gemäßigter oder gesellschaftlich konditionierter Form in jedem angelegt ist, der nicht das Glück hatte, mit einem liebenden und anwesenden Vater aufzuwachsen.

DIE SEHNSUCHT BLEIBT

Sicher, das Bild von Kindern, die Vaterentbehrung erlebt haben, zeichnet sich düster. Jeder Vaterverlust – egal ob durch den Tod des Vaters, durch seine Ablehnung, durch eine Scheidung, durch Umgangsvereitelung seitens der Mutter oder aus anderen Gründen wirksam, hinterlässt Spuren.

Nicht jede Spur muss zum Problem werden, aber viele Probleme lassen sich erklären, wenn man der Spur folgt.

Natürlich gibt es die Menschen, die trotz einer Vaterdeprivation ganz »normal« durchs Leben gehen, nach außen hin erfolgreich sind, selbst Väter oder Mütter sind und weder depressiv noch in einer anderen Form verhaltensauffällig werden. Und sicher wäre es auch falsch, jede mögliche Auswirkung auf jedes Kind zu projizieren, das ohne Vater aufgewachsen ist. Dabei ist, wie ich erwähnte, von hoher Bedeutsamkeit, in welchem sozialen Umfeld das Kind lebt, in welcher Form der Vater abwesend ist, wie lange er abwesend ist und in welchem Alter der Verlust des Vaters eintrat. Trotzdem bin ich sicher, dass jeder Junge, jedes Mädchen die tiefe Sehnsucht nach der väterlichen Liebe und Anerkennung in sich trägt. Diese Sehnsucht wird von vielen, mit denen ich über das Thema gesprochen habe, mit dem Wunsch danach, »anzukommen«, assoziiert. Mit einem inneren Frieden, der sich – so die Hoffnung – irgendwann einstellen wird. Wann genau, das können die wenigsten sagen. Andreas Altmann schreibt im Nachwort zu seinem Buch: »Kein Kind wird je fassen, dass es sich ohne Liebe zurechtfinden muss.«[30] Ich finde mich darin wieder, fühle die kindliche Verzweiflung, die in dieser Erkenntnis steckt, und weiß doch auf der rein rationalen Ebene, dass das Leben eben so sein kann. Dass Menschen Fehler machen, sich selbst und andere verletzen.

Man kann es beschönigen, die Vorteile, die es manchmal bringt in den Vordergrund stellen. Die gut gemeinten Sprüche hören wie:

»Du wärst heute nicht die, die du bist, wenn dein Leben anders verlaufen wäre« und trotzdem feststellen, dass man traurig ist, weil etwas fehlt.

Peter Ballnick beschreibt es wunderschön als eine Plattform, auf der man fest und sicher steht, wenn man das Glück hatte, in einer liebevollen Mutter-Vater-Kind-Triade aufzuwachsen.[31] Derjenige, der das nicht erlebt hat, dem fehlen zwei Drittel dieser Plattform, wahrscheinlich die des Vaters und die der Einheit von Vater und Mutter als Eltern. Kein Wunder, dass das Leben sich dann unsicher anfühlt, man ängstlich in die Zukunft blickt, weil der feste Boden unter den Füßen fehlt. Kein Wunder, dass man schnell Opfer wird, gefundenes Fressen für all jene, die Unsicherheit ausnutzen, kein Wunder, dass man ins Wanken kommt oder im schlimmsten Fall einfach abstürzt. Vaterentzug bedeutet Liebesentzug, und Liebesentzug hinterlässt verletzte Töchter und Söhne.

4. DIE VATERSUCHE

EIN MOMENT DER BEGEGNUNG

In meinen Sehnsüchten und Fantasien war mein Vater ein stattlicher, schöner Mann. Blond mit blauen Augen, so einer wie Terence Hill oder Paul Newman. Ich wusste von meiner Mutter, dass er früher als Ingenieur tätig war, also studiert hatte. Wenn er nicht der »Arsch« war, dann schwärmte sie von seiner Eloquenz und erzählte, dass sie wie hypnotisiert an seinen Lippen geklebt hatte, wenn er erzählte.

Dieses Bild des sprach- und weltgewandten, gut aussehenden und charmanten Mannes legte sich zeitweilig über meine Realität und ließ mich sehnen. Hin und wieder bohrte ich bei meiner Mutter nach, wollte wissen, ob er sich nicht doch irgendwann gemeldet hätte. Und siehe da: Als ich zweieinhalb Jahre alt war, hatte mein Vater wie aus heiterem Himmel im Zimmer meiner Mutter gestanden. (Sie wohnte damals im Erdgeschoss, und er war wahrhaftig über den Balkon durch das Fenster eingestiegen.) Meine Mutter erzählte mir, dass er sie und mich in den Arm genommen und nicht nur ihr, sondern auch meiner Großmutter, bei der wir damals noch wohnten, versprochen hatte, dass er jetzt alles wiedergutmachen würde. Dass er von nun an bei uns bleiben würde. Ziemlich viele Konjunktive, und so hatte er dieses Versprechen auch nur eine Nacht gehalten. Am nächsten Morgen war er auf demselben Weg verschwunden, auf dem er gekommen war, und von diesem Tag an hatte absolute Funkstille geherrscht. Aus »hätte, wäre, würde«, ist nichts geworden, und ich weiß bis heute nicht, was in dieser Nacht wirklich vorgefallen ist. Was ihn umgestimmt, ihn wieder fortgetrieben hat. Klar ist, es gab ihn, diesen Moment der Begegnung, an den ich mich leider nicht erinnern kann. Weder an seine Stimme noch an seinen Geruch, nicht an das Gefühl, in seinem Arm zu liegen.

Wer war dieser Mann? Eine Fata Morgana? Eine Erscheinung? Was geht in einem Menschen vor, der so handelt? Gern hätte ich es weggeschoben, die vielen Fragezeichen verwischt, aber ich konnte es nicht. Der Drang, herauszufinden, zu wem die Hälfte meines Erbgutes gehört, ließ sich irgendwann nicht mehr zügeln. Er war wie ein Gummiball, den man einen Augenblick unter die Wasseroberfläche drücken kann, bis er einem durch die Finger glitscht und unkontrollierbar, pfeilschnell nach oben schießt.

Ich wollte nicht länger an meinen Illusionen klammern. Wollte nicht träumen, sondern Klarheit finden. Es passte nicht in meinen Kopf, dass man als eloquenter Akademiker so herzlos sein kann, das eigene Kind gleich zweimal zu verlassen.

Und noch eine Frage ließ mich nicht los: Steckt all das auch in mir? Wenn er mein Vater ist, dann hat er mir ja nicht nur seine Licht-, sondern auch seine Schattenseiten vererbt. War ich also auch zu so etwas fähig? Trug ich auch eine Art »Bindungsunfähigkeitsgen« in mir, das irgendwann mal ausbrechen würde? Würde ich dann auch die Kinder verlassen, die ich vielleicht später einmal haben würde?

ANGST ALS BREMSE

Der Wunsch, ihn zu sehen, ihn kennenzulernen, mich kennenzulernen, wuchs stetig. Gleichzeitig hielt mich etwas zurück, das ich mir lange nicht erklären konnte.

Nachdem ich Ostberlin verlassen und mich in Westberlin so gut es ging eingerichtet hatte, plante ich, ein Studium aufzunehmen. Doch als ich das BAföG-Antragsformular in den Händen hielt und sah, dass nach dem Vater gefragt wurde, kam ich ins Schlingern. Ich wusste nicht, wen ich eintragen sollte. Den leiblichen oder den Stiefvater? »Den leiblichen müssen sie angeben. Oder wenn der andere sie adoptiert hat, dann den«, sagte die Bearbeiterin trocken, und schlagartig wurde mir bewusst, dass mein Stiefvater – rein rechtlich gesehen – in meinem Leben seit der Trennung von meiner Mutter überhaupt keine Rolle mehr spielte. Obwohl ich ihn Papa genannt und er mich zehn Jahre begleitet hatte, waren wir juristisch betrachtet Fremde. Abgesehen davon, konfrontierte mich dieses Antragsformular mit noch etwas ganz anderem. Mit meiner massiven Angst davor, auf meinen leiblichen Vater zuzugehen. Dabei ging es noch nicht einmal darum, weiter Unterhalt zu fordern, der mir, rein rechtlich betrachtet, noch zugestanden hätte. Im Augenblick sollte ich ja nur seine Daten eintragen. Die waren mir aber nicht bekannt. Drei Wochen lag der Antrag bei mir auf dem Schreibtisch. Dann zerriss ich ihn, beantragte kein BAföG, sondern suchte mir einen Job. Die Idee, BAföG zu beanspruchen oder Unterhalt zu fordern, verwarf ich. Ich wollte kein Geld von ihm, redete ich mir ein, aber eigentlich hatte ich nur Angst. Ich hatte Angst davor, ihm zu begegnen und erneut abgewiesen zu werden.

EIN BRIEF UND EIN SATZ

Wieder vergingen ein paar Jahre. Beim ersten Kontaktversuch, den ich in seine Richtung unternahm, war ich 25 und gerade Mutter geworden. Die Ankunft eines Kindes ist ja im Allgemeinen ein typischer Zeitpunkt für viele Mütter oder Väter, den Blick auf die Familie zu richten. Vielleicht weil man plötzlich nicht mehr nur Kind, sondern auch Elternteil ist. Vielleicht weil man innerlich weicher, milder wird, wenn man so ein kleines verletzliches Wesen in seinen Armen hält.

In den amtlichen Unterhaltsformularen, die ich gefunden hatte, stand eine Adresse – das war ein Anhaltspunkt. Ich überprüfte sie, sie schien aktuell, also schrieb ich einen Brief und legte ein Bild bei. Es kam nie eine Antwort.

Wieder verdrängte ich die Kränkung, den Schmerz. Es folgten viele Jahre, die geprägt waren von einer ziellosen Sehnsucht und Suche nach etwas, das ich nicht richtig benennen konnte. Heute weiß ich, dass ich nicht nur ihn, sondern vor allem mich selbst gesucht habe. Meine Identität, meinen Selbst-Wert. Ich habe nach meinen Talenten geforscht, mich auf vielen Ebenen ausprobiert, versucht, mich im Spiegel anderer zu erkennen. Eine Entwicklung, die nicht nur der Vaterentbehrung zuzuschreiben ist, sondern auch der Tatsache, dass ich durch die ungesund enge Bindung an meine Mutter und die Belastungen durch die Ausreise, die Phase der Pubertät nicht so wie andere genutzt habe, um mich an der Welt zu reiben, mich in ihr zu erkennen. Das wollte ich nachholen, erreichte auch viel und doch reichte es nicht. Das Gefühl, trotz Erfolg, trotz Mutterschaft gescheitert zu sein, nichts bewegt zu haben, klebte an mir fest. Irgendwann begriff ich, dass ich im Außen nicht finden konnte, wonach ich suchte, und so entstand der Drang, mir selbst auf den Grund zu gehen. In dieser Zeit füllten sich meine Regale mit Selbsthilfebüchern. Ich verschlang Ratgeber, die helfen sollten, sich selbst zu erkennen, sich zu verändern. Ich fing an zu malen, zu schreiben, gründete Firmen, mit denen ich scheiterte, und trieb exzessiv Sport. Aber statt mich zu erkennen, hatte ich das Gefühl, mir selbst immer fremder zu werden. Das blieb natürlich nicht ohne Wirkung.

In meiner Ehe begann es gewaltig zu kriseln, eingefahrene Muster und Strukturen brachen auf, und um nicht gleich alles über den Haufen zu werfen, entschieden mein damaliger Mann und ich uns dafür, in einer Paartherapie gemeinsam nach Lösungen zu suchen. Und dort tauchte er plötzlich wieder auf, der Vater. Nicht als Person, dafür im Kontext meiner Probleme. Zunächst schob ich die Vermutung des Therapeuten, dass meine Rastlosigkeit, meine ewige Sinnsuche mit der Vaterentbehrung in einem Zusammenhang stehen könnten, beiseite. Bis zu dem Moment, als ich in einer modifizierten Aufstellung meine Familie mit Kissen darstellen sollte. Vater, Mutter, Stiefvater, Mann, Kind. Jedes Kissen für eine Person und jedes Kissen auf eine Position, die die Beziehung zu mir verdeutlichen sollte. Nah dran oder weit entfernt. Zugewandt oder weggedreht. Der Raum war klein, ich schob das »Vaterkissen« in den hintersten Winkel. Mir war immer noch nicht klar, was er in dieser Konstellation zu suchen hatte. Und dann passierten zwei Dinge, die wie eine Bombe in meine Gegenwart einschlugen. Ich schaute auf die Kissen, sah, wie ich sie gelegt hatte, und musste feststellen, dass ich ganz allein stand. Dass niemand bei mir war, ich keine Verbindung zu den anderen hatte. Nicht einmal zu meinem Sohn, nicht einmal zu meinem Mann. Deutlicher hätte man mein Gefühl nicht abbilden können. Aber noch etwas anderes Merkwürdiges geschah, denn plötzlich war er da. Der leibliche Vater. Spürbar, auf unheimliche Art und Weise präsent.

Ich gab dem Therapeuten Rückmeldung über mein Gefühl, und er schlug vor, ich solle den Satz sagen: »Ich akzeptiere, dass du mein leiblicher Vater bist.« Minuten vergingen. Der Satz formte sich in meinem Kopf, aber er kam nicht heraus. Drehte stattdessen Schleifen, klebte in meinem Hals, schlug mir auf den Magen, wühlte meine Gedärme auf, aber er löste sich nicht von meinen Lippen. Anstatt zu sprechen, fing ich an zu weinen. Wuttränen, Hasstränen, Tränen der Verachtung, der Trauer. »Dich soll ich anerkennen? Dich Arsch?« Wie ein trotziges Kind wehrte ich mich. Ich war nicht bereit. Es fühlte sich an, als würde ich mit diesem Satz etwas aufgeben, und gleichzeitig war es, als ob jemand das Schleusentor zu meinen unterdrückten Gefühlen geöffnet hätte und ich nun buchstäblich von ihnen überflutet würde. Ich hatte plötzlich Angst, dass man das Tor nie mehr verschließen könnte, nicht in den darauffolgenden Therapie-

stunden und auch nicht, nachdem ich den Satz, wie auswendig gelernt, aufgesagt hatte. Mein damaliger Mann schlug vor, gemeinsam zu meinem Vater zu fahren. Ihn zu konfrontieren, um mich zu erlösen. Aber ich wollte nicht, denn nun wusste ich ja um meine hilflose Wut, die sich schwer kontrollieren ließ. Die Blöße wollte ich mir nicht geben, den Triumph ihm nicht gönnen. Und allein diese Gedanken waren seltsam, denn welchen Triumph sollte er denn feiern? Das zu hinterfragen kam mir nicht in den Sinn.

Mit meiner Weigerung, tiefer einzutauchen, setzte ich ihn symbolisch wieder auf seinen Thron und hielt die Leidensverbindung meinerseits aufrecht, indem ich mir nun auch noch meine eigenen Gefühle übelnahm. Ich sollte mich ändern, denn ich war ja die, die wie von Sinnen war und nicht mehr nur innerlich wütete und tobte, sondern nun auch meiner Umwelt das Leben schwermachte. Also schob ich die Idee, ihn zu besuchen, beiseite, suchte stattdessen weiter bei mir, in mir, wollte mich verändern, wie eine Amöbe meine Gestalt wechseln, um den Gefühlen zu entkommen. Tauschte den Mann und den Beruf aus, zog in eine andere Wohnung. Brach die Therapie ab, verschlang wieder Unmengen an Selbsthilfeliteratur, häufte Wissen und Zertifikate an, um mir, allen anderen und vermutlich am Ende nur ihm etwas zu beweisen. Ich wollte nicht schwach, sondern stark sein. Wollte ihm zeigen, dass er mich mal kann, und merkte gar nicht, dass ich mir damit selbst schadete.

WIE VOM DONNER GERÜHRT

Ich hätte das wahrscheinlich so noch einige Jahre weiter betrieben, wäre nicht eines Tages bei meiner kleinen Tochter – ich war mittlerweile in einer neuen Beziehung und wieder Mutter geworden – eine schwere Neurodermitis ausgebrochen. Da in dem Teil der Familie, den ich kannte, niemand Erfahrungen mit dieser Krankheit hatte, lag der Gedanke nah, dass die »andere Seite« vielleicht mehr darüber wusste. Vermutlich war es ein Vorwand, den ich nutzte, um endlich den Kontakt aufzunehmen. Jedenfalls rief ich die Nummer an, die mir das Telefonbuch in Verbindung mit dem Nachnamen und der bekannten Adresse anzeigte. Eine Frau meldete sich am anderen Ende. Die dritte Exfrau meines Vaters, wie ich schnell erfuhr. Die Mutter meiner jüngeren Halbgeschwister. Nein, er wohne nicht mehr hier, sagte sie recht freundlich. Freundlich, aber bestimmt. Und nein, sie wolle mir seine neue Adresse nicht geben. Auch nicht seine Telefonnummer. Ich solle Verständnis dafür haben, es sei ohnehin so schwer für sie nach der Trennung und wegen der Kinder. Ich verstand nicht recht, was sie meinte. Aber sie versprach, ihn anzurufen, ihm meine Nummer zu geben und ihn zu bitten, dass er sich bei mir meldet. Ein merkwürdiges Telefonat. Eigentlich hatte ich vorgehabt, sie nach den Namen meiner Halbgeschwister zu fragen. Aber die Aufregung war so groß gewesen, dass ich es vergessen hatte.

Ein paar Tage später wurde ich vom Klingeln des Telefons geweckt. Es war 6:30 Uhr. Ich lag auf dem Sofa, neben mir meine kleine Tochter. Wir hatten die halbe Nacht nicht geschlafen, weil sie sich immer wieder die juckenden Stellen aufgekratzt hatte. Dementsprechend übermüdet verstand ich nicht gleich auf Anhieb den Namen des Anrufers.

»Wohl noch nicht wach?«, polterte eine kalte und unfreundliche Männerstimme am anderen Ende.

»Wer ist da bitte?«, wiederholte ich meine Frage.

Nun schrie er seinen Namen förmlich ins Telefon, und wie vom Donner gerührt, richtete ich mich auf, weil mir plötzlich klar wurde, mit wem ich da telefonierte.

Hastig, von der Situation und seiner Unfreundlichkeit völlig überrumpelt, stotterte ich irgendetwas zusammen, bemühte mich, Haltung zu bewahren, aber der barsche Ton vom Anfang steckte wie Eis in meinen Knochen und lähmte mein Denken und mein Sprechen. Ob das jetzt alles gewesen sei, fragte er, nachdem wir geklärt hatten, dass es in seiner Familie keine Neurodermitis gibt.

»Nein«, sagte ich und hatte mich mittlerweile genug gesammelt, um ihn zu fragen, ob wir uns nicht vielleicht einmal treffen sollten, um uns kennenzulernen.

»Daran habe ich kein Interesse«, gab er zur Antwort. Ich schluckte und erwiderte, dass ich das nicht verstehen würde und eigentlich auch unmöglich fände.

»Das ist meine Angelegenheit«, polterte er nun wieder in den Hörer. Ich hörte den Satz, und in diesem Moment konnte ich nicht mehr an mich halten. Tränen kullerten über meine Wangen und mein »Dann können wir das Gespräch ja auch beenden« konnte er wahrscheinlich gar nicht mehr hören, weil ich das Telefon schon nicht mehr am Ohr, sondern es wutentbrannt weggeschleudert hatte. Ich war fassungslos und fühlte mich, als sei ich aus der Welt gefallen. Als wäre der Graben, der ohnehin immer nur notdürftig überbrückt war, brachial aufgerissen. Nun lag alles frei. Meine Verletzlichkeit, meine Bedürftigkeit, mein Hunger nach Anerkennung, meine Sehnsüchte – einfach alles. Und es schmerzte so elend.

Nicht nur, weil er schroff und ablehnend war, sondern vor allem auch, weil ich plötzlich merkte, wie viel mir das ausmachte. Wie viel Wut in mir steckte, wie viel Tonnen Verzweiflung und Traurigkeit. Er hatte Macht über mich, obwohl er nicht da war, und ich fühlte mich so ausgeliefert, so hilflos und ohnmächtig. Das Schlimmste an dieser Situation war allerdings, dass ich nicht wusste, wohin mit all diesen Gefühlen. Ich hatte einen Sohn, der unter der Scheidung und unter dem Hin und Her zwischen seinem Vater und mir litt. Neben mir lag meine kleine Tochter, die meine Hilfe, Liebe und Zuwendung brauchte. Dann erkrankte auch noch meine Oma, an der ich sehr hing, an Krebs. Also wieder weg mit meinen Emotionen. Einfach funktionieren. Mir wurde schnell klar, dass das nicht lange gut gehen konnte, dass ich Hilfe brauchte. Nachdem meine Oma verstorben war, suchte ich mir einen Therapieplatz, wo ich all das Erlebte in einem geschützten Rahmen aufarbeiten konnte.

ANBAHNUNG AUF UMWEGEN

Im Rahmen dieser Gruppentherapie fuhr ich jeweils drei Mal im Jahr zu einem Intensivwochenende in einen kleinen Ort weit weg von Berlin, und wie das Leben so spielt, führte der Weg dorthin genau durch den ehemaligen Wohnort meines Vaters. Jedes Mal überlegte ich anzuhalten, um wenigstens mit seiner Exfrau zu sprechen. Meine Neugier war auch nach dem katastrophalen Telefonat mit ihm nicht gebrochen. Im Gegenteil: Jetzt, nachdem wieder ein paar Jahre ins Land gegangen waren, wollte ich ihn erst recht sehen. Wollte wissen, wie er auf mich wirken würde, wollte ihm in die Augen schauen. Ihn konfrontieren, die Wut an den richtigen Platz rücken. Jemanden am Telefon abzukanzeln war eine Sache, aber wie wäre es, wenn ich vor ihm stünde? Würde er mich wieder überrumpeln, oder könnte ich diesmal die Zügel in der Hand halten?

Ich überlegte mir eine Strategie, die über meine Halbgeschwister führte, beschloss, erst sie kennenzulernen, um so mehr über ihn zu erfahren. Leider kannte ich ihre Namen nicht, wusste auch nicht, ob sie noch in ihrem Geburtsort wohnten. Und so kam es zu einer wirklich skurrilen Situation, als ich, einer Intuition folgend, alle Menschen, die im Ort denselben Familiennamen wie mein Vater hatten, durchtelefonierte und ihnen den Grund meines Anrufes schilderte. Bei einer Verbindung war es plötzlich still am anderen Ende der Leitung, und kurz hoffte ich, an der richtigen Stelle gelandet zu sein.

»Wissen Sie, mit wem Sie hier sprechen?«, fragte eine männliche Stimme.

»Nein, natürlich nicht«, entgegnete ich.

»Hier ist der Bürgermeister von …«, und dann nannte er den Namen des Ortes, in dem mein Vater bis vor Kurzem noch gelebt hatte.

»Ich kenne Ihren Vater«, fuhr er fort, »wir haben zusammen Fußball gespielt und auch sonst, na Sie wissen ja, der Ort ist klein, da kennt man sich eben. Dass er eine uneheliche Tochter hat, das haut

mich jetzt wirklich um. Das hat er nie erwähnt. Ich wusste nur von einem Sohn aus einer früheren Ehe.«

Ich fragte ihn, ob er mir die Namen von den Kindern – von meinen Halbgeschwistern – sagen könne, aber da musste er passen. Ich hörte, wie er mit einer Frau tuschelte, dann wurde er schlagartig amtlich, denn als ich ihn fragte, ob ich ihn noch einmal anrufen, ob er mir vielleicht in der Angelegenheit weiterhelfen könnte, blockte er ab und verabschiedete sich hastig.

Das Telefonat bestärkte mich zwar in gewisser Weise, brachte mich aber bei meiner Suche nicht weiter, und so beschloss ich, direkt in die Höhle des Löwen zu gehen und fuhr beim nächsten Mal, als ich wieder auf der Durchreise war, unangemeldet zur Exfrau meines Vaters. Es war ein seltsames Gefühl vor dem Haus zu stehen, in dem er jahrelang mit seiner Familie gewohnt hatte, während ich, nur 250 Kilometer von ihm entfernt, ohne ihn aufgewachsen bin. Ich sah den Garten, und plötzlich stiegen Bilder auf. Er, so wie ich ihn mir immer vorgestellt hatte, beim Spielen mit seinen Kindern. Er, beim Äpfelpflücken oder Kiesweganlegen. Ich überlegte, wo wohl der Weihnachtsbaum immer gestanden hatte und ob sie zu Ostern selbstgebastelte Eier in die Zweige des Fliederbusches gehängt hatten. Das Haus wirkte seltsam düster, nicht wirklich einladend. Ich klingelte, nach ein paar Minuten kam sie heraus, sah mich an und lächelte.

»Du bist Jeannette, richtig? Ich wusste, dass du irgendwann hier auftauchen würdest.«

Wir schauten uns lange an. Vor mir stand eine Frau, die mir nur knapp bis zur Schulter reichte, eine eher unscheinbare Person, nicht so schillernd wie meine Mutter. Ich hatte sie mir anders vorgestellt. Strahlender, präsenter. Sie dagegen hat mich sofort erkannt, ohne dass ich mich vorgestellt hatte. Das ist mir erst später, als ich längst wieder auf dem Heimweg war, aufgefallen. Wir blieben vor der Gartentür stehen, ich erzählte ihr von meiner Sehnsucht, von dem Wunsch, meinen Vater zu sehen. Sie nickte verständnisvoll, nahm meine Hand, drehte mich so, dass die Sonne sie nicht blendete, und sagte: »Ihr ähnelt euch wirklich so sehr. Du hast die gleichen Augen, die gleichen Haare, die gleiche Statur.«

Irgendwie wirkte sie sanft und traurig, nicht so bestimmt und energisch, wie damals bei unserem Telefonat. Sie bat mich, ins Haus zu kommen, schrieb mir seine Adresse auf einen Zettel, erwähnte eher beiläufig die Namen ihrer Kinder und den meines älteren Halbbruders, der, wie ich erfuhr, immer noch in unserer beider Geburtsstadt lebte. Sie erzählte mir auch von dem schwierigen Verhältnis ihrer Kinder zu ihrem Exmann – unserem Vater. Davon, dass er nach der Trennung den Kontakt zu seinen Kindern kaum gepflegt hätte und es ohnehin oft nicht leicht mit ihm gewesen sei. Ob meine Halbgeschwister von mir wüssten, wollte ich wissen. Sie schüttelte den Kopf und versuchte im selben Atemzug, das Ganze zu rechtfertigen. Ich winkte ab, war mir doch in diesem Moment bewusst, dass auch hier viel gelogen worden war und dass sich das mit Sicherheit in irgendeiner Weise auf das Leben meiner Halbgeschwister ausgewirkt hatte. Es war eine bizarre Situation, ich entwickelte fast Mitleid mit dieser Frau. Sie schien so bedrückt, so belastet und nun fast erleichtert darüber, dass ich da war und sie zumindest dieses Kapitel beenden konnte. Ich sah, wie meine Vatersuche plötzlich Kreise zog, wie andere Menschen involviert waren und wie das System sich nun, da ich den Kontakt angestoßen hatte, bewegte.

VON ANGESICHT ZU ANGESICHT

Ich musste nicht lange fahren. Nur ein paar Dörfer weiter, dann stand ich vor seinem Gartentor und klingelte, ohne zu zögern. Nichts geschah. Auf dem akkurat gemähten Rasen lag eine Motorsäge, im Carport stand ein Auto. Es schien, als ob jemand im Haus war, also klingelte ich ein zweites Mal. Jetzt bewegte sich etwas. Er öffnete die Tür, blieb allerdings am Haus stehen, sodass uns ungefähr fünf Meter trennten. Mein Herz klopfte wie wild, meine Hände waren feucht, mein Magen krampfte sich zusammen. Das war nun der Moment, auf den ich so lange gehofft hatte. Da stand er – mein Vater, und dass ich seine Gene in mir trage, war wirklich nicht zu übersehen. Statt näher ans Gartentor zu kommen, fragte er von der Haustür aus, wer ich sei und was ich wolle. Er sah nicht so aus, als würde er mich freundlich empfangen. Der Zufall veränderte die Situation, denn in dem Augenblick, als ich antwortete, flog ein Flugzeug über uns hinweg und verschluckte mit seinem Lärm meine Worte. Sichtbar widerwillig bewegte er sich nun doch auf mich zu, blinzelte mich mit seinen stahlblauen Augen, die zu misstrauischen Schlitzen verengt waren, an und wiederholte seine Frage.

Und genau in diesem Moment geschah etwas Sonderbares in mir. Ich verlor meine Angst. Für einen winzigen Zeitraum, gehalten wie in einem Zeitfenster, war ich souverän, die Königin der Situation. Mir war klar, dass er kein Interesse daran hatte, zu erfahren, wer ich wirklich war. Wenn er eins und eins hätte zusammenzählen wollen, dann wäre es ihm nicht schwergefallen, mich zu erkennen. Aber er wollte nicht, also spielte ich sein Spiel mit, um ihn wenigsten einen Augenblick länger festzuhalten.

»Ich bin Astrid Küssner, eine ehemalige Kollegin Ihrer Frau Klara. Wir haben uns auf einem Seminar kennengelernt, damals als sie noch dort und dort gearbeitet hat. Kann ich sie sprechen?« (Den Namen und die Arbeitsstelle seiner Lebenspartnerin hatte mir seine Exfrau verraten. Ebenso die Tatsache, dass die Frau heute nicht zu Hause sein konnte, weil sie arbeitete.)

Er schaute mich an. »Wenn Sie meine Frau kennen, müsste ich Sie auch kennen«, knurrte er mich an.

»Das war vor Ihrer Zeit«, gab ich schlagfertig zurück.

»Sie ist nicht zu Hause«, antwortete er mürrisch und drehte sich wieder weg, um zurück ins Haus zu gehen.

»Hätten Sie einen Zettel und einen Stift für mich, damit ich ihr eine Nachricht hinterlassen kann?«, rief ich ihm hinterher, um ihn nicht einfach so gehen zu lassen.

Er murmelte etwas, verschwand im Haus und kehrte tatsächlich nach ein paar Minuten mit Zettel und Stift zurück, um gleich darauf wieder zu verschwinden.

»Manchmal holt uns das Leben ein.«

schrieb ich in großen Buchstaben und mit zitternder Hand auf das Blatt und unterschrieb mit meinem richtigen Namen. Dann faltete ich den Bogen Papier, legte ihn auf den Briefkasten, ging zu meinem Auto und fuhr davon, ohne mich noch einmal umzudrehen. Erst nachdem ich ein paar Ecken weiter und ganz aus seinem Sichtfeld war, hielt ich an und brach in Tränen aus. Natürlich musste er mich erkannt haben. Die Ähnlichkeit war frappierend, einfach nicht zu übersehen. Genauso wie sein Nein zu mir, seine abweisende Art, sein versteinerter Gesichtsausdruck.

Was für eine Begegnung! Einerseits war ich so stolz auf mich, dass ich endlich den Mut für diesen Schritt gehabt hatte und dass ich in dieser Situation so cool aufgetreten war. Gleichzeitig lief mir das blanke Entsetzen, ein Schauer den Rücken hinunter, als mir klar wurde, dass dieser Mann so gar nichts mit meinen Träumen, meinen Fantasien, meinen Vorstellungen gemeinsam hatte. Fremd war er. Und so anders als ich. Nichts von meiner eigenen Wärme, kein Fitzelchen meiner Zugewandtheit, meiner Empathie konnte ich in ihm entdecken. Ich hatte gehofft, etwas Verbindendes zu finden, etwas, das die Vergangenheit hätte überbrücken können. Ein zartes Band, das man hätte aufnehmen können, um daraus ein stabiles Seil zu knüpfen. Enttäuschung ist ein Wort, das an dieser Stelle nur teilweise mein Empfinden erfasst. Es war nicht so wie nach dem Telefonat, ich stürzte nicht ins Bodenlose. Eher fühlte es sich an, wie der Kletteraufstieg an einem glitschigen Felsen, von dem man immer wieder abrutscht. Irgendwann sitzt man kraftlos am Boden, schaut ernüchtert und mutlos nach oben und weiß, dass der Hang einem nicht einen Millimeter entgegenkommt, dass der Aufstieg sich nicht erzwingen lässt, ebenso wie ein Vater sich nicht zwingen lässt, sein Kind zu lieben.

MEINE HALBGESCHWISTER

Ich habe auch nach dieser Begegnung nicht aufgehört, nach etwas Vertrautem zu suchen. Der Wunsch, die zweite Seite meines Stammbaumes zu kennen, war größer als die Angst davor, noch mehr enttäuscht zu werden. Ich kannte mittlerweile einige Menschen, die Ähnliches erlebt hatten und die mir dieses seltsame Gefühl des Ungleichgewichts in der Ich-Empfindung, die Leere auf einer Seite, bestätigen konnten. Dazu kam, dass ich durch die Therapie stabiler geworden war, Zusammenhänge zwischen meinen Mustern und meiner Kindheit erkannt hatte und es mir gelungen war, einiges von dem, was mich bisher blockiert hatte, abzulegen.

Ein wahrer Meilenstein meiner Suche war das erste Telefonat mit meinem älteren Halbbruder. Dem, der neun Tage vor mir im selben Krankenhaus wie ich geboren wurde. Nun hatte ich ja seinen Namen, und es war ein Leichtes, ihn zu finden. Natürlich hatte ich Angst, dass auch er mich abweisen könnte. Dass er überhaupt kein Interesse hätte, mich kennenzulernen. Er hätte es ja auch über all die Jahre hinweg mal probieren können, schließlich waren wir mittlerweile fast 40 Jahre alt. Aber ich setzte mich über diese Bedenken hinweg und rief ihn an. Und was für eine Freude war es, als mich später, weil ich nicht gleich ihn, sondern zunächst nur seine Tochter erreicht hatte, ein Mann zurückrief, der sich wirklich über mein überraschendes Auftauchen freute. Der neugierig war, mich ausfragte, mir ohne Punkt und Komma von sich, seinem Leben, von seiner Familie und von den wenigen Erinnerungen erzählte, die er noch an unseren Vater hatte. Da war sie plötzlich, die Vertrautheit, die ich bei meinem Vater nicht hatte finden können, weil er sich offensichtlich komplett verschlossen hatte. Wir telefonierten über eine Stunde miteinander, und es fühlte sich überhaupt nicht fremd, sondern eher so an, als hätten wir uns einfach nur eine lange Zeit nicht gesehen. Und so verabredeten wir uns auch gleich für ein Treffen, das ein paar Wochen später wirklich stattfand und das den Eindruck, den ich am Telefon hatte, nicht nur bestätigte, sondern noch einmal bekräftigte. Denn mein Halbbruder sieht mir und meinem Vater so ähnlich, dass wir uns, wären wir uns irgendwo zufällig auf der Straße begegnet, mit Sicherheit erkannt hätten. Ich war so glücklich über ihn, seine Familie (ich war mit einem Schlag Tante von zwei Mädchen) und dass er nun zu meinem Leben gehörte. »Mein Schwesterchen« nennt er mich bis heute, und man mag so etwas glauben oder nicht: Für mich fühlte sich vom Tag unserer ersten Begegnung an der Boden unter meinen Füßen fester an. Ich fühlte mich vollständiger und auf eine gewisse Art geborgen. Endlich hatte ich den »großen Bruder«, von dem Mädchen träumen. Einen Beschützer, einen liebevollen, warmherzigen Helden. Es ist für uns beide heute immer noch überraschend, wie viele Gemeinsamkeiten wir haben. Wie viele Vorlieben für bestimmte Dinge wir teilen. Ob es nun Reiseziele sind oder bestimmte Lebensgewohnheiten. So viele Zufälle kann es gar nicht geben.

Mein Halbbruder erzählte mir alles über unseren Vater, was er wusste. Das war auch nicht so viel, denn er war ja erst zweieinhalb, als unser Vater ihn verließ. Allerdings hat der Kontakt zu ihm wohl noch eine Weile gehalten, sodass mein Halbbruder auch unsere beiden jüngeren Halbgeschwister kennenlernen konnte. Und natürlich kannte er auch die anderen Familienmitglieder, also Großeltern, Onkel und Tanten, und konnte mir von ihnen erzählen. Und so füllte sich nach und nach mein Bild. Ich stellte den Kontakt zu einer Tante her, der jüngeren Halbschwester meines Vaters, die mich genauso herzlich in ihr Leben aufnahm. Wir organisierten ein Geschwistertreffen, nachdem ich auch die anderen – meinen jüngeren Halbbruder, der mittlerweile in Amerika lebte, und meine jüngere Halbschwester – kontaktiert hatte. Irgendwann an einem Sommertag saßen wir vier zusammen in einem Restaurant in Berlin, und ich bin jetzt, da ich diese Zeilen schreibe, noch immer berührt, wenn ich daran denke. Weil es so ein einzigartiger Moment war und weil mir dort einmal mehr klar wurde, wie groß meine Familie eigentlich ist und dass ich auch ohne die Anerkennung meines Vaters nun ein Teil dieser Seite geworden bin. Und auch wenn der Kontakt nicht stabil ist, meine Halbschwester über mein Auftauchen nicht sonderlich erfreut war, weil auch ihre Beziehung zu unserem Vater fragil ist, und auch wenn ich immer noch nicht alle Verwandten persönlich kenne, so ist allein die Tatsache, dass ich für all diese Menschen nicht mehr unsichtbar bin, ein großer emotionaler Gewinn für mich.

Was trotzdem blieb – auch nach dieser Begegnung –, war die stille Hoffnung, dass vielleicht doch der Tag kommt, an dem ich ihm im Kreise aller noch einmal begegnen kann. Kinder lieben bedingungslos. Selbst wenn sie verletzt und abgelehnt werden. Das ist eine schöne, kann aber auch eine herzbrechende Erfahrung sein.

WAS TREIBT DIE VATERSUCHE AN?

»Jeder versteht, dass eine Tochter Sehnsucht nach ihrem Vater hat und wissen will, wer er ist«, sagt Sigrid Huth. Und weiter: »In der Suche nach dem Vater ist stets die Suche nach der weiblichen Identität und dem eigenen Selbst enthalten.«[32] Huth gehört zu denen, die Frauen Mut zusprechen und sagen, dass es sich lohnt, Nachforschung anzustellen. Auch wenn die Begegnung, so wie bei mir, enttäuschend sein kann, weil die Wirklichkeit selten mit der Fantasie übereinstimmt.

Alle Kinder tragen den Wunsch, den Vater und damit einen wichtigen Teil ihres Daseins kennenzulernen, in sich. Aber nur einige folgen diesem Verlangen. Meist halten sich jene zurück, bei denen der Vater von der Mutter oder anderen Familienmitgliedern abgewertet wurde. Solche Kinder übernehmen die Abwertung und verdrängen damit die natürliche Sehnsucht.

Es gibt keine offizielle Statistik darüber, wie viele Kinder, die von Vaterentbehrung betroffen sind, sich irgendwann auf den Weg begeben, ihre Wurzeln zu klären oder von sich aus den Faden wieder aufnehmen, der durch eine Trennung verloren gegangen ist.

Angelehnt an Statistiken aus Nachbarländern, ist zu vermuten, dass sich die Zahl zwischen zehn und 20 Prozent bewegt und dass es geschlechtsspezifische Unterschiede gibt – es mehr Frauen oder junge Mädchen sind, die den Schritt wagen. Vielleicht weil Männer oder Jungen eher dazu neigen, die Verlustschmerzen zu verdrängen, und sich erst Ersatzväter, später dann Ersatzbefriedigungen suchen. Vielleicht aber auch, weil sie Angst haben, die Loyalität der Mutter gegenüber aufzubrechen. Horst Petri schreibt dazu: »Während sich Letztere (Männer) wegen ihrer hartnäckigen Abwehr und Haltung, die ›Vergangenheit lieber ruhen zu lassen‹, oft verbittert mit ihrem vaterlosen Schicksal abfinden, treibt Frauen die wiedererwachte Sehnsucht eher zur Aktivität.«[33] Er vermutet, dass Frauen eher in der Lage sind, kreativ mit der Bewältigung des Traumas umzugehen, indem sie zum Teil kriminalistische Fähigkeiten entwickeln, um an die Wahrheit zu gelangen.

Aber unabhängig davon, ob Frau oder Mann – warum brechen sie überhaupt zur Suche auf? Warum setzen sie sich all dem, was damit zwangsläufig verbunden ist, freiwillig aus?

Eine Frau aus meinem näheren Umfeld, die ihren Vater bis zur Lebensmitte nicht kannte, beantwortete mir diese Frage wie folgt: »Es hatte wohl mit Neugierde zu tun, mit der Angst, keine Antworten mehr zu bekommen. Meine leibliche Mutter habe ich verloren, als ich knapp sechs Monate alt war. Glücklicherweise hat sich eine befreundete Familie um mich bemüht und mich mit knapp einem Jahr adoptiert. In dieser Familie wuchs ich mit drei älteren Geschwistern auf. Dass diese Familie nicht meine leibliche ist, haben mir meine Eltern sehr früh kindgerecht vermittelt. Sie zogen mich mit all ihrer Liebe und Fürsorge auf, und so war es – die pubertäre, trotzige Phase meines Lebens mal ausgeschlossen – nie ein Thema für mich, dass sie nicht meine leiblichen Eltern waren.

Fragen meinen leiblichen Vater betreffend hatte ich zunächst nicht. Mir wurde irgendwann mal gesagt, dass ihn niemand kennt, er wäre eine Zufallsbekanntschaft meiner leiblichen Mutter auf einer Betriebsfeier gewesen und ich das Ergebnis eines One-Night-Stands.

Mit 20 kamen erste Zweifel an dieser Aussage auf, wenn auch sehr sporadisch. Eigentlich hatte ich mich mehr und mehr mit meinem Stiefvater identifiziert, mich in ihm wiedererkannt, sodass ich eine Zeit lang der Meinung war, er wäre wirklich mein leiblicher Vater und ich vielleicht das Ergebnis eines ›Fehltritts‹ seinerseits. Vielleicht hatte er ja meine Mutter geschwängert und mich dann aufgenommen, weil er ein schlechtes Gewissen hatte. Aber solche Gedanken schob ich immer wieder schnell weg. Erst kurz vor meinem 40. Geburtstag hatte ich das Gefühl, das mir etwas fehlte. In dieser Zeit habe ich viel über mich nachgedacht. Warum bin ich, wie ich bin? Wieso fühle ich mich permanent ungewollt? Warum habe ich nie das Gefühl dazuzugehören? Dazu kam eine tiefe Traurigkeit bei dem Gedanken an meine leibliche Mutter, an die ich leider keinerlei Erinnerung habe. Natürlich war der nächste Gedanke mein leiblicher Vater. Vielleicht konnte ich ihn ja noch kennenlernen. Ich wurde neugierig. Und ich habe mir die Frage gestellt: ›Wirst du irgendwann bereuen, es nicht versucht zu haben, ihn zu finden?‹ Darauf gab es nur ein klares JA. Also ging die Suche los. Knapp ein Jahr später hatte ich ihn gefunden. Und heute, nachdem ich das Glück hatte, ihn auch kennenlernen zu können, fühle ich Dankbarkeit, Befriedigung und eine Art innere Ruhe. Die Liebe, die ich für meine Eltern empfinde, hat sich dadurch natürlich nicht geändert. Sie sind meine Eltern und werden es auch immer bleiben!«

Auch Sarah P., die durch Samenspende gezeugt worden und mit ihrer Klage bis zum Oberlandesgericht gegangen ist, um das Recht einzufordern, den Namen ihres biologischen Vaters zu erfahren, beschreibt eine ähnliche Motivation. Sie sagt dazu in einem Interview mit Jörg Diehl in »Spiegel Online«: »Ich möchte mich selbst finden und mir elementare Fragen beantworten können: Warum bin ich, wie ich bin? Weshalb sehe ich so aus? Wieso verhalte ich mich auf diese Weise, nicht auf eine andere?« Diese Sätze kann ich hundertfach unterstreichen, weil sie klar auf den Punkt bringen, worum es geht. Trotzdem ist das noch nicht alles, denn diese philosophischen Fragen stellen sich andere Menschen auch. Sie gehören zu unserer Reifung, zu unserer »Menschwerdung« dazu. Der Unterschied liegt darin, dass der oder die von Vaterentbehrung Betroffene darauf zunächst schlichtweg keine Antworten findet, im Dunkeln herumstochert oder sich aus Fragmenten ein Ideal zusammenzimmert, das es nicht gibt. Um sich im wahrsten Sinne des Wortes als »ganzer Mensch« zu fühlen, um auf zwei Beinen zu stehen – auf einem Mutter- und auf einem Vaterbein ist es nahezu unabdingbar, die eigenen Wurzeln zu kennen. Dabei geht es noch nicht einmal darum, sich gegenüberzustehen und in die Augen zu schauen. Für manch einen ist das gar nicht mehr möglich, weil der Vater vielleicht schon nicht mehr lebt. Es geht vielmehr um das Wissen und um eine Gewissheit.

DIE FRAGE NACH DER SCHULD

Ich empfinde das Wort »Schuld« im Kontext von Beziehungen eigentlich als wenig hilfreich. »Du bist schuld« ist eine Aussage, die mehrheitlich dazu dient, die eigene Verantwortung an einem Konflikt abzuschieben, statt sie einzuräumen. Trotzdem verwende ich den Begriff im Zusammenhang mit der Vatersuche, denn das von Vaterentbehrung betroffene Kind erlebt den Vaterverlust oft als »Schuld«. Zieht sich ein Vater innerhalb der Familienkonstellation oder nach einer Trennung zurück, beziehen Kinder das häufig auf sich. »War ich schuld?«, ist dann die bedrückende Frage, die über Jahrzehnte wie ein Damoklesschwert über dem Kind schweben kann. Nicht nur, weil der Vater fort ist, sondern weil das Kind zusätzlich spürt, wie schwer es die alleinerziehende Mutter nach der Trennung hat. Alleinerziehende Mütter leben häufig an ihrer Belastungsgrenze. Das Armutsrisiko ist hoch, die Spannungen innerhalb der Familie dementsprechend auch. Das geht nicht spurlos an den Kindern vorbei, die sich natürlich fragen, was das alles mit ihnen zu tun hat. So kommt zu der »Vaterschuld« (»bestimmt ist er wegen mir gegangen«) noch die »Mutterschuld« (»weil er wegen mir gegangen ist, hat sie es jetzt schwer»). Vaterentbehrung, aus welchen Gründen auch motiviert, ist nicht nur für das Kind, sondern auch für die Mutter ein prägendes Ereignis, das ihr psychisches Gleichgewicht stören kann.

Setzt sich das Kind früher oder später mit dem fehlenden Vater auseinander, dann beschränkt sich diese Auseinandersetzung nicht mehr nur auf ihn, sondern weitet sich zu einer allumfassenden Beziehungsklärung aus, an deren zweiter Stelle die Beziehung zur Mutter steht. Petri schreibt: »Ein Vater-Kind-Drama ist ein Mutter-Kind-Drama, ist ein Paar-Drama.«[34] Mutter-Kind-Drama deshalb, weil das Schuldgefühl des Kindes überwiegend auch auf dem Nährboden ihrer Erzählungen, auf ihren Gefühlen und Handlungen wächst. Weil die Mutter das Kind nach der Trennung vielleicht benutzt hat, um ihre eigene Leere zu füllen. Weil sie es zum Sündenbock gemacht oder es als Partnerersatz oder Machtinstrument missbraucht hat. Und selbst wenn sie das Vaterbild in einem gutem Licht belassen hat, so lastet auf ihr selbst immer noch die »Schuld der Verlassenen« oder die »Schuld der Gescheiterten«, die sie unbewusst an das Kind weitergibt. Das klingt ungerecht, aber wie gesagt: Keiner von uns geht unbelastet in und durch eine Eltern-Kind-Beziehung. Da Vaterverlust oft genug die alleinerziehende Mutter nach sich zieht, bleibt das Dilemma zwangsläufig an ihr haften. Jede Mutter bringt nicht nur ihr persönliches Schicksal in die Mutter-Kind-Beziehung mit ein, als Alleinerziehende ist sie zusätzlich noch für alle psychischen Bedürfnisse des Kindes allein verantwortlich und muss darüber hinaus das normale Leben mit all seinen Hürden und Schwierigkeiten stemmen. Da klingt der Satz von Horst Petri: »An dieser wirklich heroischen Aufgabe zu scheitern ist menschlich«, zwar tröstend und entlastend, und trotzdem hängen, wie er weiter schreibt, an jedem Scheitern Schuld- und Versagensgefühle, die durch den kollektiven Erwartungsdruck noch verstärkt werden.[35] Was daraus entsteht, ist ein Teufelskreis, der sich nur unterbrechen lässt, wenn alle gemeinsam den Mut haben, genau hinzuschauen, und jeder seinen Teil der Verantwortung übernimmt. Interessant in diesem Zusammenhang ist eine empirische Studie, die die Professorin für Pädagogische Psychologie, Dr. Eva Arnold in ihrem Buch »Familiengründung ohne Partner« veröffentlichte. Darin geht sie der Frage nach, ob sich alleinerziehende Mütter in ihrem Erziehungsverhalten von Müttern mit Partnern unterscheiden. Arnold kommt zu dem Schluss, dass alleinerziehende Mütter die Beziehung zu ihren Kindern als inniger und enger beschreiben, allerdings werden die Kinder von den Müttern weniger darin unterstützt, Selbstständigkeit zu erlangen. Dazu kommt, dass alleinerziehende Mütter sich häufiger frustriert fühlen, zur Überfürsorglichkeit neigen und Trost und emotionale Unterstützung von ihren Kindern einfordern. Letzteres kann für das Kind zur Bürde werden. Zum Päckchen, das es ein Leben lang mit sich herumträgt. Ein Grund mehr, sich irgendwann auf den Weg zu begeben und die Beziehung zum abwesenden Vater und damit auch die zur Mutter zu klären. Für mich persönlich war die Unterbrechung des Teufelskreises »Schuld« eine Motivation, mich therapeutisch mit mir und meinem Leben auseinanderzusetzen. Auch um die Schuld nicht an meine Kinder weiterzugeben.

TRIEBKRÄFTE FÜR DIE SUCHE

Warum sich Menschen auf die Suche nach den eigenen Wurzeln begeben, ist sehr individuell. Für viele von Vaterentbehrung Betroffene ist es das Gefühl, sich fremd in der eigenen Familie zu fühlen. Oder von Fülle umgeben zu sein und sich trotzdem arm –

im Sinne von bedürftig und elend – zu fühlen. Oder mit Begabungen gesegnet zu sein und sich dessen ungeachtet als Nichtsnutz zu empfinden, weil man in der eigenen Familie keinen Spiegel für die Talente entdecken kann. Für manch einen ist es auch einfach nur das dumpfe Gefühl, dass etwas fehlt, das man nicht so recht benennen kann. »Ich hatte den Wunsch, endlich mal anzukommen«, erzählte mir ein Betroffener. Wo genau, das konnte er nicht klar definieren, weil alle Anstrengungen, die er bis dato unternommen hatte – privat und beruflich –, ihm dieses Gefühl nicht hatten vermitteln können. Selbst die Tatsache, dass er es auf der Karriereleiter ganz nach oben geschafft hatte, kam in seinem Herzen nicht an, weil Erfolg nicht die Lücke schließen kann, die durch Vaterentbehrung irgendwann in der Kindheit entstanden ist.

Eine weitere Motivation, die vor allem jene antreibt, die belogen wurden, ist die, endlich der inneren Stimme zu folgen. Wenn Kinder von ihren Eltern hören, dass alles in Ordnung ist, die Wahrnehmung der Kinder aber nicht mit dem, was die Eltern sagen oder mit ihren Gesten vermitteln, übereinstimmt, dann verwirrt das, und es fühlt sich so an, als würde man ständig über dünnes Eis gehen, das hier und da bedrohlich knackt. Worauf kann ich vertrauen? Was ist wahr? Kinder sind wie Seismografen, wenn es darum geht, die Gefühle und Stimmungen der Eltern einzuschätzen. Sie registrieren Unwahrheiten, können sie allerdings oft nicht einordnen oder haben Angst, zu ihren Wahrnehmungen zu stehen. Damit stecken sie zwangsläufig nicht nur in einem Gewissenskonflikt, sondern verlieren gleichzeitig den Glauben an die eigene Wahrnehmungsfähigkeit. Sie sind die Leidtragenden, werden quasi dazu verdammt, der inneren Stimme zu misstrauen, was sie manipulierbar und zur leichten Beute für andere werden lässt.

Natürlich belasten innerfamiliäre Geheimnisse auch die Eltern selbst. Wahrscheinlich sogar mehr, als jede Wahrheit schmerzen würde. Jeder, der schon einmal gelogen hat, weiß, wie es sich anfühlt, wenn man immer und immer wieder die Unwahrheit sagen muss, um das Lügengerüst aufrechtzuerhalten. Wie es innerlich bohrt und Energie raubt, weil man ständig auf der Hut sein muss, sich nicht zu verplappern. Wer meint, dass er das vor seinem Kind verbergen kann, der irrt. Auch wenn sie es nicht artikulieren können, weil Eltern von ihren Kindern als Institution der Wahrheit angesehen werden, so spüren sie doch die Diskrepanz zwischen dem, was sie fühlen, und dem, was sie von den Eltern hören. Dieses Phänomen nennt man »kognitive Dissonanz«. Sie zeigt auf, wenn Wahrnehmungen und Informationen nicht übereinstimmen. Kognitive Dissonanz führt zu inneren Spannungen und auf Dauer zu einem Verlust an Selbstvertrauen. Irmela Wiemann, Diplom-Psychologin und Familientherapeutin, schreibt dazu in ihrem Buch »Wie viel Wahrheit braucht mein Kind?«: »Stimmen Beobachtungen, Wahrnehmungen und Gefühle des kleinen Kindes nicht mit dem überein, was der oder die Erwachsene äußert, dann stellt das Kind bis zu etwa drei Jahren die eigenen Beobachtungen zurück, löscht sie quasi aus, zugunsten der Information des Erwachsenen. Im Zweifel vermutet das Kind, dass das, was es selbst sieht und hört, falsch ist, und der Erwachsene richtig liegt.« Etwas weiter ergänzt sie: »Das Infragestellen der eigenen Wahrnehmung zugunsten der Information des geliebten Erwachsenen bleibt aber nicht spurlos, strengt Kinder an, erzeugt Spannung und Unsicherheit. Manche Kinder bekommen Angst und müssen sich besonders eng an Erwachsene anklammern, da sie ja mit ihrem nicht stimmigen Bild von der Welt und ihrem nicht gut funktionierenden Wahrnehmungssystem nicht ohne den nahen Erwachsenen auskommen können.« Wer also als Kind verlernt, wie Wiemann schreibt: »Zusammenhänge zu verknüpfen«, dem kann es später nur schwer gelingen, »Klarheit und Sicherheit im Umgang mit der Wirklichkeit zu erwerben«. Bedenkt man nun, dass manche Kinder bis zu ihrem Erwachsenenleben der Richtlinie, dass einzig die Eltern bestimmen, was wahr oder falsch ist, was gesagt oder nicht gesagt werden sollte, ausgeliefert sind und folgen, kann man vielleicht die

Tragweite erahnen, die diese Schwindeleien und Lügen haben. Schon allein deswegen lohnt es sich, der Wahrheit hinterherzujagen, sie abzugleichen mit den eigenen Empfindungen und die schwarzen Flecken der Biografie mit Bildern und Gesichtern zu füllen.

An dieser Stelle möchte ich auch das bereits erwähnte Argument, dass unsere Erfahrungen uns doch erst zu dem, was wir heute sind, machen, noch einmal aufgreifen. Es wird ja unter anderem von denen ins Feld geführt, die meinen, dass man die Vergangenheit ruhen lassen sollte. Hier hake ich ein und sage, gerade weil es so ist, gerade weil uns die Vergangenheit prägt, lohnt es sich, genauer hinzuschauen.

KLEINE SCHRITTE

Bei meinen Unterhaltungen mit Betroffenen ist mir immer wieder aufgefallen, dass viele von ihnen, ähnlich wie ich, nicht sofort den direkten Weg gegangen sind, sondern sich über einen langen Zeitraum hinweg »angeschlichen«, dem Thema also mit Vorsicht genähert haben. Die Vatersuche hat sehr unterschiedliche Gesichter. Je nachdem, wie mit der Wahrheit in der Familie umgegangen wurde, und je nachdem wie die Mutter das Bild des Vaters gegenüber ihren Kindern zeichnete. Etwas, das ich oft gehört und auch selbst erlebt habe, war, dass kleine Kinder, die ohne Vater aufgewachsen sind, sich wie magnetisch an alles »Männliche« klebten, was ihnen begegnete. Den Vater also in jedem anderen Mann suchten. So erzählte mir eine Bekannte, deren Vater die Familie verlassen hatte, als sie knapp zwei Jahre alt war, dass sie sich buchstäblich an jeden Mann geklammert hat, der zu greifen war. Dass sie – kamen Verwandte oder Bekannte der Mutter zu Besuch – sich sofort auf deren Schoß gesetzt, sie mit ihrem Kleinmädchencharme bezirzt und den einen oder anderen sogar gefragt hat, ob er nicht ihr Papa sein will. Fehlt der Vater, suchen Kinder unbewusst nach einem Ersatz, selbst dann, wenn es einen Stiefvater gibt. Den hat sich nämlich nicht das Kind ausgesucht, sondern die Mutter. Kinder wollen jedoch selbst auswählen, und zwar jemanden, der ihren Vorstellungen entspricht. Ihrem inneren Vaterideal. Junge Mädchen und Frauen projizieren dieses Bild später auch auf ihre Partner, überwiegend mit dem Effekt, dass die Beziehungen scheitern, weil kein Mann diesen Vorstellungen entsprechen kann. Lösen kann man sich davon erst, wenn man zum einen die Wahrheit über die eigene Herkunft kennt und sich zum anderen mit ihr auseinandersetzt. Dann darf das Bild vom idealen Vater zerbröckeln. Dann darf er – symbolisch gesehen – von seinem Thron heruntersteigen und ein Mensch mit Fehlern sein, so wie jeder andere auch. Dann darf man auf ihn wütend sein, ihn auch hassen, um ihn irgendwann loszulassen. Aber das ist ein langer Prozess, den viele Menschen lieber häppchenweise angehen. Jeder hat eben sein eigenes Tempo, seine eigene Strategie, und während der eine vermeidet, stellt sich der andere mitten in das Zentrum der Fragen und beginnt, Schicht um Schicht abzutragen.

Manchmal ist es eine Ahnung, die dazu führt, dass wir uns auf den Weg begeben. Manchmal sind es aber auch die Umstände, die uns zwingen, aufzubrechen. Weil der Leidensdruck zu groß ist, weil die Sehnsucht uns zieht, Identitätsprobleme oder Verlustschmerzen uns quälen oder wir unseren Platz im Leben einfach nicht so recht finden können. Es ist keine Frage des Alters, eher eine Frage der Bereitschaft. Wobei die Schwierigkeit darin besteht, dass vielen Betroffenen gar nicht bewusst ist, dass hinter einer akuten Problematik, zum Beispiel hinter einem Konflikt am Arbeitsplatz oder einer verfahrenen Beziehungskiste, die Vaterthematik stecken könnte. Nicht wenige haben den Schmerz der Vaterentbehrung so tief in sich vergraben, dass sie die Zusammenhänge ohne Hilfe von außen gar nicht erkennen können und stattdessen diesen Schmerz auf andere Personen projizieren oder ständig die

Umstände für ihr Leid verantwortlich machen. Dann ist der Chef böse, die Ehefrau eine Nervensäge oder das Kind auffallend schwierig. Dass der Schlüssel zur Lösung in der eigenen Biografie liegt, ist den meisten nicht klar, und manch einer, der es vielleicht ahnt, will trotzdem nicht hinschauen. Denn hat man die Mühle erst einmal in Gang gesetzt, kann es durchaus sein, dass kein Stein auf dem anderen liegen bleibt. Das klingt jetzt sehr drastisch, doch wenn das bisher gelebte Leben komplett auf falschen Annahmen, auf einem Gerüst aus Lügen oder auch Selbstbetrug aufgebaut war, wird klar, dass eine Aufarbeitung zwangsläufig zunächst in ein inneres Chaos mündet. Schließlich gilt es, das eigene Selbstbild von Grund auf zu erneuern.

SCHWIERIGKEITEN BEIM AUFBRUCH

Oft ist es für Freunde, Partner, Adoptiveltern oder für den Elternteil, der die Erziehung übernommen hat, nicht nachvollziehbar, dass jemand sich als erwachsene Person plötzlich aufmacht, um nach dem Vater zu forschen und zu recherchieren. Sie verstehen nicht, warum man sich, wo man doch recht gut im Leben steht, auf die Suche begibt bzw. warum man überhaupt unter der Situation, den Vater nicht zu kennen, leidet. Meist werden die Argumente, dass das doch nichts bringt und dass man die Vergangenheit ruhen lassen sollte, von denen vorgetragen, die selbst viel verdrängen, in den Betrug involviert sind oder sich nicht mit Fragen zur eigenen Herkunft belasten wollen. Das macht es zusätzlich zu den eigenen Ängsten und Zweifeln schwer, aufzubrechen.

Meist neigen vor allem die Mütter dazu, die Sehnsucht des Kindes oder des Erwachsenen nach dem anderen Elternteil als Affront gegen sich selbst zu empfinden. Sie hadern damit, nicht alle Bedürfnisse des Kindes abdecken zu können, hadern mit der Lüge, die sie ihm möglicherweise aufgetischt haben, oder fürchten, dass sie seine Liebe verlieren. Haben sie das Kind belogen, dann laden sie nicht selten die eigene Schuld auf das Kind, bombardieren es mit Vorwürfen, werten es ab oder beschuldigen es der Undankbarkeit. Im Buch »Vatersuche« von Ingeborg Bellmann und Brigitte Biermann gibt es zwei anschauliche Fallbeispiele. So schreibt Brigitte unter der Überschrift »Für meine Mutter war ich die Böse«: »Ich vergesse nie, wie ich sie einmal nach meinem Vater fragte: Sie rastete derart aus, dass ich mir geschworen habe, das Thema ein für allemal ruhen zu lassen.« Und Charlotte erzählt unter der Überschrift »Ich habe ein Recht darauf, zu erfahren, wer ich bin«, wie sie ihre Mutter über ihr Vorhaben, den Vater zu kontaktieren, informierte und die Antwort erhielt: »Was willst du denn von dem? Er wollte dich damals nicht, also will er dich jetzt auch nicht.« Hinter dem Verhalten dieser und anderer Mütter lässt sich der persönliche Schmerz über den Verlust und die Scham darüber, vielleicht selbst einen Fehler begangen zu haben, nur vermuten. Dieses Leid, das über die Jahre vernarbt ist, bricht in dem Moment wieder hervor, wenn das Kind nach dem Vater fragt. Umso heftiger wahrscheinlich, je ungeklärter und konfliktreicher die Trennungs- oder Lebenssituation mit dem Vater war. Eine interessante Frage, die Gisela Heidenreich im Buch »Vatersuche« im Zusammenhang mit diesem Konflikt aufwirft, ist: »Darf eine Tochter Wunden aufreißen, die über die Jahre mühsam vernarbt sind?« Weiter schreibt sie: »Es steht das Recht der Mutter auf ihr Geheimnis gegen das Recht der Tochter zu wissen, wer ihr Vater ist.« Heidenreich meint, dass Töchter sehr wohl das Recht hätten, ihre Identität zu klären und die eigenen Wurzeln zu kennen. Der Konflikt, der zwischen dem Recht auf Selbstbestimmung und dem Recht auf das Wissen um die eigene Herkunft entsteht, sei durchaus lösbar.

Das gilt natürlich nicht nur für Töchter, sondern auch für Söhne, wobei die enge Bindung an die Mutter insbesondere bei Töchtern ausgeprägt ist, wenn der Vater fehlte und die Tochter daher nicht zu einer Loslösung ermutigt wurde. (Stiefväter können diese

Rolle nur in eingeschränktem Maße ausfüllen.) Darüber hinaus gibt es speziell für Töchter noch eine weitere Ebene, die mit einer Aufarbeitung bedient wird und die Linda Leonard sehr gut zusammenfasst: »Als Therapeutin konnte ich feststellen, dass das Finden einer neuen Beziehung zum Vater für jede Frau mit einer verwundeten Vaterbeziehung ein wichtiges Thema ist. Auf kultureller Ebene halte ich es für das Thema jeder Frau, da die Beziehung zu den kulturell herrschenden Vätern der Wandlung bedarf.«[36] Mathias Jung formuliert es in seinem Buch »Töchter und Väter« ähnlich: »Wichtig ist, dass eine erwachsene Tochter – über die Vateradoption (er meint damit, dass man sich selbst eine Art Ersatzvater sucht) hinaus –, anstatt zu hadern und in masochistischen Selbstabwertungen zu schwelgen, lernt, sich selbst zu bevatern.« Jung geht davon aus, dass man diesen Schritt braucht, um dem leiblichen Vater – egal ob er noch lebt oder bereits verstorben ist – auf der Erwachsenenebene begegnen zu können. Für ihn steht fest, dass man erst dann, wenn man das getan hat, in der Lage ist, »darauf zu verzichten, jene Verwöhnung und Zuwendung, die man in der Kindheit vermisste, jetzt noch bekommen zu wollen«. Und ich gebe ihm recht, wenn er sagt: »Wir sind selber für die berühmten ›Streicheleinheiten‹, die wir brauchen, verantwortlich.« Das ist der Weg heraus aus dem Opferdasein. Eine zweite Geburt. Und wie eine Geburt ist es ein kräftezehrender Akt, manchmal auch ein Weg durch die Finsternis. Doch am Ende steht etwas, für das es sich lohnt, aufzubrechen: ein selbstbestimmtes Leben.

DIE SUCHE DER ADOPTIVKINDER

Jedes Kind hat das Recht, zu wissen, wer sein Vater ist, oder im Falle von Adoptivkindern – wer seine Eltern sind. Und jedes Kind sollte das Recht haben, Kontakt herstellen zu dürfen oder den Kontakt zu halten.

Das lange geltende Argument, dass Adoptivkinder auf gar keinen Fall etwas über ihre Herkunft wissen sollten, um ihre Identitätsfindung nicht zu gefährden, halte ich persönlich für völlig absurd. Damit machen es sich alle, die um das Kind herum sind, meines Erachtens zu leicht, in dem sie ihm eine Last aufbürden, die es eigentlich nicht tragen sollte. Das Inkognito eines Adoptivkindes ist für mich eher die »Freisprechung« der leiblichen Eltern und der Adoptiveltern von ihrer Verantwortung gegenüber der Wahrheit. Es gibt viele richtige und nachvollziehbare Gründe, ein Kind zur Adoption freizugeben. Ebenso wie es gute Gründe gibt, ein Kind in die eigene Familie aufzunehmen und ihm ein neues Heim zu schenken. Aber muss man dieses Unterfangen mit einer Lüge starten? Mit einem Betrug an dem Kind? Ich kann es aus meiner Erfahrung heraus nur begrüßen, dass die Auffassung, dass Adoptionen nur unter der Geheimhaltungen der biologischen Eltern stattzufinden haben, zunehmend ins Wanken gerät und immer mehr Stimmen laut werden, die sich für das Recht der Kinder auf das Wissen um ihre wahre Abstammung einsetzen. Nicht zuletzt ist dieser Trend auch dadurch entstanden, dass viele adoptierte Erwachsene ihren Anspruch, über ihre Herkunft aufgeklärt zu werden oder die leiblichen Eltern kennenzulernen, vehement durchgesetzt haben. Ist es nicht ein Paradox, dass die Identitätsentwicklung ausgerechnet mit einer Maßnahme unterstützt werden soll, die eigentlich genau das Gegenteil bewirkt? Die dazu führt, dass Menschen buchstäblich haltlos durchs Leben irren, weil ihnen ihre Wurzeln fehlen? Genealogische Forschungen belegen eindeutig, dass das Wissen um die Abstammung für die psychische Entwicklung von Adoptierten von großer Bedeutung ist.

Bis vor Kurzem war es so, dass Adoptivkinder in der Bundesrepublik ab dem 16. Lebensjahr die Möglichkeit hatten, die Abstammungsurkunde mit den Namen der leiblichen Eltern zu beantragen. Im Falle von Spenderkindern gibt es allerdings ein neues Urteil vom 28.01.2015 vom Bundesgerichtshof in Karlsruhe, in dem es heißt: »Ein bestimmtes Mindestalter des Kindes ist dafür nicht erforderlich.« Geklagt hatten in diesem Fall zwei Schwestern, zwölf und 17 Jahre, die durch ihre Eltern vertreten wurden. Das Gericht wies in der Urteilsverkündung darauf hin, dass die Interessen des Kindes schwerer wiegen als die des Samenspenders. Allerdings liegt es nach wie vor im Ermessen der Eltern, wann sie die Daten an die Kinder herausgeben. Adoptivkinder können mit 18 Jahren Einblick in die Adoptionsakte nehmen. Das setzt allerdings voraus, dass ihnen die Adoptiveltern reinen Wein eingeschenkt haben. Ich bin der Ansicht, dass dieser Zeitpunkt zu spät ist. Allerdings halte ich es auch für eine große Zumutung, mit so einer existenziellen Botschaft brachial in eine Phase einzubrechen, die ohnehin aufwühlend genug ist und in der sich die Jugendlichen wacklig, teils desorientiert und irritiert fühlen.

Wir sollten uns daher fragen, warum auch heute noch, obwohl die offene Adoption von Rechtswegen unterstützt wird, Kinder häufig nichts davon wissen, dass sie adoptiert wurden. Ist das eine persönliche Entscheidung, auf die die Gesellschaft keinen Einfluss nehmen sollte? Was steht denn auf dem Spiel? Sicher wollen viele Adoptiveltern ihr Kind nur vor der bitteren Erkenntnis schützen, dass es »weggegeben« wurde. Damit verweigern sie ihm allerdings auch die Chance, sich mit diesem Teil der eigenen Biografie auseinanderzusetzen. Die Erfahrung ist sicherlich schmerzhaft für das Kind und eine Kränkung. Aber für einige unter uns ist es eben Realität, genauso wie ein Talent real ist oder eine Behinderung. Es ist einfach, um die Redewendung noch einmal zu nutzen: eine Spielart des Lebens. Ich bin der Ansicht, dass man die Menschen, die es betrifft, schlicht für dumm verkauft, wenn man sie mit einer Lüge vor Erfahrungen bewahren will. Das betrifft im Übrigen auch die vielen Kuckuckskinder, bei denen nicht nur das Kind, sondern meist der leibliche Vater und der Ersatzvater belogen werden. Ersetzt man das Wort Lüge durch das Wort Irreführung, dann kann man die Folgen schon an der Formulierung ablesen. Im Grunde ist es nichts anderes als ein massiver Vertrauensbruch, der Folgen hat. Wenn Kinder oder Erwachsene, die vielleicht schon geahnt haben, dass irgendetwas nicht stimmt, die Unwahrheit in fortgeschrittenem Alter aufdecken oder durch Dritte mit der Realität konfrontiert werden, dann fühlen sie sich zum zweiten Mal verlassen und nicht selten auch instrumentalisiert und missbraucht.

Neben dem angeblichen Schutz vor der Wahrheit steckt noch etwas anderes hinter der Verheimlichung. Die Angst, dass die Kinder ihre Adoptiveltern verlassen könnten, um zu den leiblichen Eltern zurückzukehren. Dieselbe Angst treibt übrigens auch Mütter an, die nach einer Trennung vehement den Kontakt zum Vater unterbinden. Rein menschlich gesehen, ist diese Befürchtung verständlich, trotzdem ist sie kein Freifahrtschein für einen Betrug und schon gar nicht für das Eingreifen in die Persönlichkeitsrechte eines Kindes. Zumal viele Adoptivkinder damit zufrieden sind, wenn sie die Namen der Eltern erfahren und den Grund, warum sie freigegeben wurden. Und viele Trennungskinder wollen lediglich den anderen Elternteil nicht verlieren. Es gibt also wirklich nur in Ausnahmefällen einen plausiblen Grund dafür, einem Kind das Wissen um die wahre Identität zu verweigern oder es im Falle einer Trennung vom anderen Elternteil fernzuhalten.

Wie oft habe ich davon gehört, dass Kinder plötzlich den Vater nicht mehr sehen durften, wenn der eine neue Freundin hatte. Wie oft haben mir Betroffene erzählt, dass der Vater von der Mutter vor den Kindern buchstäblich zerpflückt und lächerlich gemacht wurde. Es ist der eigene verdrängte oder abgespaltene Schmerz der Mutter, der sie nicht sehen und nicht fühlen lässt, wie viel Leid sie in solchen Momenten ihrem Kind zufügt. Hier spielen vorrangig egoistische Beweggründe eine Rolle, und natürlich sei an dieser Stelle ergänzt, dass es auch Väter gibt, die es nicht besser machen. Trotzdem lässt sich die Tatsache nicht leugnen, dass es mehr alleinerziehende Mütter als Väter gibt und dadurch überwiegend die Väter aus der Mutter-Vater-Kind-Triade ausgegrenzt werden.

WENN DIE VATERANNÄHERUNG INS LEERE FÜHRT

Aber was tun, wenn der eigene Vater, so wie in meinem Fall, überhaupt kein Interesse zeigt? Auch das ist Realität, genauso wie es vorkommt, dass sich Väter zurückziehen, weil sie sich nicht mit der Mutter auseinandersetzen wollen, oder es leid sind, zu kämpfen. Betroffene Kinder kommen ja eher selten öffentlich zu Wort, um zu erzählen, wie es ihnen damit geht. Ihr Leid kann man allerdings in vielen Internetforen nachlesen. Hier ein paar exemplarische Auszüge, die deutlich machen, wie hilflos und verwirrt diese Kinder oft sind:[37]

»Ich bin in letzter Zeit hin und her gerissen ob ich noch Kontakt zu ihm will. Eigentlich ist er ja mein Papa, aber andererseits, was bringt mir ein Vater, der nicht zu seiner Tochter steht und sie anlügt?«

(Mädchen, 14 Jahre)

»Meine Eltern haben sich vor sechs Jahren getrennt. Anfangs hat mein Vater mich noch jedes Wochenende abgeholt. Später nur noch alle zwei Wochen. Seit Kurzem will er mich gar nicht mehr holen, da wir 20 Kilometer auseinander wohnen. Er sagt: Entweder wir treffen uns in der Mitte, oder wir lassen es sein. Das macht mich sehr traurig, da meine Mutter immer sauer deswegen ist. Er geht oft feiern und fährt dafür kilometerweit, und ich bin ihm nicht mal die paar Kilometer wert. Ich bin so sehr enttäuscht von ihm!«

(Mädchen, 14 Jahre)

»Meine Eltern sind, seit ich drei Jahre alt war, geschieden. Mittlerweile bin ich 18 Jahre alt. (…) Das Verhältnis zwischen beiden war immer sehr schwierig. Es gab häufig Unterhaltsstreitereien. (…) Habe mich auch schon früh dazu entschieden, bei meiner Mutter aufzuwachsen. Mein Bruder ging zu meinem Vater. Von da an war

das Verhältnis mehr als kompliziert. Er meldete sich nie bei mir. (…) So etwas tut mir höllisch weh, ich melde mich, und es kommt keine Reaktion. An meinem Geburtstag – kein Anruf.«

(Mädchen, 18 Jahre)

»Mein Vater hat unsere Familie verlassen, als ich drei Jahre alt war. Einige darauffolgende Besuche reichten mir nicht, um eine Bindung aufzubauen. Er starb, als ich 16 war – und ich empfand: nichts. Durch seinen Tod konnte ich auch als Erwachsener keine Verbindung mehr zu ihm aufbauen. Meine Mutter hat nach ihm keinen weiteren Partner gehabt, sodass es für mich keinen Ersatzvater gab. Dass mir etwas fehlt, spüre ich erst ungefähr seit dem Alter von 33 Jahren – und es wird mir seitdem fast täglich – schmerzhaft – bewusst. Jetzt bin ich 53. Ein erwachsener Mann – dem ein großes Stück des Lebensfundamentes fehlt, das niemals zu ersetzen sein wird.

(Mann, 53 Jahre)

»Habe ich eine Holpflicht … oder er, als Erwachsener eine Bringschuld?! Da scheinen wir unterschiedlicher Meinung zu sein.«

(Mädchen, 15 Jahre)

»Ich wohne sowieso bei meiner Mama, finde die Neue von meinem Papa auch sehr merkwürdig. Seitdem mein Papa das weiß, meldet er sich nicht mehr, und wir leben im Dauerstreit. Ich weine so gut wie jeden Tag. Darunter leiden ich und mein Umfeld, weil ich eben seitdem so oft traurig bin.« *(Mädchen, kein Alter angegeben)*

»Und heute, wenn ich ihn fast täglich auf der Straße sehe, läuft mir das wie ein kalter Schauer runter, und ich denke mir: Wie kann man nur so kalt sein und sein Kind nicht beachten??

So etwas nennt sich dann Vater. Ich muss sehr oft an ihn denken und frage mich diese Sachen. Wie kann man sein eigenes Kind ignorieren?« *(Frau, 24 Jahre)*

»Mein Vater wollte nach der Scheidung keinen Kontakt mehr mit mir haben. Als ich später als Teenager versuchte, eigenständig Kontakt mit ihm aufzunehmen, hat er direkt und klar und deutlich abgeblockt. Für mich als erwachsene Frau bedeutet dies, dass mir ein Grundvertrauen in Männer fehlt, was sich ganz entscheidend auf die Qualität meiner Beziehungen zu Männern auswirkt.«

(Frau, ohne Altersangabe)

Das sind nur kleine Auszüge aus den Leidenswegen dieser Menschen. Auffällig ähnlich sind sich die Beiträge darin, dass der Schmerz über den Verlust zwar gern von den Betroffenen ignoriert werden würde, es aber offensichtlich nicht möglich ist. Verweigert ein Vater den Kontakt, dann fügt er damit dem Kind ein weiteres Mal Leid zu. Irmela Wiemann schreibt in diesem Zusammenhang: »Menschen brauchen viel psychische Widerstandskraft, die Aufregungen, die mit der Vatersuche verbunden sind, zu verarbeiten.«[38] Denn manchmal bringt diese Suche eben auch die bittere Erkenntnis, dass da ein Mensch ist, den man einfach nicht erreicht. Dann wird man auf sich selbst zurückgeworfen, muss in sich selbst nach dem suchen, was man gern vom Vater bekommen hätte. Das ist ein schwieriger Prozess, aber er ist gangbar.

UND WENN DER VATER NICHT MEHR LEBT ODER NICHT AUFFINDBAR IST?

So unterschiedlich die Art der Vaterentbehrung ist, so vielfältig sind die Wege der Vatersuche. Dass es nie zu spät ist, sich dem zu stellen, selbst wenn der Vater gar nicht mehr lebt, das zeigen viele Geschichten, besonders jene, die von den sogenannten Besatzerkindern erzählt werden.

Sie leiden ja nicht nur unter dem Vaterverlust an sich, sondern zusätzlich an dem Stigma, unehelich geboren und noch dazu ein

Kind vom Feind zu sein. Paul Schmitz beschreibt in seinem Buch »Kriegskind – Die Suche nach meinem amerikanischen Vater« sehr einfühlsam seine Geschichte. Erzählt, wie bei ihm – trotz des großen Verlustschmerzes – der Anstoß, zu recherchieren und nach seiner Identität und dem Vater zu forschen, erst durch die Feierlichkeiten zum 60. Jahrestag der Landung der Alliierten in der Normandie kam. Er erzählt, wie er dann fünf Jahre lang nachforschte, bis er endlich eine Spur fand. Dieses Schicksal, vielleicht nur einen Vornamen zu kennen, teilt er mit vielen anderen Besatzerkindern. Er schreibt, dass er oft an den Punkt kam, wo er aufgeben wollte. Weil es mit der Suche nicht voranging oder der Prozess der Aufarbeitung schlichtweg schmerzhaft war. Weil natürlich in solchen Momenten die Gefühle hochkommen, die mit dem Verlust einhergehen. In einem Interview mit der »Aachener Zeitung« schildert Schmitz es so: »Die Kriegskinder galten als Kinder des Feindes. Es war sehr schmerzhaft, darüber zu reden. Die eine oder andere Gelegenheit bot sich mir, eventuell mit den Recherchen zu beginnen. Aber bei allem Vorsatz fehlte mir der Mut.« Diese Worte aus dem Munde eines fast 70-Jährigen zu hören, rührt mich sehr an, zeigt es doch, wie tief die Sehnsucht nach dem Vater sitzt und wie schwer es trotzdem ist, loszuziehen und nach Gewissheit zu suchen. Schmitz fand seine Wurzeln und sagte auf die Frage, ob er nun das Gefühl hätte, angekommen zu sein: »Durch die Klärung meiner Identität habe ich ein Gesicht gefunden. Meinen Stammbaum väterlicherseits konnte ich vervollständigen. Er ist nun komplett.«[39] Das ist ein Baustein, um den es bei der Vatersuche geht und der auch mich bewegt hat, meine Ängste und Befürchtungen hinter mir zu lassen. Schmitz wurde, obwohl sein Vater schon tot war, sehr herzlich in die Familie aufgenommen und steht bis heute in einem freundschaftlichen Kontakt zu seinen Verwandten.

Eine andere Geschichte erzählt Leonard Rottok auf der Crowdfunding Plattform »Startnext«, wo er Geld für einen Dokumentarfilm über seinen verstorbenen Vater sammelte.[40] Sein Vater starb an

Krebs, als Rottok drei Jahre alt war. Zu früh also für lebendige Erinnerungen. Außer den Fotos und den Erzählungen der Mutter gab es nichts, auf das er zurückgreifen konnte. Doch das Bild, das seine Mutter vom Vater zeichnete, schien ihm zu glatt, zu heilig. Und so begab sich Rottok 23 Jahre nach dem Tod seines Vaters auf Spurensuche. Ausgerüstet mit einer Kamera, bereiste er die Länder, in denen sein Vater gewesen war, sprach mit Freunden und Verwandten des Vaters, filmte diese Gespräche und fügte so Baustein um Baustein zusammen. Was entstand, ist nicht nur eine Dokumentation, sondern das Bild eines Menschen, das für Rottok nun weitaus realer ist als das, was er aus den Erzählungen der Mutter und aus seiner eigenen Fantasie erstellt hatte. Diese Art der Aufarbeitung ist Kennenlern- und Abnabelungsprozess zugleich. So wird Rottok in einem Artikel in »DIE WELT« wie folgt zitiert: »Ich bin meinem Vater nahe wie nie.«[41] Damit lässt es sich leben. Der Verlust wird dadurch nicht ungeschehen gemacht, aber der Prozess der Auseinandersetzung ist ein Weg, damit zurechtzukommen.

SELBST SCHEITERN IST HEILSAMER ALS LEUGNEN

Nicht immer nimmt die Suche nach dem fehlenden Vater ein glückliches Ende. Man kann einen Vater eben nicht dazu zwingen, sein Kind zu lieben, sich um sein Kind zu kümmern oder überhaupt einen Schritt auf das Kind zuzumachen.

Und so findet man nicht immer das, wonach man sucht, wonach man sich sehnt oder weswegen man sich auf den Weg gemacht hat. Trifft man nach vielen Jahren der Entbehrung den Vater, dann steht da in erster Linie ein fremder Mensch, zu dem man im Grunde bis auf das blutsverwandte Verhältnis zunächst keine Beziehung hat. Umso erstaunlicher ist es, wie sehr uns diese »Nichtbeziehung« prägt.

Vatersuche bedeutet auch Entzauberung eines Ideals, es bedeutet Abschiednehmen von Wünschen, Träumen und Hoffnungen. »Die Idealisierung stellt die Sehnsucht nach einem vollständigen, heilen Selbst dar«, schreibt Hans Geert Metzger in seinem Buch »Fragmentierte Vaterschaften«. Die Idealisierung des Vaters (ebenso der Mutter) muss allerdings überwunden werden, indem man sie mit der Realität abgleicht. Viele von Vaterentbehrung Betroffene lassen diese Chance leider ungenutzt. So gelingt es ihnen nicht, die väterlichen Anteile zu integrieren, die Tatsache, dass jeder Vater Sonnen- und Schattenseiten hat, anzunehmen. Die Folgen für das eigene Selbst habe ich ausführlich beschrieben – es bleibt im wahrsten Sinne des Wortes unvollständig.

Und selbst wenn man bereit ist zu suchen – nicht jeder Vater bekennt sich zu seinen Fehlern, nicht jeder Vater will Versäumtes nachholen, manch ein Vater wird erst gar nicht gefunden. Lohnt es sich also, aufzubrechen, auch wenn die Aussichten auf Erfolg (was immer das in diesem Zusammenhang heißt) nicht groß sind? Horst Petri beantwortet diese Frage folgendermaßen: »Auch wenn die Versuche scheitern, ist die Konfrontation mit der Realität heilsamer als das lebenslange Herumtappen in den von Lügen vergifteten Nebeln aus Phantasien und Geheimnissen.«[42] Auch ich kann mit einem ganz klaren Ja antworten. Trotz aller Enttäuschungen, trotz der teils wirklich schmerzhaften Prozesse ist die Vatersuche eine wertvolle Erfahrung für das eigene Leben, für das Selbst, für das »Sich-seiner-selbst-bewusst-Sein«. Für mich war der Schritt, die zweite Hälfte meines Stammbaumes kennenzulernen, und das Erlebnis, bei allen – abgesehen von meinem Vater – willkommen zu sein, eine wichtige Erfahrung, die mich als Mensch stabilisiert hat. Durch die Synthese zwischen Fantasie und Wirklichkeit ist es mir gelungen, die Idealisierung aus meinen Beziehungen herauszunehmen. Das schützt mich nicht vor Enttäuschungen, aber es hat mir geholfen, meinen Anteil an so manchem Drama zu erkennen und die Verantwortung für mein Handeln zu übernehmen.

Wenn ich zurückschaue, dann sehe ich, dass mich die Vatersuche kraftvoller und selbstbestimmter gemacht hat. Ich muss nicht mehr gefallen, nicht jedem nachlaufen, der mich abweist, nur um das Drama wieder und wieder zu erfahren. Die Auseinandersetzung mit dem fehlenden Vater konnte zwar nicht verhindern, dass Beziehungen scheiterten, aber sie hat mir dabei geholfen, die Rolle der beiden Väter meiner drei Kinder klar zu definieren und trotz Trennung und Konflikten daran zu arbeiten, dass die Vater-Kind-Verbindung uneingeschränkt möglich ist.

Ich bin überzeugt, dass die Auseinandersetzung mit dem fehlenden Vater ein lebenslanger Prozess ist, denn manche Schatten zeigen sich erst, wenn das Licht in einem ganz bestimmten Winkel einfällt. Vielleicht wird mein Vater pflegebedürftig, und ich werde aufgefordert, für ihn zu zahlen. Was dann? Wie wird es sein, wenn er stirbt? Gehe ich zu seiner Beerdigung? Das sind ganz praktische Fragen, die ich mir hin und wieder stelle. Abgesehen davon, gerate ich auch im Alltag immer mal wieder in Situationen, die mich plötzlich mit einem Gefühl, das ich mit der Vaterentbehrung verbinde, konfrontieren. Früher hat mich das manchmal regelrecht aus der Bahn geworfen. Heute kann ich mich aus den meisten Situationen herausziehen, eine Art Beobachterposten einnehmen und das Alte von dem, was ich gerade erlebe, trennen. Dann bin ich nicht mehr das Kind, das sich hilflos und unfähig zum Handeln fühlt, sondern dann bin ich die Erwachsene, die einen Werkzeugkasten voll mit möglichen Verhaltensweisen und Handlungen bei sich trägt, aus dem sie wählen kann. So kann ich agieren statt zu reagieren. Und trotzdem – es gibt sie noch, die Situationen, die auch Andreas Altmann beschreibt[43]. Da sehe ich in einem Film eine Szene, in der ein Vater seine Tochter in den Arm nimmt und ihr sagt, dass sie das wertvollste aller Geschenke ist, und plötzlich schnürt mir tiefe Trauer die Kehle zu, und mir laufen nur noch die Tränen über die Wangen. Dann möchte ich mich einigeln und wie ein kleines Kind schluchzen.

BEWÄLTIGUNGS-STRATEGIEN – SCHICHT FÜR SCHICHT ZURÜCK ZUM ICH

EIN SCHLÜSSELERLEBNIS AUS DER EINZELTHERAPIE

Nach der Paartherapie mit meinem ersten Mann, zwei Jahren Einzeltherapie bei einem Therapeuten und einer sich anschließenden längeren Pause, entschloss ich mich 2003, den Faden wieder aufzunehmen. Der eigentliche Auslöser war der Tod meiner Oma, den ich betrauern wollte, doch im Grunde ging es um mich. Ich war ausgebrannt und orientierungslos, hatte das Gefühl, dass alle an mir herumzerrten, steckte beruflich in einem Loch und spürte, dass ich da aus eigener Kraft nicht mehr herauskam. Ich entschied mich ganz bewusst für eine Frau, eine Gestalttherapeutin. Der Gedanke, der dahintersteckte, war, einem Muster zu entgehen, in das ich stets verfiel, wenn ich einem Mann gegenübersaß, der klug und eloquent war und der mir Aufmerksamkeit schenkte. Ich hoffte, dass ich bei ihr nicht zu einem kleinen Mädchen werden würde, bei ihr nicht den Vater suchte. Dass sich dieses »Gefallenwollen« bei einer Frau nicht zeigen und so die Therapie effizienter werden würde. Was ich damals noch nicht wusste, ist, dass die Vaterübertragung auf den männlichen Therapeuten durchaus Teil der Heilung sein kann. Dass man sich durch diesen Prozess durcharbeiten kann und dass ein guter Therapeut sehr wohl darin geschult ist, das bis zu einem gewissen Grad zuzulassen.

Aber zurück zu dieser Stunde. Die Gestalttherapie ist anders als die Gesprächstherapie darauf ausgerichtet, den Dingen (Empfindungen, Träumen, Gefühlen, Bildern) im wahrsten Sinne des Wortes eine Gestalt im Jetzt zu geben. Das heißt, man redet nicht nur darüber, sondern geht in Szenen hinein, indem man sie spielt, sie malt, mit Ton darstellt oder in einer Aufstellung verdeutlicht. Damals, in jener Sitzung, an die ich mich sehr gut erinnere, war mein Vater wieder einmal Thema. Wie wir auf ihn gekommen sind, weiß ich heute nicht mehr, aber das, was sich im Verlauf dieser Stunde zeigte, werde ich wohl nie vergessen. Es ging darum, die Macht- und Hilflosigkeit, der ich mich so oft ausgesetzt fühlte, zu verdeutlichen. Dazu schlüpfte die Therapeutin in die Rolle meines leiblichen Vaters. Ich sollte ihm sagen, was es mit mir macht, dass er sich nicht für mich interessierte und mich so aus seinem Leben ausblendete. Wir stellten uns vis-à-vis auf, und ich begann meinen Monolog zunächst ganz sachlich. Versuchte, bei mir zu bleiben, nicht anzuklagen, sondern über mich und meine Gefühle zu sprechen. So, wie ich es gelernt hatte: Ich- statt Du-Botschaften, um den anderen nicht zu bedrängen oder gleich schuldig zu sprechen. Die Therapeutin hörte ein paar Sätze lang zu, dann drehte sie sich sichtbar gelangweilt weg und ging aus dem Raum. Ich war völlig irritiert, folgte ihr und fragte, was das soll. Sie (immer noch in der Rolle meines Vaters) sagte eiskalt, dass sie das Gejammer, was ich da von mir geben würde, nicht ertrage und dass es sie auch überhaupt nicht interessieren würde. Das saß. Wie eine Furie ging ich in die Luft. Schimpfte, bettelte, flehte, fluchte, klagte an, schrie, tobte und winselte. Mein Vokabular tauchte in Abgründe hinab, von deren Existenz ich bislang nicht die leiseste Ahnung hatte. Ich spielte die gesamte Klaviatur meiner Gefühle aus, aber es half nichts. Die Therapeutin in seiner Gestalt ließ sich weder erweichen noch irgendwie argumentativ einfangen.

Am Ende ging ich zurück in den Raum und saß wie ein kleines Häufchen Elend auf meinem Platz und heulte. Da hatte ich ihn plötzlich vor mir, den Berg der Gefühle. Die Abwehr des Vaters, die gleichzeitig auch die Abwehr gegen mich, gegen all das, was ich von ihm in mir trug, bedeutete, und die ich wiederum in anderen Kontexten ausspielte, in dem ich zum Beispiel meine Talente, die ich mit ihm in Verbindung brachte, nicht lebte. Erinnerungen kamen hoch, Situationen aus meinem Leben, die nach einem ähnlichen Muster wie diese Sitzung abgelaufen waren. Am Ende der Stunde stand die Erkenntnis, dass ich sie alle nach demselben Drehbuch geschrieben hatte. Während ich glaubte, um den Vater zu kämpfen, indem ich die Therapeutin in seiner Gestalt anflehte und um Beachtung bettelte, wies ich ihn in Wahrheit zurück. Ich lehnte ihn innerlich ab. Er war der »Arsch«, den ich verinnerlicht hatte und der mir den Zugang zu meiner eigenen Kraft versperrte. Darum die Hilflosigkeit, das Ohnmachtsgefühl.

Plötzlich verstand ich, dass ich selbst diejenige war, die für dieses Ohnmachtsgefühl sorgte. Mir fiel ein Bild ein, das ich in einer anderen Sitzung gezeichnet hatte. Ein gigantischer, schwarzer Felsbrocken lag auf dem Boden. Unter ihm an seinen Rändern funkelte und glitzerte etwas. »Was ist das darunter?«, fragte die Therapeutin. »Meine Kreativität, mein Reichtum, meine inneren Schätze«, antwortete ich. »Und wie kommst du an all das ran? Den Stein kann man wohl schwerlich wegbewegen.« Damals wusste ich keine Antwort darauf, jetzt, im Moment der Kapitulation, war sie plötzlich da: Es handelte sich gar nicht um einen schweren Stein. Es fühlte sich nur so an. Tatsächlich ließ sich der Stein ganz einfach zur Seite rücken, weil er aus Pappmaschee war. Ich selbst hatte ihn gedanklich festzementiert. Aus Angst davor, gesehen zu werden. Der Stein war meine Abwehr, mein Bollwerk gegen den Feind. Ist es nicht ein seltsam paradoxes Konstrukt, dass man das, was man sich eigentlich wünscht, konsequent vermeidet? Diese Sitzung hat viel in mir bewegt. Bis heute. Sie hat mich gelehrt, einige Erfahrungen in ein anderes Licht zu rücken, Projektionen zu mir zurückzunehmen und andere Menschen, die involviert waren, aus der Rolle, die sie in meinen Stücken gespielt haben, zu entlassen. Gleichzeit lieferte mir diese Sitzung ein furioses Zeugnis meiner aufgestauten Gefühle und die Feststellung, dass sie mich mehr beherrschten, als mir bewusst war.

ZWEITES SCHLÜSSELERLEBNIS (GESTALTTHERAPIE-GRUPPE)

Eine Frau schreit. Laut, schrill und hemmungslos. Sie kniet auf dem Boden und schlägt die Fäuste mit aller Wucht wieder und wieder in den großen Schaumstoffquader, der vor ihr steht. Die Luft im Raum ist stickig. Die Atmosphäre zum Zerreißen gespannt. Laute Musik heizt das Geschehen an. Die Intensität der Gefühle ist gewaltig, und doch scheint sie keinen der Anwesenden zu ängstigen. Jeder hat seinen Platz, der Ablauf ist eingespielt wie ein Bühnenstück, die Akteure geben sich dem Spiel hin. Es gibt einen Regisseur, der alles überwacht, der eingreift, wenn es brenzlig wird. Dabei ist es kein Theater.

Die schreiende Frau bin ich. Am Tag dieser gestalttherapeutischen Arbeit 38 Jahre alt und seit ich denken kann auf der Suche nach mir selbst und meinem Platz in dieser Welt.

Meine Atmung geht jetzt schneller. Ich lasse mich anfeuern, von der Musik und von der Stimme, die ungefiltert direkt in mein Gehirn dringt. »Atme tief und schnell!« Ich gehorche. Durch die Nase ein, durch den Mund aus. Und dann passiert es. Ich gleite hinüber in eine Art Hyperventilationszustand. Die Gedanken beginnen zu kreisen. Immer schneller drehen sie sich, bis ein Strudel in mir entsteht, der jede meiner Identifikationen, jede meiner Illusionen an den Rand drängt und gleichzeitig in seinem Auge den Blick freigibt auf einen verborgenen Teil in mir. Eine Bewusstseinsebene, zu der ich im Alltag nicht vordringen kann. Hier liegen sie verborgen, die schmerzhaften Erinnerungen, die Verletzungen und eingravierten Generationsaufträge. Bildersammlungen und Gefühlsmuseen – ein Gruselkabinett der besonderen Art. Ich tauche ein in diese Schicht, dringe vor, in der Hoffnung, auf diesem Weg meiner Seele zu begegnen. Denn hinter all dem Elend vermute ich den Schatz.

Während sich meine Atmung verselbstständigt, gelange ich in einen dreidimensionalen Bewusstseinszustand. Ein Teil von mir fällt in den Abgrund, ein anderer Teil nimmt gleichzeitig einen Beobachter-

posten am Rande der Schlucht ein, derweil ein dritter Anteil im Wachzustand bleibt, den realen Raum um mich herum wahrnimmt und glasklare Gedankengänge produziert. Und genau dieser Teil, mein Ego, warnt mich davor, weiter zu gehen, mich immer tiefer in den Abgrund fallen zu lassen. Er repräsentiert die Angst. Angst davor, dass ich ins Bodenlose stürze. Dass ich es nicht schaffe, wieder herauszukommen. Dass der Schmerz mich fortspült, sobald ich den Deckel öffne und die Erinnerungen zulasse. Doch was soll noch kommen? Im Grunde habe ich doch all das bereits überlebt.

Ich atme die Angst weg. Aus den Boxen dröhnen afrikanische Trommelklänge. Vor meinen Augen wird alles schwarz. Die Reise beginnt. Um mich herum entsteht ein Meer, das ungebändigt tost und brodelt. Schäumende Wellen türmen sich meterhoch auf, stürzen auf mich herab, verschlingen mich, wirbeln mich umher und spucken mich wieder aus. Meine Gedanken gehorchen mir nicht mehr. Zeit löst sich auf. Ich existiere nur noch zwischen den Sekunden. Hier gibt es keine Kontrolle mehr, keine Strategie. Alles ist ohne Struktur, nichts verläuft linear. Bestehen kann ich nur, wenn ich loslasse. Mich verabschiede von all dem, was ich glaubte zu sein. Ich lasse mich mitreißen, ohne mich zu wehren. Gleichzeitig fällt mir ein Erlebnis aus meiner Kindheit ein. Ich war damals sechs oder sieben Jahre alt und habe mit einer Freundin meiner Mutter am Strand von Hiddensee nach Bernsteinen gesucht. Marianne erzählte mir, dass es auf Hiddensee einen Leuchtturmwärter gibt, der nach den kräftigen Stürmen morgens in aller Frühe mit einer Taschenlampe in der Hand den Strand auf und ab geht, um den Steilhang nach Schäden abzusuchen. Dabei findet er immer die größten Bernsteine. Weil er der Erste ist. Lange bevor die ersten Strandspaziergänger auf den Beinen sind, bevor Touristen den Strand absuchen, geht er Tag für Tag seine Runde, um wenig später Taschen voller Bernsteine zum Leuchtturm zu tragen.

Die Geschichte hat mich immer fasziniert. Ich habe mir einen kleinen Mann vorgestellt, der sich, mit hochgezogenen Schultern, den Körper mit Regenjacke, den Kopf mit Südwester geschützt, die Steil-

küste entlangkämpft. Der Wind peitscht ihm in das von Sonne und Salzluft gegerbte Gesicht, neben ihm brüllt und schäumt das Meer, aufgewühlt, wild und dunkel. Unbeeindruckt dessen, was um ihn herum geschieht, setzt er seine Suche fort. Stein für Stein dreht er um, hebt angespülten Seetang hoch. Hat er etwas gefunden, dann prüft er die Fundstücke durch leichtes Klopfen an die Zähne. Echter Bernstein klingt nicht hell wie Glas, sondern dumpf wie Holz.

Mittlerweile weiß ich, dass es diesen Leuchtturmwärter wirklich gab. Natürlich entsprach er nicht der Figur, die ich mir in meiner kindlichen Fantasie romantisch verklärt ausgemalt habe.

Ungeachtet dessen, halte ich mich an diesem Bild aus meiner Kindheit fest. Ich weiß, dass es eine Verbindung zwischen mir und dem Leuchtturmwärter von Hiddensee gibt. Wir sind zwei Suchende. Umgeben von schäumenden Wellen, gefährlichen Steilklippen und immer der Gefahr ausgesetzt, im nächsten Moment von der gewaltigen Urkraft der Natur in endlose Untiefen gerissen zu werden. Gegensätzlich sind nur unsere Ziele. Während er nach Schiffen in Not, abgerutschten Steilhängen oder sonstigen Sturmschäden sucht, treibt mich die Suche nach dem Retter. Zu oft habe ich mich in meinem Leben wie auf einem sinkenden Schiff gefühlt, zu oft bin ich abgerutscht oder einfach vom Weg abgekommen. Vielleicht hätte ich einfach nach ihm rufen sollen.

Plötzlich verschwindet das Meer in mir so schnell, wie es gekommen ist. Ich verstehe gerade noch, dass das nur die Vorstufe war, da fetzt es mich auch schon auseinander. Ich schreie laut auf. Der Schmerz bricht aus jeder Zelle heraus und baut sich vor mir auf zu einem riesigen, fauchenden und speienden Ungeheuer.

Ich verspüre nur noch einen Wunsch. Ich will kämpfen. Mich wehren gegen die Wut, die mein Leben bedroht. Gegen den Schmerz, der mich zerreißt, der sich eingebrannt hat wie ein Siegel und sich gleichzeitig windet wie ein schleimiger ekliger Monsterwurm. Jetzt steht er vor mir, und ich schreie ihn an. »Kämpfe mit mir!« Ich schlage ihm meine Fäuste in den Leib. Er schlägt zurück. Ich schlage fester.

»Kämpfe mit mir!« Die Wucht meiner Schläge ist gewaltig. Lange zurückgehaltene Energie. Ein Damm, der plötzlich bricht. Wassermassen, die sich aus der Gefangenschaft befreien. Eine neue Welle der Wut überrollt mich. Verzweiflung. Tränen laufen über mein Gesicht. Sie spülen alles an die Oberfläche. Bilder aus meiner Kindheit, Worte, die sich in meine Seele geätzt haben, Verluste, die mir den Boden unter den Füßen weggezogen haben. Wie viel kann ein Mensch ertragen? Irgendwie bin ich immer wieder aufgestanden, habe mir den Staub aus den Kleidern geklopft und eine weitere Schicht Erfahrung auf meine Seele gelegt. Bis zu dem Tag, an dem der Druck unerträglich wurde. Plötzlich habe ich mich selbst nicht mehr gefunden unter den Sedimenten meiner Vergangenheit. Aber damit ist jetzt Schluss. Heute hole ich mir mein Leben zurück. Meine Fäuste hämmern auf den Schaumstoff, ich fühle den Schmerz und spüre gleichzeitig die Erlösung in jedem dieser Schläge.

»Stimme« brüllt jemand neben mir. Grollende, monströse Laute steigen hoch. Ich öffne den Mund und spucke sie heraus. Ich fühle mich selbst wie das Monster, wie ein verwundetes Tier, das um sein Leben kämpft. Kurz blitzt der Gedanke auf, aufzuhören, die Augen zu öffnen, um den Spuk zu beenden. Nein. Ich will da durch. Ich will da durch, weil es der einzige Weg ist, mich zu retten, mir selbst den Südwester und die Regenjacke anzuziehen.

Wie viel Zeit ist vergangen? Kann ich innehalten, Kraft sammeln? Ich beobachte das Ungeheuer. Es ist auf Augenhöhe geschrumpft. Schnaufend und erschöpft stehen wir uns gegenüber, den Blick fest auf die Augen des anderen gerichtet. Nur nicht wegschauen. Ich spüre meine Kraft, meinen Herzschlag und weiß plötzlich, dass ich nicht mehr davonlaufen muss. Als dieser Gedanke sich ausbreitet, dreht das Monster sich weg und kriecht davon.

Etwas in mir verändert sich. Das Tosen hört auf. Es wird still. Ich bin auf dem Grund des Strudels angelangt. Ich fühle den Boden unter mir und lasse den Kopf nach vorn sinken. Haare kleben in meinem Gesicht, meine Lippen schmecken salzig.

Die Wut ist verebbt, das Meer taucht wieder auf. Glitzernd, ruhig und spiegelglatt. Ich stehe am Strand, lasse meinen Blick schweifen, da taucht am Horizont eine Gestalt auf. Verschwommen, vernebelt. Ich erkenne ein kleines Mädchen. Sie sucht Bernsteine, denke ich und nähere mich langsam. Ich bin aufgeregt, weiß, was mich erwartet. Das Mädchen bin ich. Mit einem Mal wird mir klar, wie viel Kraft ich aufgewendet habe, um dieses enttäuschte und verletzte Kind in mir zu verstecken. Dieses Wesen mit all seiner Vitalität, seiner Präsenz und Lebensfreude. Und alles nur aus Angst, dass es den erlebten Schmerz, das stechende Gefühl der Wertlosigkeit und all die damit verbundene Traurigkeit über mir ausschüttet, wenn ich mich ihm zuwende. Pseudoharmonie habe ich über seinem Gefängnis gebaut. Doch was nützt ein Palast, wenn unter der Erde ein Vulkan brodelt? Das Kind in mir hat rebelliert. Es hat mich blockiert, behindert, festgehalten, wo es konnte. Dabei hat es gefleht: »Hol mich hier raus!« Aber seine Stimme verhallte in mir. Ich habe weggehört. Mich abgelenkt, zugeschüttet, betäubt.

Nun lächelt das Mädchen mich an, streckt mir erwartungsvoll die Hand entgegen. Auf der Hand glitzern kleine Bernsteine. Ich zögere einen kurzen Moment. Blicke mich noch einmal um. Das Meer plätschert leise und friedlich. Schnell greife ich die Hand, ziehe das Kind zu mir heran und wiege es in meinen Armen. Unsere Körper schmiegen sich aneinander, bis die Konturen verschwimmen, wir eins werden. Es wird hell in mir. Die Bilder lösen sich auf, und mich umhüllt ein tiefes Gefühl von Frieden und Demut.

Erschöpft lehne ich mich zurück. Stimmen tauchen wie aus dem Nebel auf. Musik und Vogelgezwitscher mischen sich darunter. Ich sitze auf dem Boden, spüre die Wärme und Nähe, die mich umgibt. Ich weiß, ich habe es geschafft. Jemand nimmt meine Hand, streicht mir über den Kopf.

Der Vorhang öffnet sich, und mein Leben breitet sich in neuen Farben vor mir aus.

»Alles in Ordnung, Jeannette?«, höre ich jemanden fragen.

Ich nicke, ohne die Augen zu öffnen. Zu schön ist das Gefühl, mich anzulehnen, zu präsent sind die Bilder.

»Gut wäre, du könntest das, was du erlebt hast, malen oder aufschreiben.«

Ich nicke erneut und öffne meine Augen gerade so weit, dass ich Sebastian erkennen kann, der vor mir sitzt und sich an den Schaumstoffquader lehnt. Erschöpft sieht er aus. Trotzdem strahlt er mich an.

»Gute Arbeit, Jeannette!«

»Ja, ich weiß«, antworte ich ihm und versuche dabei langsam und vorsichtig, meine etwas verkrampfte Sitzhaltung aufzulösen. Mein linkes Bein ist eingeschlafen und beginnt unangenehm zu kribbeln. Mittlerweile habe ich die Augen ganz geöffnet. Alle im Raum sehen mich an. Mir wird das schon ein wenig unangenehm, auf der anderen Seite weiß ich, dass ich mit dem Ziel hierhergefahren bin, meinem Leben endgültig eine andere Richtung zu geben. Und ich wusste auch, wie hier gearbeitet wird. Als ich vor drei Jahren in diese Therapiegruppe kam, hatte ich jedoch keine Ahnung davon, was es bedeutet, seine Lebensmelodie neu zu schreiben. Ich hätte nie gedacht, wie viel Mut es braucht, sich von alten Mustern zu lösen, anzuerkennen, dass alles, was mein Leben heute ausmacht, die Summe meiner Erfahrungen und Entscheidungen ist.

Die Technik, die in dieser Sitzung angewandt wurde, nennt sich »Holotropes Atmen«. Sie ermöglicht es, in Bewusstseinszustände vorzudringen, die sonst nur unter Drogeneinfluss erreicht werden können. Holotropes Atmen hat eine stark öffnende Wirkung, das heißt, es kann zu ekstatischen und extrem kraftvollen emotionalen Ausbrüchen führen. Darum ist es unerlässlich, solch eine Technik nur in Begleitung, also unter Aufsicht eines erfahrenen Therapeuten durchzuführen. Und ich hatte zum Glück zwei solche gefunden.

DAS ZIEL DER REISE

Wenn ich alles, was ich in den letzten Jahren verinnerlicht habe, alles, worum es letztendlich in diesem Heilungsprozess ging, auf ein Wort herunterbreche, dann lautet dieses Wort:

SELBSTVERANTWORTUNG

Um in diesen Begriff und das, was er beinhaltet, einzutauchen, bediene ich mich bei dem Speaker, Autor und Coach Veit Lindau, der auf seinem Blog Folgendes schreibt: »In dem Wort Verantwortung steckt das Wort Antwort. Unsere Selbstverantwortung besteht für mich in der Wahl, wie ich auf das, was geschieht, antworte.«[44] Damit trennt er ganz klar zwischen dem, was uns im Leben widerfährt, und dem, wie wir auf dieses Geschehen reagieren – also antworten. Ein Blick in den Spiegel verrät, wer für das eigene Leben ver-antwort-lich ist. Nicht die Eltern, nicht die Gesellschaft, nicht der einst abwesende Vater, sondern nur man selbst. Vor dieser eigentlich recht simplen Tatsache laufen die meisten Menschen davon. Warum? Dafür gibt es mehrere Gründe: Weil es leichter ist, das Fernglas herauszuholen und andere zu beobachten, als sich im Spiegel anzuschauen und den fehlbaren Menschen zu erkennen. Weil das Gehirn Anstrengungen gern vermeiden will, Selbstverantwortung zu übernehmen, aber anstrengend ist. Weil wir glauben, unserer Vergangenheit nicht entkommen zu können. Weil wir uns nicht kraftvoll genug fühlen, die Karten neu zu mischen. Weil Shoppen – oberflächlich betrachtet – ein schöneres Gefühl erzeugt als die Auseinandersetzung mit der Frage, warum eigentlich immer die anderen schuld am eigenen Dilemma sein sollen – die Liste ließe sich endlos fortsetzen. Egal, wie die Vaterentbehrung uns geprägt hat, wie wir unter ihr gelitten haben – wir haben jeden Tag die Möglichkeit, symbolisch das Päckchen an den Absender zurückzuschicken und uns neu zu entscheiden. Für uns.

Das klingt banal, und im Grunde ist es das auch. Wer aber drinsteckt in seinem Vergangenheitssumpf, der kann die banalsten Weisheiten oft gar nicht erkennen. Das meine ich keinesfalls abwertend. Im Gegenteil. Wie oft habe ich es bei mir selbst und auch bei Klienten in meinen Beratungen erlebt, wie sehr wir an unseren Problemen festklammern, weil eine Lösung für uns überhaupt nicht denkbar ist. Und wissen Sie, was da in vielen Fällen die Sicht versperrt? Ein gewisser »Sekundärnutzen«, den wir trotz allen Leids aus unseren Problemen ziehen. Dazu passt der Spruch, den ich neulich auf einer Postkarte las: »Wenn das die Lösung ist, dann will ich mein Problem zurück!«

»Wie?«, denken Sie jetzt vielleicht. Was soll das denn für einen Nutzen haben, wenn es mir schlecht geht, ich immer wieder an dieselben Typen gerate oder es nicht schaffe, selbstbewusst vor Autoritäten aufzutreten? »Schauen Sie genau hin!«, antworte ich Ihnen. Nichts, was Sie tun, tun Sie absichtslos. Sie sind sich dessen nur überhaupt nicht bewusst. Jemand, der traumatisiert ist, hat ein bestimmtes Programm verinnerlicht, mit dem er einst überleben konnte. Wenn ich lieb bin, mag man mich. Wenn ich brav bin, bekomme ich, was ich will. Wenn ich schreie, beiße, kneife, schaut Papa mich vielleicht mal an und so weiter. Diese Programme spulen wir ab. Wieder und wieder. Vielleicht in sozialisierter Form. Jetzt beißen wir nicht mehr, sondern treten unserem Partner verbal ans Schienbein. Erinnern Sie sich an das, was Dr. Petra Bock zum Thema Geld und seinem kompensatorischen Zweck gesagt hat? »Ebenso gibt es kompensatorische Armut, mit der ein erwachsener Mensch immer wieder Überforderung und Hilflosigkeit aussendet und sich wünscht, von anderen bemitleidet und gerettet zu werden.« Das ist ein Sekundärnutzen. Ich übernehme keine Verantwortung, und dafür bekomme ich Mitleid, Aufmerksamkeit oder was auch immer. Ein trügerisches Spiel.

Trotzdem klingt die Aufforderung, Selbstverantwortung zu übernehmen so, als müsse man nur mal eben den Schalter umlegen, und dann klappt das schon. Nein, bei Weitem nicht. Wobei es auch Menschen geben soll, denen das von einem Tag auf den anderen gelingt. Allerdings meist erst, wenn das Drama so groß ist, dass es keinen anderen Ausweg mehr gibt. Für alle anderen heißt es: in den Kontakt mit dem eigenen Ich kommen, die alten Wunden anschauen, sie fühlen, annehmen und sie neu bewerten. Und dann: üben, üben, üben. Nachsichtig sein mit sich, wenn man hin und wieder doch in alte Muster zurückfällt.

Menschen mit Vaterentbehrung benötigen viel Zeit und sind meist auf vielen verschlungenen Pfaden unterwegs, bis sie verstehen, dass sie nicht nur ein akutes Alltagsproblem zu bewältigen haben, sondern dass sie psychisch aus dem Gleichgewicht geraten sind und dass man das nicht wieder ins Lot bringen kann, indem man eine ganze Bibliothek Selbsthilfebücher verschlingt oder Motivationsseminare besucht. Natürlich kann man dort hilfreiche Ansätze finden. Hier und da etwas, das durchdringt und erahnen lässt, dass es notwendig sein könnte, sich auf eine andere Art und Weise mit sich selbst auseinanderzusetzen. Ich erinnere mich dabei schmunzelnd an die Geschichte, die Veit Lindau im Prolog seines Buchs »Heirate Dich selbst« beschreibt. Wie ein Namenloser (die Vermutung liegt nahe, dass es autobiografisch ist) am Ende seiner verzweifelten Suche nach Erlösung von all den Schmerzen splitternackt auf einer Waldlichtung steht und unter Drogeneinfluss den großen Showdown, den Tod erwartet. Alles hat er zuvor probiert. Sämtliche Wege genommen – ohne Erfolg. Nun soll das Grauen ein Ende haben, und so wendet er sich in seiner verzweifelten Lage etwas Höherem zu, um endlich von aller Pein befreit zu werden. Doch statt der erhofften Erlösung kommt es zu der erschreckend simplen Erkenntnis, dass es darum geht, »das Licht, nach dem du dich sehnst, in der dunkelsten Ecke« zu finden. Oder anders: Verantwortung für sich selbst zu übernehmen. Übersetzt in die Psychologie, bedeutet das nichts anderes, als das Symptom nicht zu bekämpfen, sondern anzunehmen. Das ist zugegebenermaßen ein längerer, manchmal auch sehr schmerzhafter Prozess, den uns weder der Himmel noch irgendein Guru abnehmen kann. Aber es ist der erste Schritt, und egal, auf welchen Umwegen man dafür unterwegs ist – grundsätzlich ist es richtig und gut, wenn man sich überhaupt auf den Weg begibt, denn »Wo Töchter unversöhnt mit dem Vater bleiben, schaden sie sich selbst«, schreibt Mathias Jung[45]. Das trifft natürlich genauso auf Söhne zu.

Hätte ich diesen Satz allerdings vor meiner Auseinandersetzung mit mir selbst gelesen, hätte ich dem Autor wahrscheinlich das Buch gern um die Ohren gehauen. »Wieso versöhnen?«, hätte ich mich und ihn gefragt. Der Vater war doch der, der sich nicht gekümmert hat. Soll ich ihm das womöglich sogar noch verzeihen? Wieso muss ich »arbeiten«, noch einmal Schmerzen erleiden? Vielleicht wird an der Stelle deutlich, warum dieser Buchteil »Schicht für Schicht zurück zum Ich« heißt. Man muss sich – will man ein Trauma bewältigen – tatsächlich durch viele Schichten durcharbeiten. Sich nicht nur durch emotionale Mauern bohren, sondern sich auch Stück für Stück ein wenig mehr verstehen. Sein Handeln oder Nichthandeln begreifen, sich selbst kennenlernen. Es ist nicht möglich, den dritten Schritt vor dem ersten zu machen. Daran scheitern auch viele Selbsthilfekonzepte. Man kann jedoch nicht einfach eine Seite aus seinem Lebensroman herausreißen. Man kann eben nur ein neues Kapitel beginnen. Natürlich ist Versöhnen oder Verzeihen ein großartiger Weg, um Frieden mit den Menschen zu schließen, die uns gekränkt oder verletzt haben. Wirkliches Verzeihen ist aber erst möglich, wenn ich die verletzten Anteile in mir geheilt habe. Wenn ich mir die aggressive Abwertung und Bestrafung, die ich selbst initiiert habe, indem ich einst erfahrene Verletzungen unbewusst fortgesetzt habe, verzeihe.

Wenn Sie mich fragen, dann ist das die größte Hürde auf dem Weg der Heilung, und gleichzeitig ist es die größte Kraftquelle. Sich einzugestehen, dass man erst schutzlos dem Geschehen ausgeliefert war, dann aber irgendwann den Spieß umgedreht hat, und an jedem Tag, an dem man etwas anderes als Abwertung hätte wählen können, versagt hat. Dazu ein Beispiel: Viele Menschen fragen sich, warum Frauen, die in extrem destruktiven Beziehungen leben, Frauen, die immer wieder von ihren Partnern geschlagen werden, sich trotzdem so schwer damit tun, ihre Peiniger zu verlassen. Eine Antwort darauf lautet: Weil sie sich selbst für ihr Verhalten schämen, sich schuldig fühlen und damit immer wieder ihre eigene Macht abtreten. Schaffen sie es dann doch, sich aus der Hölle zu befreien, dann stehen sie staunend vor ihrer Vergangenheit und fragen sich, wie sie das jemals zulassen konnten. Eine Autorin, die ihren Namen nicht öffentlich nennt, schrieb in der »Süddeutschen Zeitung« dazu: »Es ist schwierig zu verstehen, geschweige denn zu erklären, wer ich damals war. Auch für mich. Die Erinnerung macht mich zornig. Wenn ich nicht aufpasse, macht sie mich weniger zornig auf den Mann, der mich schlug. Dann macht sie mich zornig auf mich. Diese Frau, die ich damals war, lächerlich, machtlos, erbärmlich, beschämt mich. Am liebsten wäre mir, ich würde nicht mehr mit ihr in Zusammenhang gebracht werden bzw. müsste mich nicht mehr mit ihr in Zusammenhang bringen.«[46] Und genau das, was die Frau beschreibt, diese Scham über das eigene Verhalten, findet man auch häufig bei Menschen mit Vaterentbehrung. Nämlich dann, wenn sie sich bewusst darüber werden, wie sehr sie davon geprägt wurden. Dann kommen die Fragen. Warum konnte ich mich nicht davon lösen? Warum musste ich mir ausgerechnet einen Mann aussuchen, der genauso unzuverlässig wie mein Vater war? Wie konnte ich es zulassen, dass ich mich so in meinem Opferdasein vergraben habe?

Parallel zu diesen Fragen tritt die Scham aufs Parkett. Schon beginnt der Eiertanz, der erst dann endet, wenn man Frieden schließt mit seinen Geistern, wenn man anerkennt, dass alles Erlebte Teil der eigenen Geschichte ist und dass dort, wo Licht ist, zwangsläufig auch Schatten entstehen. Damit muss man sich selbst konfrontieren. Das gilt nicht nur für Frauen und Männer, die unter den Folgen der Vaterentbehrung leiden, sondern für jeden, der aus einem in der Kindheit erworbenen Muster heraus, als Erwachsener gegen sich selbst, gegen andere, gegen das Leben handelt. Der einzig sinnvolle Weg, uns wieder mit uns selbst in Zusammenhang zu bringen, auch wenn es schwerfällt, ist: uns einzugestehen, dass wir das Drama fortgesetzt haben. Uns einzugestehen, dass wir keineswegs so unschuldig sind, wie wir gern glauben wollen, während die anderen die Bösewichte sind, die uns Leid zugefügt haben. Und dazu gehört nun mal auch der Vater, der einfach gegangen ist oder aus der Triade ausgeschlossen wurde. Wir müssen erkennen, dass wir, um noch einmal Altmann zu zitieren: »schuldlos schuldig« geworden sind.[47] Tun wir das nicht und versuchen stattdessen, dem Vater vorschnell zu verzeihen oder unsere Wunde mit Ablenkungen zu übertünchen, dann ist das so, als würde der Zahnarzt einen von Karies zerfressenen Zahn einfach plombieren, ohne die Bakterien zu entfernen. Der Zahn wäre nach wie vor krank, und der Patient würde wahrscheinlich nach ein paar Stunden vor Schmerzen an die Decke gehen. Der verletzte Anteil in uns lässt sich nicht kosmetisch behandeln. Was er benötigt, ist Annahme. Dazu muss man ihn jedoch aus seiner Abspaltung herausholen, ihn fühlen, sehen, erkennen, verstehen.

All das braucht Zeit, und man ist nicht in jeder Lebenslage bereit oder fähig, sich seinen Schatten zu stellen. So gibt es meiner Ansicht nach auch keinen »richtigen Zeitpunkt« für die Aufarbeitung. Ich habe die Erfahrung gemacht, dass wir so oft und so lange unbewusst unsere Programme abspulen, bis wir uns derart in ihnen verfangen, dass wir auf irgendeine Art zum Stehenbleiben gezwungen werden. Manchmal geschieht das durch ein Ereignis, das wie ein Tornado über uns hereinbricht. Vielleicht eine Trennung, der Verlust einer nahestehenden Person oder eine Krankheit. Manchmal ist es aber auch leiser, subtiler. Dann spüren wir, dass uns innerlich etwas quält, was zunehmend lauter wird und sich ab einem bestimmten Punkt nicht mehr übertönen, geschweige denn kontrollieren lässt. Meist versagt in so einem Fall irgendwann die Affektkontrolle, wir werden mehr und mehr von unseren Emotionen beherrscht, brausen bei jeder Kleinigkeit auf wie ein explodierender Dampfkochtopf. Eine passende Analogie dazu ist wieder der marode Zahn. Den können wir auch eine Weile ignorieren, uns mit Schmerzmitteln betäuben, uns ablenken. Aber eines Tages wird er so heftig schmerzen, dass wir einsehen, dass der Gang zum Zahnarzt unausweichlich ist. Oder – auch das bleibt eine Option – wir bleiben hart und gefühllos, lassen den Zahn absterben, töten seine Lebendigkeit und damit ein Stück von uns selbst und leben fortan mit der Tatsache, dauerhaft einen Herd in uns zu tragen, der Gift verteilt. Menschen, die diesen Weg gehen (bewusst oder unbewusst), schaffen eine größtmögliche Distanz zu ihren Emotionen und verfügen über eine extrem gute Affektkontrolle. Aber auch sie sind wahrscheinlich irgendwann ausgebrannt, blutleer, depressiv und fühlen sich wie gelähmt. So abwegig ist das gar nicht, denn Emotionen, die abgespalten werden, führen in unserem Körper eine Art Eigenleben, mal abgesehen davon, dass sie enorm viel Energie binden. Trotzdem gibt es nicht gerade wenige Menschen, die sich lieber dafür entscheiden, als sich einzugestehen, dass sie die Lösungsverantwortung und vor allem die Lösungskompetenz in sich tragen. Ich behaupte nicht, dass das eine besser oder schlechter als das andere ist. Erstens hat jeder Mensch die Freiheit, das selbst für sich zu regeln, und zweitens unterliegen solche Prozesse auch nicht immer der bewussten Kontrolle.

Bei mir war jedenfalls irgendwann der Punkt erreicht, an dem – neben dem Tod meiner Oma als auslösendes Moment – zwei Dinge zusammenkamen. Zum einen war der innere Leidensdruck groß genug, zum anderen ahnte ich, dass sich hinter dem, was man landläufig als seinen Charakter bezeichnet und was viele für etwas halten, das in Stein gemeißelt ist, noch etwas anderes verborgen sein musste. Dass es unter all dem Gram, der seltsamen Hilflosigkeit, der Zerrissenheit, der Verletztheit, der Unentschlossenheit, der Launenhaftigkeit, der mangelnden Selbstwirksamkeit, der Wut und der Trauer noch so etwas wie eine Urkraft gab. Das Glitzern und Funkeln unter dem Stein. Etwas, das unbeschädigt war von all dem, was ich erlebt hatte. Etwas, das sich nicht von Komplimenten, Erfolgen, Anerkennung oder Schmeicheleien nährte, sondern aus sich selbst heraus, wie eine vitale Quelle sprudelte. Nennen Sie es Seele oder inneres Feuer, jedenfalls erinnerte es mich von der Qualität her an jene Momente meiner Kindheit, in denen ich mich unbefangen und voller Lebensfreude gespürt hatte.

Das wollte ich mir zurückerobern. Daran wollte ich anknüpfen. Überraschenderweise machte das plötzlich einen Unterschied. Es war eine gänzlich andere Motivation, mit der Aufarbeitung zu starten. Nun ging es nicht mehr darum, mich zu verändern, also besser oder anders zu werden oder die Symptome zu bekämpfen. Es ging auch nicht mehr darum, etwas loszuwerden oder den Vater zu verurteilen, sondern von nun an war es mein Ziel, dem zu begegnen, was ich in mir vermutete. Das erscheint so logisch, so nahe liegend. Aber: Zu hören oder zu lesen, dass die Lösung nicht im Außen, sondern in einem selbst liegt, ist eine Sache. Es zu fühlen, mit jeder Zelle zu spüren, eine ganz andere. Mir war, als ich losging, nicht klar, wie lange das alles dauern würde und wie viel Mut man manchmal braucht, um sich selbst zu begegnen. Ich bin sicher auch noch nicht am Ziel, denn mit jeder Schicht, die abgetragen wird, zeigt sich eine neue, die auch angeschaut werden will. Und wenn Sie jetzt denken: »Oje, dann ist das ja ein Fass ohne Boden«, dann kann ich Ihnen nur Mut zusprechen und Ihnen versichern, dass es sich lohnt. Denn mit jedem Etappenziel wächst Ihre Kraft, werden Sie gelassener, selbstwirksamer und – ja – auch glücklicher. Die Dramatik des Lebens nimmt ab, die Einschläge sind weniger heftig und kommen seltener.

Die folgenden Konzepte und Therapieansätze, die ich zum größten Teil selbst erfahren habe, stehen hier stellvertretend für verschiedene hilfreiche Möglichkeiten, das Drama der Vaterentbehrung aufzuarbeiten. Auch wenn ich sie hintereinander angeordnet habe, bedeutet das keinesfalls eine Reihenfolge, nach der man die Methoden »abarbeiten« sollte. Letzten Endes muss jeder für sich selbst herausfinden, was ihm liegt, in welchem Tempo er vorangeht, wem er vertraut und wie es ihm möglich wird, Zugang zu den Schreckenskammern der eigenen Vergangenheit zu bekommen. Manch einer muss, um sein Drama aufzuarbeiten, einen Achttausender besteigen, ein anderer überwindet die Gräben in sich, indem er quer durch die Welt wandert. Wieder eine anderer sucht sich einen Therapeuten, der Nächste braucht vielleicht die Geborgenheit einer Selbsthilfegruppe. Manch einer löst die Geister der Vergangenheit auf, indem er malt. Ein anderer, indem er bei einer Urschreitherapie den Monstern des eigenen Ichs eine Stimme gibt.

Auch ich habe mich auf ganz unterschiedlichen Wegen angenähert und habe zuweilen, ohne dass mir der Zusammenhang bewusst war, zufällig (wer weiß?) Kanäle gefunden, die mich bei der Aufarbeitung meiner Biografie unterstützt haben. »Spring, und das Netz wird erscheinen!«, so sagt es die Kreativtrainerin und Autorin Julia Cameron in ihrem Buch »Der Weg des Künstlers«. Damit meint sie die sogenannte Synchronizität – also das »zufällige« Zusammenspiel von Ereignissen, das bereits von dem Psychologen Carl Gustav Jung als Phänomen erkannt wurde. Jeder von uns hat das schon erlebt. Man fokussiert sich auf ein Ziel, und wie von Zauberhand geleitet, stößt man plötzlich auf etwas völlig Unerwartetes, das uns dabei hilft, das Ziel zu erreichen. Vielleicht ein Buch, das weiterhilft, oder eine Person, die neue Kontaktmöglichkeiten oder Perspektiven eröffnet. So etwas passiert im Grunde ständig, und wenn wir achtsam sind, dann fällt uns das auch auf. Besser noch: Dann können wir sogar darauf vertrauen. Cameron schreibt: »Was alle Handlungen von Initiative (oder Schöpfung) angeht, so gibt es eine elementare Wahrheit, deren Nichtbeachtung zahllose Ideen und Pläne umbringt: dass in dem Moment, in dem man sich definitiv verpflichtet, sich die Vorhersehung ebenfalls bewegt.« Ohne dies jetzt weiter zu vertiefen, lässt sich sagen, dass auf allen Wegen, die zu uns selbst führen, Überraschungen und Schätze liegen, mit denen Sie vielleicht überhaupt nicht rechnen. Allein dafür lohnt sich der Aufbruch ins Ungewisse.

Bei mir war es so, dass ich inmitten meiner Selbsthilfeliteraturphase nicht nur wieder mit dem Schreiben anfing, sondern auf ein Buch stieß, in dem das Konzept des inneren Kindes erläutert wurde. Die Idee, die dahintersteckt, faszinierte mich sofort und berührte mich auf einer viel tieferen Ebene als all das, was mir zuvor begegnet war. Und so wurde die Arbeit mit dem inneren Kind für mich der Beginn einer langen Reise zu mir selbst.

DAS INNERE KIND

»Das innere Kind ist der Begriff für eine in der Kindheit entstandene Wahrnehmung von sich selbst, den Menschen und der Welt«, schreibt der Autor, Paar- und Einzelberater Michael Mary in seinem Buch »Begegnungen mit dem Inneren Kind«. Dieses innere Kind lebt und agiert in uns, auch wenn wir längst erwachsen sind. Wie sehr es unser Denken und Fühlen dirigiert, wird davon bestimmt, wie bewusst wir uns dessen sind und wie weit wir mit ihm im Einklang leben. Trägt jemand ein ungeliebtes Kind in sich, was bei Kindern mit Vaterentbehrung überwiegend der Fall ist, so etabliert sich die Ansicht in ihm, dass er nicht liebenswert sei. Dass er gegen äußeren Schmerz, gegen das Verlassenwerden und gegen Ablehnung nicht gewappnet sei. Menschen mit ungeliebten inneren Kindern trauen sich keine Selbstwirksamkeit zu. Sie verfangen sich in der Opferperspektive, machen gern andere Menschen für ihr Unheil verantwortlich und manipulieren ihr Umfeld, um die Kontrolle nicht zu verlieren. Ungeliebte innere Kinder teilen gern aus, können aber selbst nicht gut einstecken oder konstruktiv mit Kritik umgehen. Impulsive und unangemessene Reaktionen wechseln sich mit Gefühlen der Leere und des Verlassenseins ab. Gleichzeitig sind Menschen, die ein ungeliebtes inneres Kind in sich tragen, nicht oder kaum in der Lage, ihren Wünschen und Bedürfnissen einen adäquaten Ausdruck zu verleihen, weil sie Angst haben, dadurch die Zuneigung oder Liebe des Gegenübers zu verlieren. Typische Situationen, in denen das ungeliebte innere Kind sich zeigt, stellen sich zum Beispiel so dar, dass man einem Vorgesetzten gegenübersteht und plötzlich nicht mehr Herr seiner Gedanken ist, Angst hat und daher Zugeständnisse macht, die einem eigentlich gegen den Strich gehen. Oder man macht in Auseinandersetzungen mit dem Partner den anderen für die eigenen Gefühle verantwortlich. Immer dann, wenn wir in eine kindliche Verhaltensweise abgleiten, wo eigentlich eine erwachsene Perspektive gefragt wäre, kommen wir in Kontakt mit unserem inneren Kind.

Mary spricht von »vergangenheitsorientierter Deutung«, das heißt, wir beantworten eine Situation im Hier und Jetzt mit einem in der Kindheit erlernten Deutungs- und Reaktionsmuster, oder wir bauen unser gesamtes Leben auf dieser Wahrnehmung auf, was zwangsläufig dazu führt, dass wir irgendwann in einer Sackgasse enden. Bei Vaterentbehrung könnte die Deutung beispielsweise sein, dass es überhaupt keine Rolle spielt, was man tut oder wie lieb man ist, man wird trotzdem verlassen. Aus dieser Deutung kann der Glaubenssatz »Immer werde ich verlassen« entstehen, der wie ein inneres Mantra wirkt und im Sinne der sich selbst erfüllenden Prophezeiung den Betroffenen unbewusst wieder und wieder in Situationen manövriert, bei denen sich dann genau diese Erfahrung bestätigt. »Ich bin nicht gut genug«, wäre eine andere Deutungsmöglichkeit, die wohl zu ähnlichen Resultaten führt.

Als Kinder schaffen wir uns unsere inneren »Wahrheiten«, unsere Ansichten von der Welt. Das ist im Grunde ein ganz logischer Prozess, der aber genau dann zu Krisen führt, wenn diese »Wahrheiten« später das, was eigentlich vorhanden ist, verschleiern. So kreiert die Aussage »Ich bin nicht gut genug« permanent diese Erfahrung, weil sie die Möglichkeit, dass man als Erwachsener auf eine Fülle von Ressourcen zurückgreifen könnte, von vornherein ausschließt. Dazu kommt, dass es den liebevollen, erwachsenen Gegenpol, der das innere Kind davon überzeugen könnte, dass es keine Angst zu haben braucht, in den meisten von uns nicht gibt. Was überwiegend passiert, ist, dass das innere Kind entweder verurteilt, abgewertet, verdrängt oder ignoriert wird. Leider hat aber das, was wir in uns verdrängen, die Tendenz, sich zu einem destruktiven Muster zu entwickeln, und so entsteht eine fortlaufende Abwertungsspirale, die dazu führt, dass wir uns nicht geliebt fühlen, innerlich leer sind, und oftmals gierig und neidisch manipulieren und missbrauchen. So führen wir im Grunde das, was wir in unserer Kindheit als Einfluss von außen selbst erfahren haben, später in uns weiter. »Die Hauptabsicht des lieblosen, autoritären Erwachsenen besteht darin, das innere Kind zu kontrollieren«, schreiben die amerikanischen Psychotherapeutinnen Erika J. Chopich und Margaret Paul in ihrem Buch »Aussöhnung mit dem inneren Kind«.

Um aus dieser Dynamik auszusteigen, braucht man die liebevolle Erwachsenenperspektive, welche die Autorinnen wie folgt beschreiben: »Der liebevolle Erwachsene – der Erwachsene also, der von und mit dem Kind lernen möchte – ist der dynamische, engagierte, mutige Persönlichkeitsanteil in uns, der Teil, der durch ethische Grundsätze und durch Integrität bestimmt ist.« Es ist der Anteil, der für das innere Kind sorgt, es wahrnimmt, sieht, schätzt und achtet.

Bei der Arbeit mit dem inneren Kind ist es wichtig, zu verstehen, dass es sich bei dem, was sich im Inneren verfestigt hat und uns als Erwachsene blockiert oder behindert, um die reine Wahrnehmung des Kindes von damals handelt. Wenn man vom »ungeliebten« inneren Kind spricht, dann muss das nicht die Haltung gewesen sein, mit der die Eltern dem Kind tatsächlich begegnet sind. Stellen Sie sich die Situation vor, dass ein Elternteil, aus welchen Gründen auch immer, plötzlich fortmuss und der andere Elternteil, weil er die Versorgung allein nicht gewährleisten kann, das Kind für einen begrenzten Zeitraum in die Obhut der Großeltern gibt. Beide Eltern lieben ihr Kind und handeln aus ihrer Erwachsenenperspektive heraus absolut verantwortungsvoll. Und trotzdem kann sich das Kind abgeschoben, ungeliebt und verlassen fühlen, einfach, weil es die komplexen Zusammenhänge nicht erfassen kann. Dazu kommt, dass Säuglinge noch kein Kurzzeitgedächtnis haben. Sie können also nicht wissen, dass die Mutter oder der Vater zurückkommen wird. »Dem Kind erscheint das Jetzt als Immer, das Heute als Ewigkeit, die Menschen seiner Umgebung als alle Menschen und seine Welt als die ganze Welt«, schreibt Michael Mary.[48] Und so ist es nicht verwunderlich, dass aus einer einmaligen Situation plötzlich ein Glaubenssatz für ein ganzes Leben wird. Das erklärt vielleicht auch, warum der Akt des Verzeihens, der so oft angepriesen wird, um alte Wunden zu heilen, eigentlich nur dann funktionieren kann, wenn es auch wirklich etwas zu verzeihen gibt. Ihn inflationär auf jeden Menschen anzuwenden, von dem wir glauben, dass er uns Unrecht zugefügt hat, wird nicht viel bringen, weil wir oft gar nicht beurteilen können, ob es wirklich so war, wie es sich in unserem Kopf festgesetzt hat. Viel essenzieller ist es, dass der, der sich verlassen, abgelehnt oder nicht geliebt fühlt, sich mit seinen eigenen Emotionen auseinandersetzt, die mit der damaligen Erfahrung verbunden sind und schlichtweg verallgemeinert wurden. Die Aufgabe besteht darin, sich dem Kind in sich zuzuwenden und es genau dort abzuholen, wo es damals »steckengeblieben« ist.

So kann Aufarbeitung geschehen, ohne dass man sich primär der Vater- oder Mutterbeziehung zuwendet. Der Ansatz, mit dem inneren Kind und dem liebevollen erwachsenen Persönlichkeitsanteil zu arbeiten, kann schon viele Dämme brechen und den Weg für tiefe Einsichten öffnen. »Das Wichtigste, was wir für uns selbst tun können, ist, uns bewusst zu machen, wie lieblos wir mit uns umgehen, und was es bedeutet, ein liebevoller Erwachsener für unser inneres Kind zu werden«, so Chopich und Paul.[49] Aus dieser Verbindung zwischen den inneren Instanzen kann etwas entstehen, das gemeinhin als das »höhere Selbst« bezeichnet wird, als Ganzheit, aus der die Fähigkeit zu lieben und eine innere Stärke erwachsen, die verbindet, statt trennt. Dem gegenüber steht die Verbindung, die aus einem ungeliebten Kind und einem autoritären und abwertenden Erwachsenen entspringt und die meist (vor allem in der östlichen Philosophie) unter dem Begriff Ego zusammengefasst wird. In vielen Büchern oder Seminaren geht es darum, das »böse Ego« auszumerzen oder hinter sich zu lassen. Dieser Ansatz funktioniert aber nicht, da es sich nur um eine Symptombekämpfung handelt, denn wir spalten nur wieder etwas ab, und zwar einen Teil, der ursprünglich mal eine gute Absicht hatte.

»Wie bitte?«, werden Sie jetzt vielleicht denken. Hier möchte ich etwas vorgreifen und einen Satz verwenden, den ich aus der Gestalttherapie verinnerlicht habe: Jedes destruktive Muster in uns hatte ursprünglich eine wichtige, vielleicht sogar überlebenswichtige Bedeutung. Das Ego ist nicht per se »schlecht« oder »böse«. Es ist. Und es hat zwei Ziele: seelischen Schmerz, Ablehnung und Missbilligung zu vermeiden und Bestätigung und Zuwendung zu bekommen. Das verdeutlicht noch einmal, wie wichtig dieser Mechanismus in einer Zeit war, als wir es noch nicht selbst in der Hand hatten, uns um uns zu kümmern, sondern schutzlos dem, was von außen auf uns einströmte, ausgeliefert waren. Um seine Ziele zu erreichen, ist dem Ego, vermenschlicht man es mal, jedes Mittel recht. Kontrolle, Manipulation, Widerstand. Darum sollten wir es anschauen, um die ursprüngliche Absicht, die dahintersteckt, zu verstehen. Gefühle, die dieses Ego charakterisieren, sind: Neid, Gier, Hass, Rachsucht, Macht- und Hilflosigkeit, Verurteilung anderer, Gleichgültigkeit, Schuld, Ambivalenz, Ängstlichkeit, um nur einige zu nennen. Natürlich spielt die Ausprägung dieser Gefühle auch eine Rolle. Jeder ist mal ängstlich oder neidisch oder fühlt sich in einer Situation hilflos. Problematisch wird es dann, wenn solche Gefühle zu Lebensmaximen werden und wir dadurch nicht mehr flexibel in unserem Handeln sind.

Die Arbeit mit dem inneren Kind erfordert sehr viel Geduld und den Mut, sich seinen inneren Konstrukten und Wahrheiten zu stellen. Denn wie schon gesagt: Zu fühlen, dass etwas nicht stimmt, ist die eine Sache. Die Verantwortung dafür zu übernehmen eine ganz andere. Aber um auf eine neue, eine andere Art und Weise mit unserer Vergangenheit umzugehen, müssen wir sie neu deuten. Damit ist nicht gemeint, dass man sich intellektuell eine andere Meinung über etwas bildet. Mary meint: »Der Verstand reicht nicht tief genug in die Persönlichkeit hinein. Grundlegender und schwieriger ist es, zu neuen Empfindungen und veränderten Gefühlen zu gelangen.«[50] Im Grunde ist uns dieser Prozess vertraut. Wir erleben ihn immer dann, wenn es uns gelingt, in einer Krise eine Chance zu entdecken. Es ist ein wenig wie mit dem halb vollen und dem halb leeren Glas – eine Frage der Perspektive, die hier allerdings auf mehreren Ebenen verändert werden muss, vor allem aber auf der Ebene der Gefühle. Darum gestaltet sich die Arbeit mit dem inneren Kind oft so zäh, weil die meisten von uns darauf konditioniert sind, ihre Gefühle zu verbergen, indem der kritische und autoritäre Erwachsene den Schmerz nicht zulässt. Er meint, dass es nicht gut ist, dem Kind zu viel Raum zu geben, es auch mal weinen, greinen oder lamentieren zu lassen. Manche Menschen haben Angst davor, dass das innere Kind sie beherrschen könnte, wenn sie es zu oft zu Wort kommen lassen. Dass sie dann gar nicht mehr in der Lage sind, erwachsen zu handeln, und somit ihren gesamten Status aufs Spiel setzen. Diese Angst ist insofern unbegründet, als dass sich in dem Moment, wo man dem inneren Kind eine Stimme gibt, auch der liebevolle Erwachsene zeigt, der ja diesen Raum zulässt und der auch dafür Sorge tragen wird, dass das innere Kind nicht zum Regisseur des Lebens wird.

Konkret sieht die Arbeit mit dem inneren Kind so aus, dass man ihm auf vielfältige Weise die Möglichkeit gibt, zu Wort zu kommen. Das kann in Form einer Aufstellung geschehen, indem man dem Kind einen Platz zuordnet und in seinem Namen spricht oder indem man das, was das innere Kind sagen will, aufschreibt. Da diese Prozesse mit heftigen Emotionen verbunden sein können, rate ich dazu, diese Arbeit in einem geschützten Rahmen durchzuführen, das heißt mit therapeutischer Begleitung. Es ist einfach gut, wenn jemand dabei ist, der einen halten kann, wenn man selbst das Gefühl hat, es nicht mehr auszuhalten. Und es tut gut, jemanden an seiner Seite zu wissen, der die Metaebene einnimmt – sprich, eine Position innehat, die es ermöglicht, das Ganze unvoreingenommen und unverstrickt von außen zu betrachten und Rückmeldung zu geben. Vor allem zu Beginn, wenn der kritische und autoritäre innere Erwachsene noch das Zepter in der Hand hält. Was die Arbeit mit dem inneren Kind sehr unterstützt, ist Zuwendung von außen. Gehalten zu werden, sich im wahrsten Sinne des Wortes bemuttern zu lassen und sich selbst zu bemuttern. Die Vorstellung, dass nur Kinder diese Form der Zuwendung brauchen, ist völlig absurd. Jeder Mensch ist empfänglich für die Innigkeit und Zärtlichkeit, die in einer bemutternden Geste stecken, und gerade Menschen, die als Kinder verlassen wurden – egal ob Töchter oder Söhne –, sehnen sich oft nach diesem Gefühl. Chopich und Paul dazu: »Genauso wie Frauen Bemutterung von anderen Frauen brauchen, brauchen Männer Bemutterung von anderen Männern. Nur wenige Männer wurden von ihren Vätern genügend umarmt, und deswegen brauchen die meisten Männer Zuwendung und Unterstützung von anderen Männern.«[51]

DIE ARBEIT MIT TRÄUMEN

Jeder Mensch träumt. Glaubt man Schlafforschern, dann verbringen wir im Durchschnitt sogar 20 Prozent unserer Schlafzeit damit, Bilder, Handlungen und Gefühle, manchmal ganze Filme zu kreieren. Bisweilen können wir uns an die Träume erinnern, manchmal sind sie so eindrucksvoll oder erschreckend, dass sie uns noch Tage danach beschäftigen. Und selbst wenn man meint, nicht zu träumen, so ist es doch so, dass man sich wahrscheinlich nur nicht erinnern kann.

Für Sigmund Freud war der Traum ein Königsweg zum Unbewussten. In der von ihm angewandten und gelehrten Tiefenpsychologie nutzte er Träume »als wichtige Informationsquelle über unbewusste Erlebensweisen des Menschen«.[52] Freud vertrat die Ansicht, dass die Erfahrungen der Kindheit unsere Erwachsenenträume prägen. Eine Erkenntnis, die heute insofern von Traumforschern bestätigt wird, als dass man nachgewiesen hat, dass belastende Lebensereignisse sich in unserem Traumgeschehen niederschlagen. Und das nicht nur unmittelbar im Anschluss an die negative Erfahrung, sondern häufig ein ganzes Leben lang.

Viele Richtungen der modernen Psychotherapie nutzen Träume als beständiges Element ihrer Arbeit. So bin auch ich damals im Rahmen der Einzeltherapie, später dann während der Gruppentherapie (Gestalttherapie) mit der Traumarbeit in Berührung gekommen. Dabei habe ich vor allem den subjektstufigen Ansatz kennengelernt, den der Autor und Dozent Willy Peter Müller in seinem Buch »Trauer in Träumen« wie folgt erläutert: »Ein Traum wird subjektstufig interpretiert, wenn der Deuter alle Inhalte, Einzelheiten des Traums auf den Träumer selbst und nicht auf andere Personen oder Objekte bezieht. Es wird dabei angenommen, im ganzen Traum bilden sich nur innerpsychische Vorgänge ab, alle Traumelemente sind oder seien Teile des träumenden Subjekts.« Kurz gefasst, ließe sich auch sagen, dass man sich in jedem Traum immer nur selbst begegnet, egal in welcher Gestalt. Dann ist der Verfolger zum Beispiel nicht mehr ein Fremder, der mir hinterherläuft und etwas von mir will, sondern es ist ein Anteil von mir, mit einer ganz bestimmten Absicht. In der objektstufigen Traumdeutung dagegen ist der Verfolger wirklich ein Objekt, das sich in irgendeiner Form im Leben des Träumenden schon einmal gezeigt hat. Vielleicht im Umfeld, im Beruf oder in der Partnerschaft.

Objekt- oder subjektstufig – man kann nicht sagen, dass das eine besser als das andere ist. Dieter Anker, ein Berliner Therapeut, der der Traumarbeit eine zentrale Rolle bei Entwicklungs- und Heilprozessen beimisst, meint in einem Gespräch dazu, dass es bei der Traumarbeit »weniger um die Deutung als vielmehr um den inneren Dialog geht«.[53] Es geht also darum, mit sich selbst in Kontakt zu kommen. Für ihn sind Träume ein sehr authentischer Teil unserer Persönlichkeit, die uns mit tieferen Ebenen unseres Bewusstseins in Berührung bringen. Das bestätigen auch jüngste Studien der Traumforschung. Träume haben eine wichtige Funktion, die sich allerdings ausschließlich aus unserem Erleben heraus erschließen lässt. Jede Interpretation von außen wäre übergestülpt, denn schließlich können nur wir selbst sagen, was bestimmte Traumbilder mit uns und unserer Geschichte zu tun haben, was wir mit ihnen verbinden.

Träume kommen aus einer weniger konditionierten Bewusstseinsschicht. Sie erzählen, wer wir sind, welche Ängste uns umtreiben, was wir verdrängen. Darüber hinaus regulieren sie unsere Stimmungen und eröffnen Perspektiven. Manchmal zeigen sie sogar Lösungen für ein ganz konkretes Problem, mit dem wir uns beschäftigen. So hat man experimentell nachgewiesen, dass unser Denken in der REM-Schlaf-Phase weitaus kreativer und assoziativer ist als im Wachzustand. Viele Forscher sehen im Träumen auch einen Mechanismus, der kompensatorisch wirkt. Das heißt, im Traum gleichen wir Dynamiken aus, ergänzen Bestandteile, zu denen wir im Wachbewusstsein keinen Zugang haben, und bringen uns damit in Balance. Carl Gustav Jung, ein Schüler Freuds, vertrat diese Theorie. Auch er maß Träumen eine große Bedeutung zu und schrieb: »Träume sind unparteiisch, der Willkür des Bewusstseins entzogene, spontane Produkte der unbewussten Seele und deshalb von unverfälschter natürlicher Wahrheit.« Für ihn helfen Träume dabei, unsere Persönlichkeit weiter – also faktisch zur Ganzheit – zu entwickeln. Jung spricht von »Witterungen von Möglichkeiten«,[54] und vielleicht ist es das, was der Traumforscher Michael Schredl in seinem Artikel »Träume« meint, wenn er sagt, dass nicht die Träume selbst, sondern erst die Reflexion derselben dabei hilft, Probleme zu bearbeiten oder Neues zu entdecken.

Es geht also darum, mit unseren Träumen in einen Dialog zu treten. Vielleicht nicht so, wie es der Stamm der Senoi in Malaysias Regenwäldern praktiziert. Man nennt sie auch das »Volk der Träume«, denn angeblich pflegen die Senoi ihre Traumkultur bereits seit vielen Jahrhunderten. Konkret sieht ihr Umgang mit Träumen so aus, dass sie sich jeden Morgen versammeln und dann zunächst die Kinder, anschließend die Erwachsenen ihre Träume der letzten Nacht erzählen. Der Stamm diskutiert gemeinsam diese Träume, Traumsymbole und Traumsituationen werden detailliert besprochen. Man muss wissen, dass die Senoi nicht wie wir zwischen Wachbewusstsein und Traum unterscheiden. Für sie gehört beides zusammen. Der Traum ist für sie genauso real, wie das, was sie am Tag erfahren. Anders noch: Der Traum bestimmt sogar, wie sie ihren Tag erleben werden. Die Senoi deuten ihre Träume subjektstufig, das heißt, alle Traumgestalten werden als Teile des eigenen Selbst betrachtet und anerkannt. Haben die Mitglieder des Stammes ihre Träume erzählt, geht es im weiteren Verlauf des Tages darum, sich dem, was sie im Traum erlebt haben, zu stellen, es weiterzuführen oder auszuleben. Also im Grunde wird dem Traum eine Gestalt gegeben. Dabei ist ein erklärtes Ziel, die Kontrolle des Geschehens aktiv zu übernehmen, also Herr des eigenen Traumes und damit Herr des eigenen Lebens zu sein, Selbstverantwortung für das eigene Träumen und Handeln zu übernehmen.[55] Darum kann man von ihrer Traumkultur viel lernen. Nicht nur das Klarträumen, also die Fähigkeit, im Traum bewusst zu bleiben und aktiv in das Traumgeschehen eingreifen zu können, sondern auch die aktive Auseinandersetzung mit den Träumen während des Tages. Nun ist es in unserem Alltag kaum möglich, sich so intensiv wie die Senoi mit Träumen auseinanderzusetzen. Aber man kann etwas adaptieren. Statt die Nachtbilder in einer großen Runde zu erzählen, kann man die Träume in einem Traumtagebuch festhalten und für sich selbst reflektieren, was die einzelnen Symbole oder Handlungen und Situationen für eine Bedeutung im jetzigen Leben haben könnten.

Und damit komme ich zurück zur Vaterentbehrung, denn erstaunlicherweise spiegelt sie sich in unseren Träumen durch ganz bestimmte Bilder. Linda Leonard, die als Psychotherapeutin die Arbeit mit Träumen fest in den Therapieablauf integriert hat, beschreibt in ihrem Buch, dass Töchter, die vom Vater verlassen wurden, auffällig oft ähnliche Traummuster haben.[56] Wie bereits erwähnt, unterscheidet sie zwischen dem ewigen Mädchen, der Puella, und der geharnischten Amazone, die jeweils unterschiedliche Lebens-, Denk- und Handlungsmuster ausgebildet haben. So schreibt Leonard über die Amazone: »Solche Frauen reagieren auf die Vernachlässigung durch den Vater oft, indem sie sich auf der Ich-Ebene mit den männlichen oder väterlichen Funktionen identifizieren.« Im Gegensatz zur Puella bilden sie ein starkes, überwiegend männliches Ich aus. In ihren Träumen zeigt sich das laut Leonard oft als Panzer, den es aufzubrechen oder abzustreifen gilt. Auch taucht bei diesen Frauen immer wieder ein kleiner, schwächlicher Junge auf, als Abbild für das schwache Männerbild, das die Amazone verinnerlicht hat. Über die Puella schreibt Leonard: »Sie hat zugelassen, dass sie zum ›Objekt‹ wurde, dass sie eine Identität auslebte, die nicht die ihre war, und so hemmte sie den Fluss des Geheimnisses, das sie ist. Sie praktiziert ein ›ständiges Leben im Möglichen‹ und »fördert Schwäche, weil sie nie etwas zuwegebringt.«

Leonard zeigt anhand einiger Fallbeispiele, wie sich das in Träumen ausdrückt. So taucht im Traum die »verlorene Identität« insofern auf, als dass die Träumende ihre Brieftasche mit sämtlichen Ausweisen, Geld und Papieren verliert. »Ein weiteres häufig vorkommendes Traumthema, das eine grundlegende Abhängigkeit offenbart, ist der Umstand, dass sie nicht ihr eigenes Auto fährt, sondern oft auf dem Rücksitz sitzt und sich hilflos und ausgeliefert fühlt, während der Vater am Steuer sitzt«, schreibt Leonard. Das Auto steht in diesem Fall symbolisch für das Selbst, für die eigene Autorität. Auto = εαυτός (griechisch) = selbst. Ein anderes, nicht weniger häufiges Traumbild ist das des bösen, alten Mannes, der entweder Befehle erteilt oder die Träumende verfolgt, bedroht oder in irgendeiner Form dominiert. Alle diese Träume sind kennzeichnend für die Puella – also für Frauen, die dieses Muster leben.

Auch mir sind diese Bilder sehr vertraut, denn ich habe sie mehr als einmal in verschiedenen Varianten geträumt. Aber ich habe auch erlebt, wie sie sich auflösten und nicht mehr wiederkehrten oder nur noch in gemäßigter Form auftauchten, wenn ich sie in der Therapie bearbeitet hatte. Darum gehört die Traumarbeit für mich zu der Auseinandersetzung mit uns selbst dazu. Ähnlich wie die Arbeit mit dem inneren Kind ist sie ein wirklich wertvolles Element, um in den Kontakt mit unseren Gefühlen zu kommen. Träume schenken uns quasi einen Schlüssel, mit dem wir die Kammern unseres Unbewussten öffnen können. Der Therapeut Dieter Anker formuliert es in unserem Gespräch so: »Träume bringen unser Fühlen ins Spiel und nicht das Denken.«[57] Für ihn hat alles, was einen nährenden inneren Kontakt befördert, etwas Heilendes. Wichtig ist für ihn, Träume auch kreativ zum Ausdruck zu bringen, indem man zum Beispiel in die jeweiligen Traumgestalten hineinschlüpft. Da wir – sieht man es subjektstufig – die Schöpfer unserer Träume sind, steckt natürlich auch in jeder Traumfigur, die wir nachts erschaffen, ein Persönlichkeitsanteil von uns. Die Traumarbeit ermöglicht es, die Anteile zu erkennen und vielleicht auch die Absicht zu verstehen, die hinter einer bestimmten Traumhandlung steht. Bringen wir die Traumpersönlichkeiten ins Hier und Jetzt, indem wir in die jeweiligen Rollen schlüpfen und ihnen zum Beispiel in einer Aufstellung eine Gestalt geben, dann können wir Muster und Absichten besser verstehen. Mit dieser Methode ist es möglich, Projektionen zurückzunehmen. Taucht im Traum zum Beispiel der »böse« Vater oder ein anderes Männerbild auf, das man aufgrund der eigenen Erfahrungen geschaffen hat, so kann man diese Gestalt im Rollenspiel einnehmen und fühlen und verstehen, wie dieses Bild zustande gekommen ist. So entdecken wir auch unbekannte Seiten in uns und haben die Chance, sie anzunehmen oder sie als Lösungskompetenz für Probleme zu begreifen.

Ich erinnere mich in diesem Zusammenhang an einen Traum, in dem ein alter Mann an einer Laterne lehnte und sich buchstäblich die Seele aus dem Leib kotzte. In der Traumarbeit fragte ich ihn, was denn mit ihm los sei, und seine Antwort war: »Ich werde sterben, wenn ich nicht schreibe.« Ich begriff sofort, was gemeint war. Schreiben als kreativer Akt ist ein unglaublich kraftvolles Glied in der Kette von Heilungsmöglichkeiten. Zum Zeitpunkt des Traumes steckte ich nicht nur in einer akuten Krise, sondern auch mitten in einer Schreibblockade. Nicht immer sind die Traumbilder so eindeutig. Darum ist es gut, wenn man sich für die Traumarbeit jemanden sucht, der darin erfahren ist. Ähnlich wie bei der Arbeit mit dem inneren Kind kann es zu heftigen Gefühlsreaktionen kommen, wenn wir anfangen, unsere Träume zu verstehen. Dann ist es gut, jemanden bei uns zu haben, der diesen Zustand auffangen und aushalten kann. Was er jedoch nicht tun sollte, ist, unsere Träume von sich aus zu deuten. Oder um noch einmal Dieter Anker zu zitieren: »Bei meiner langjährigen Arbeit mit Träumen gehe ich davon aus, dass nur der Träumende selbst als ›Regisseur‹ eigene Traumbilder übersetzen und entschlüsseln kann.«

Es wäre interessant zu wissen, ob auch Männer mit Vaterentbehrung je nach ihren gelebten Mustern spezielle, wiederkehrende Trauminhalte haben. Dafür gibt es in der Literatur derzeit noch keine Hinweise.

Bewiesen ist jedoch – und damit schwenke ich noch einmal zu den Senoi –, dass die Auseinandersetzung mit Träumen und die aktive Arbeit mit ihnen zu ganz erstaunlichen Resultaten führen. Die Psychologin und Traumforscherin Patricia Garfield hat einige Zeit bei den Senoi gelebt und schreibt in ihrem Buch »Kreatives Träumen«: »Vielleicht ist das verblüffendste Merkmal der Senoi deren außergewöhnliche seelische Ausgeglichenheit. Neurosen und Psychosen, wie wir sie kennen, sollen bei ihnen nicht vorkommen. (…) Die Senoi zeigen eine bemerkenswerte emotionale Reife.« Und an anderer Stelle führt sie weiter aus: »Es gibt keine nachprüfbare wissenschaftliche Untersuchung, die beweisen würde, dass Friedfertigkeit, Bereitschaft zur Zusammenarbeit, Kreativität, seelisches und geistiges Wohlbefinden und emotionale Reife die Folge davon sind, dass die Senoi einen derart umfassenden Gebrauch von ihren Träumen machen. Aber trotzdem weist vieles darauf hin, dass zumindest die Beachtung und Benutzung der Träume ein ganz wichtiges Element für die Entstehung dieser Eigenschaften darstellt.«

DIE GESTALTTHERAPIE

Das, was die Senoi anwenden, also dem Traum oder den Traumfiguren eine Gestalt zu geben, ist ein Element, das sich auch in der Gestalttherapie, so wie ich sie erfahren habe, finden lässt. Wie schon erwähnt, gibt es natürlich zahlreiche Therapiemethoden, und alle haben ihre Berechtigung und Heilerfolge. Sich in die

Hände eines Therapeuten zu begeben ist eine sehr persönliche Angelegenheit, und beide – Therapeut und Methode – müssen zu einem selbst passen. Für mich war von Anfang an klar, dass eine klassische Psychoanalyse nicht infrage kam, wobei das eher eine intuitive Entscheidung war, als dass ich mich aktiv damit auseinandergesetzt hätte. Ich weiß ehrlich gesagt heute nicht mehr, über welche Wege ich zu meinem ersten Therapeuten gelangt bin. Jedenfalls arbeitete er mit vielen Elementen der Gestalttherapie, und ich spürte, dass das ein Weg war, der mir half, mich zu öffnen und in die Untiefen vorzudringen, die ich bislang gemieden hatte. Vielleicht lag es daran, dass es in den Stunden, sowohl in der Einzeltherapie als auch später in der Gruppe, stets um das Hier und Jetzt ging. Man legt sich nicht auf eine Couch und erzählt von seiner Vergangenheit, sondern steigt über die akuten, oft alltäglichen Probleme, die ja auch eine Art Gestalt sind, in das Gespräch ein. Der Therapeut ist dabei mehr ein Sparringspartner als jemand, der das, was man sagt, deutet. Niemals bekommt man Lösungen vorgesetzt, eher ist es so, dass man sich diese gemeinsam in der Interaktion erarbeitet. Was mir dabei besonders im Gedächtnis geblieben ist, war die Bereitschaft der Therapeuten, Nähe zuzulassen und Zuwendung zu geben. Dadurch, dass die Gruppentherapie von einer Therapeutin und von einem Therapeuten geleitet worden ist, habe ich Bemutterung und Bevaterung auf einer ganz tiefen Ebene erleben dürfen. Ich habe gespürt, wie es ist, angenommen zu sein mit allem, was man mitbringt. Gleichzeitig war es möglich, meine Vaterbilder auf den Therapeuten zu projizieren. Dadurch wurden sie sichtbar, konnten verändert oder aufgelöst werden. Manchmal fühlte es sich an, als würde ich noch einmal neu laufen lernen, ganz von vorn beginnen und so fehlgeleitete Programmierungen durch neue ersetzen. Durch die Gestalttherapie habe ich gelernt, dass unser Charakter keine feste Größe ist, dass er formbar bleibt, weil er ja im Grunde – jedenfalls zu großen Teilen – ein Ausdruck unserer angelernten Muster ist.

Ein Blick in die Geschichte der Gehirnforschung zeigt, dass es über viele Jahre hinweg hieß, die Ausbildung und Vernetzung der neuronalen Struktur sei bis zum siebten Lebensjahr weitestgehend abgeschlossen, und danach sei es nicht mehr möglich, große Veränderungen einzuleiten. Ihren Ausdruck findet diese Ansicht in dem alten Sprichwort »Was Hänschen nicht lernt, lernt Hans nimmermehr«. Man war überzeugt, dass es mit zunehmendem Alter mit unserem Gehirn und unserer neuronalen Leistung eigentlich nur noch bergab gehen konnte, weil die Natur es so vorgesehen hatte. Zweifel an diesem Dogma entstanden erst, als man mit besseren medizinisch-technischen Geräten beobachten konnte, dass Schlaganfallpatienten trotz massiver Schädigung eines bestimmten Gehirnareals die Tätigkeiten, die eigentlich von diesem Areal aus gesteuert wurden, wieder ausüben konnten. Zudem wies man anhand von Zwillingsstudien nach, dass unser Umfeld offenbar weit mehr Einfluss auf die Gehirnleistung hat, als bis dato angenommen. Das Gehirn bildet sich demnach so aus, wie man es benutzt oder wie es gebraucht wird.

Das weckte das Interesse der Wissenschaft, und man forschte in mehrere Richtungen. Und so weiß man heute, dass sich nicht nur dem Alterungsprozess des Gehirns etwas entgegensetzen lässt. Wir wissen, dass Belohnung, Zuwendung und Freude Einfluss darauf haben, wie sich das Gehirn selbst reguliert. Und es zeigt sich, dass wir keineswegs mit genetisch bedingten Voraussetzungen auf die Welt kommen und daran zeitlebens gefesselt bleiben. Wer schüchtern ist, bleibt schüchtern? Wer aufbrausend ist, bleibt das ein Leben lang? »Nein!«, sagt auch der renommierte Hirnforscher und Leiter des Instituts für Medizinische Psychologie und Verhaltensbiologie an der Universität Tübingen, Niels Birbaumer, in seinem Buch »Dein Gehirn weiß mehr, als du denkst«. Und weiter: »Das Gehirn verfügt über die Fähigkeit der Selbstregulation, die Möglichkeit, seine eigene Tätigkeit und damit unser Verhalten zu beeinflussen, was dann umgekehrt wieder das Gehirn beeinflusst.«

Er belegt das in seinem Buch sogar anhand seiner eigenen Geschichte, denn wer würde es einem 15-jährigen Halbstarken, einem Gangmitglied, der einem Mitschüler eine Schere in den Fuß rammte, bloß weil der so dreist war, ihm sein Pausenbrot zu klauen, schon zutrauen, später solch eine Karriere hinzulegen?

Das Geheimnis, das dahintersteckt, ist die Fähigkeit unseres Gehirns, sich permanent zu verändern. Neuroplastizität ist der Fachbegriff. Und so schreibt Birbaumer: »Wir haben kein ›Wesen‹ und auch keinen unveränderlichen Charakter, der uns durch das Leben führt. Es ist vielmehr so, dass wir in bestimmter Weise funktionieren und uns dabei beobachten können. Unser Gehirn prüft permanent, ob unsere Aktionen den gewünschten Effekt haben, ob sie uns einen Gewinn bringen (Anerkennung, Erfolg, Reichtum, Prestige, Liebe), und wenn dem so ist, werden sie wiederholt; und wenn nicht, dann werden sie beizeiten abgestellt. Das hat in der Natur zum Überleben beigetragen. Aber ein ›tieferer Sinn‹ steckt nicht dahinter.« Und damit sind wir wieder bei der Gestalttherapie, die mit ihrem ganzheitlichen Ansatz exakt dort einhakt, wo es darum geht, ein Problem (meist die Nichtbefriedigung eines Bedürfnisses), ganz genau anzuschauen und all die Gefühle und Reaktionen aufzuspüren, die damit verbunden sind. Diese kann der Therapeut »herauskitzeln«, indem er den Klienten zum Beispiel auffordert, eine getroffene Aussage mehrfach zu wiederholen und dabei sowohl auf die eigene Stimme, auf die Körperhaltung und die Gestik zu achten. Oder der Therapeut fordert den Klienten auf, die getroffene Aussage spielerisch darzustellen. Die Gestalttherapie ist eine erlebnisaktive Therapie, das heißt, indem an einer aktuellen, konkreten Situationen und an der Beziehung zwischen Klient und Therapeut gearbeitet wird, tritt der Patient mit sich selbst und seiner Umwelt verstärkt in Kontakt. Bestehende Störungen sollen auf diese Weise überwunden werden.

Der Berliner Facharzt für Psychosomatische Medizin und Psychotherapie und Gestalttherapeut Kurt Gemsemer, der mich über viele Jahre im Rahmen der Gruppentherapie begleitet hat, sagte in einem Vortrag über die Essenz der Gestalttherapie, dass sie durch drei Achsen gekennzeichnet ist:[58]

> die Achse der Bedürfnisregulation
> die Beziehungsachse
> die Achse der Achtsamkeit

Diese drei Achsen führen in ihrem Zusammenwirken ins Hier und Jetzt, damit zu Präsenz bzw. Geistesgegenwärtigkeit und bewussterem Dasein. Um jetzt nicht zu tief in die Theorie der Gestalttherapie einzutauchen, möchte ich nur kurz erläutern, was damit gemeint ist, damit klar wird, inwieweit die Gestalttherapie helfen kann, Traumen zu überwinden. Wie schon der Name sagt, geht es um die Gestalt bzw. darum, die Ganzheit der Gestalt wiederzuerlangen und Gestalten, die man verinnerlicht hat, die aber nicht zum eigenen Wesen gehören, zu verabschieden. Ich hatte die Bedürfnisregulation bereits angesprochen, also wie wir reagieren, wenn unsere kindlichen Bedürfnisse nicht befriedigt werden, indem wir vielfältige Mechanismen entwickeln, um auf Umwegen das zu erhalten, was wir brauchen. Diese Mechanismen sind häufig destruktiv. Nun wird aber, wie Gemsemer sagt: »die Art und Weise wie der Mensch mit der Welt in Kontakt tritt, wie er die Welt wahrnimmt, sehr stark von dem Wechselspiel dieser Grundbedürfnisse her strukturiert«.

In der Therapie geht es darum, sich zum einen seiner Bedürfnisse klar zu werden, zum anderen, sie auf gesunde Art einzufordern, aber auch zu lernen, dass es auszuhalten ist, wenn sie nicht sofort befriedigt werden (im Gegensatz zu früher, wo ein Aufschub als existenzielle Bedrohung erlebt wurde). Dafür benötigt man Achtsamkeit – ein wichtiger Punkt, den die Gestalttherapie fest in ihre Arbeit integriert hat. Achtsamkeit ermöglicht uns, überhaupt erst wahrzunehmen, dass man sich innerhalb eines destruktiven Musters bewegt. Sie befähigt uns, die Gestalt zu verlassen, sich quasi davon abzuheben und sich selbst zu beobachten. Das kann man noch verstärken, indem man die Gestalt erhöht. Sie spielerisch ausbaut, sie sozusagen karikiert, um wahrzunehmen, welches Spiel man eigentlich innerlich spielt. Ich kann mich an eine Szene erinnern, als ich in der Therapie von meiner immer wiederkehrenden Befürchtung erzählte, dass man hinter meinem Rücken über mich sprechen könnte. Unabhängig davon, ob das so war oder nicht, produzierte ich diese Annahme in mir und reagierte in Situationen entsprechend darauf. Sicher hatte meine Angst eine reale Ursache, weil es für uns alle existenziell wichtig ist, nicht ausgeschlossen zu werden. Vielleicht lag es aber auch an der Tatsache, dass ich früh erlebt hatte, dass mir nahestehende Personen mein Vertrauen missbrauchten. An der Herangehensweise an diese Thematik zeigt sich nun, wie sich die Gestalttherapie von der Analyse unterscheidet. Hier geht es nicht primär darum, diese früher erlebten Situationen noch einmal aufzurufen. Gearbeitet wird stattdessen mit dem, was sich im Hier und Jetzt zeigt. Das sind die Achse der Achtsamkeit und des Hier und Jetzt. In dieser Stunde bekam ich jedenfalls die Aufgabe, die Gestalt zu wechseln und in die Rolle derer einzutauchen, die tuschelten und tratschten. Und siehe da, es stellte sich heraus, dass ich diesen Part bravourös beherrschte. Ich hatte ihn verinnerlicht. Er lebte in mir. Kein Wunder, dass er jedes Mal hochkam, wenn mein Gehirn eine ähnliche Situation registrierte. Genauso verinnerlichen wir viele andere Dinge, zum Beispiel unbewusste Anforderungen an uns selbst. Sei stark, sei schnell, sei mutig, sei lieb, sei perfekt und einige mehr. Im weiteren Verlauf meiner Arbeit ging es darum, nicht nur diese verinnerlichten Gestalten zu erkennen, sondern auch, den winzigen Augenblick zu registrieren, in dem die inneren Weichen gestellt werden. Also eine Sekunde vor der Reaktion innezuhalten und mich zu fragen: »Moment, ist das jetzt eine erlernte Reaktion, und muss ich jetzt wieder wie gewohnt reagieren, oder gäbe es vielleicht auch die Möglichkeit, dem, was mir da gerade widerfährt, etwas anderes entgegenzusetzen?« Hat man das geschafft, ist es im Grunde nur noch ein »kleiner Schritt«, denn wenn man sich seiner Muster bewusst ist, gelingt es einem auch, diese aktiv zu verändern.

Achtsamkeit lässt sich auf vielen Wegen erlangen: im Dialog mit dem Therapeuten, durch Meditation oder auch durch Aufstellungsarbeit oder Rollenspiele. Wichtig ist die Übung. Es reicht nicht, eingefahrene Muster nur zu identifizieren. Nachhaltig verändert werden sie durch beständige Wiederholung der neuen Variante. Wie schon gesagt, ist das Gehirn grundsätzlich darauf ausgerichtet, Energie zu sparen. Darum bewegen sich neuronale Abläufe immer wieder auf den eingefahrenen »Schnellstraßen«. Wird nun eine neue Verbindung geknüpft, dann ist das so, als würden Sie ein einziges Mal durch hohes Gras laufen. Schauen Sie hinter sich, werden Sie sehen, dass sich die meisten Halme wieder aufgerichtet haben und man Ihre Spur kaum noch erkennt. Gehen Sie den Pfad allerdings nicht nur einmal, sondern mehrfach, wird er irgendwann zu einer breiten Spur – eben zu dieser Schnellstraße, auf der sich Ihr Denken nun bewegen kann. Dann haben Sie die Neuroplastizität Ihres Gehirns ausgenutzt, und nun wird auch noch einmal klar, warum das mit dem einmaligen Lesen eines Selbsthilfebuches eher selten gelingen kann. Ein weiterer Vorteil zunehmender Achtsamkeit und damit Aufmerksamkeit ist, dass wir nicht mehr so leicht manipulierbar sind. Wir erkennen die Stolperfallen und können sie umgehen. Ich möchte an dieser Stelle noch einmal aus dem Vortrag von Kurt Gemsemer zitieren, der sagte: »Achtsamkeit ist demnach die Steuerungsfähigkeit der eigenen Aufmerksamkeit, eine sinnliche Wahrnehmung dessen, was hier und jetzt geschieht – reflexive Sinnlichkeit –, unparteiisch, nicht wertend, aber voller Leidenschaft für das, was geschieht. Wir begeben uns auf diese Weise in die Raum-Zeit ›Hier und Jetzt‹, wo schöpferische Indifferenz erfahrbar wird und sich die Tiefe des Bewusstseins öffnet, aus der Neues emergiert (auftaucht). Wir können der Emergenz des Neuen sozusagen beiwohnen, die eigene Inspiration staunend wahrnehmen. Die qualitative Zunahme der Achtsamkeit erfolgt dadurch, dass die Aufmerksamkeit immer weiter ins ›Hier und Jetzt‹ und damit in die Tiefe des Bewusstseins gelangt.«[59]

Rückblickend kann ich sagen, dass die Gestalttherapie die Wunde zwar nicht heilen konnte – das kann keine Therapie –, aber ich habe genug Rüstzeug an die Hand bekommen, um mit ihr zu leben. Manchmal ist es heute noch so, dass ich etwas erlebe, mich in einer Situation wiederfinde, in der plötzlich der berühmte Groschen fällt. Wo etwas, das ich damals in den Therapiestunden rein intellektuell, also vom Kopf her verstanden habe, plötzlich auf eine tiefere Ebene absinkt, sodass ich weiß, dass es nun wirklich verinnerlicht ist. Solche Momente sind Sternstunden. Da überfluten mich nicht nur alle guten und intensiven Erinnerungen und Erfahrungen, die ich in der Therapie erleben durfte, sondern ich fühle auch die Bestätigung, dass ich als Mensch gereift bin. Dass schützt mich nicht vor Traurigkeit, auch nicht davor, dass sich neue Baustellen auftun. Aber es sagt mir, dass ich in der Lage bin, all das zu bewältigen. Was ich verinnerlicht habe und was die Intention der Gestalttherapie sehr schön ausdrückt, sind die Worte des vietnamesischen buddhistischen Mönchs und Schriftstellers Thich Nhat Hạnh:

»Du bist ich und ich bin du.
Stimmt es nicht,
dass wir uns gegenseitig bedingen und durchdringen?
Du hegst die Blume in dir,
damit ich schön sein kann,
und ich verwandle den Abfall in mir,
damit du nicht leiden musst.«

WEITERE WEGE

Wie bereits gesagt, gibt es eine große Anzahl an Methoden und Therapierichtungen, die geeignet sind, solche Traumen wie Vaterentbehrung zu bearbeiten. So, wie viele Wege nach Rom führen, kann der, der bereit ist, sich zu öffnen, sich verschiedenen Richtungen zuwenden. Manche sind Teil oder Elemente bestimmter Therapiemethoden, wie die Meditation zum Beispiel auch Teil der modernen Gestalttherapie ist. Sicher kann Meditation allein nicht helfen, aber sie kann Baustein sein, kann anderes ergänzen, und wenn es um die Steigerung der Achtsamkeit geht, ist Meditation ein wichtiges Element. Durch Meditation erfolgt, wie Kurt Gemsemer sagt: »eine Wahrnehmungs- und Strukturverbesserung unseres Bewusstseins, die wir für die Selbsterforschung in der Psychotherapie nicht nur brauchen, sondern auch konstruktiv im Weiteren nutzen können.« Dann ergänzt er noch: »Wir tun nichts, außer still zu sitzen, und beginnen nun zunehmend unsere Wahrnehmung zu qualifizieren. Das tun wir, indem wir zum Beispiel beobachten, wie wir atmen und immer wieder zu dieser Wahrnehmung zurückkehren, falls wir abgelenkt werden. Hierdurch beginnt sich der Geist zu beruhigen, und Gedanken und Gefühle werden immer deutlicher als Objekte im Bewusstsein wahrnehmbar, werden also mehr und mehr von der (eigenen) Realität an sich differenziert,(…).«[60] Die Gedanken als Denken zu erkennen, darum geht es, wenn man sich in die Stille der Meditation begibt. Wir sind nicht das, was wir denken, sondern wir produzieren Gedanken auf der Basis unserer Erfahrungen und dessen, was wir gelernt haben. Meditation kann zum Beispiel helfen, abwertenden Gedankengängen auf die Spur zu kommen und sie zu hinterfragen. Neurobiologisch geht es dabei um die Aktivierung des Hippocampus im Zusammenspiel mit dem präfrontalen Kortex, der bei Aktivität in der Lage ist, die älteren Gehirnregionen, die uns im Affekt handeln lassen, zu hemmen bzw. zu beruhigen. Auch das erfordert, wie alle anderen Techniken, Übung. Die aber zahlt sich aus, wie durch zahlreiche internationale Studien bereits bewiesen wurde. Meditation führt zu anhaltenden positiven Veränderungen der Hirnfunktion – besonders aber offenbar in jenen Hirnregionen, die für die Verarbeitung von Emotionen zuständig sind. Dazu erhöht sich durch regelmäßige Praxis die Dichte der grauen Hirnsubstanz, was wiederum Auswirkungen auf die kognitive und emotionale Verarbeitung von Eindrücken und somit auf unser Wohlbefinden hat. Es geht also wieder nicht darum, etwas wegzutrainieren, damit man es los ist, sondern um die Bewusstwerdung und den Kontakt mit unserer Innenwelt.

Menschen, die Vaterentbehrung erlebt haben, sind verlassene Kinder. Ihnen wurde Leid zugefügt, und es ist nur allzu verständlich, dass sie mit allen verfügbaren Kräften darum kämpfen, dass ihnen so etwas nicht noch einmal widerfährt. Sie halten eine ganze Armee aus Abwehrmechanismen bereit, wahre Garnisonen von inneren Kriegern, die sich auf alles und jeden stürzen, der es wagt, diese alte Erinnerung auch nur andeutungsweise aufflammen zu lassen. Das Spannende daran ist, dass diese Armee – außer dass es unendlich viel Kraft kostet, sie zu erhalten – im Erwachsenenalter nahezu nutzlos ist. Mehr noch, es hat den Anschein, dass ausgerechnet sie dafür sorgt, dass die belastenden Erfahrungen immer und immer wieder auf der Alltagsleinwand erscheinen. Auch in meiner Biografie zieht sich das Thema »Verlassenheit« durch wie ein roter Faden. Bis dahin, dass ich selbst den Part »ich verlasse« aktiv gespielt habe.

Neben den bereits erwähnten Therapieformen kann auch die Traumatherapie helfen, die Abwehrarmee auf eine gesunde Größe zu schrumpfen. Michaela Huber, die bereits im dritten Kapitel zitiert wurde, arbeitet sehr erfolgreich mit dieser Methode. Sie betonte in unserem Gespräch, dass es für sie besonders wichtig sei, den Prozess der inneren Aufarbeitung behutsam anzugehen. »Erst wenn der Mensch stark genug ist, wenn andere Strukturen aufgebaut sind, kann sich das einst verlassene Kind dem aussetzen und sich die Situation aus heutiger Sicht vergegenwärtigen.«[61] Sie selbst nimmt in ihrer Arbeit Steine zu Hilfe, in die der betroffene Mensch die starken Gefühle, die vorher herausgearbeitet wurden, praktisch hineingibt. Dann legt sie eine Schnur auf den Boden, welche die Lebenslinie symbolisiert. »An dieser Lebenslinie entlang und mithilfe der auftauchenden Lebensbilder, die ›wie auf einem Flachbildschirm an der Wand‹ wahrgenommen und auf einer imaginierten DVD gespeichert werden, legt der Betroffene Situation für Situation, also Stein für Stein, auf der Lebenslinie ab.« Bei dieser Arbeit geht es darum, die Emotionen und Körpergefühle des Verlassenseins, die immer wieder in der Gegenwart aktiviert werden, vom gegenwärtigen Erleben zu trennen. Das heißt, damit nimmt man Projektionen zurück und gestattet dem Gehirn und dem Körper, das Erlebte der Vergangenheit zuzuordnen. Am Ende geht es darum, zu sagen: »Ja, das habe ich damals so empfunden, aber das gilt heute nicht mehr.« Huber meint: »Erst wenn das biografische Gedächtnis, das im Hippocampus sitzt, die Situation, das Erlebte ins Archiv packt, erst dann ist Heilung möglich. Dann bauen sich im Gehirn neue neuronale Strukturen auf, die andere, bessere Reaktionsmuster ermöglichen.« Sie nennt sie »haltende Strukturen«, die letztendlich den Unterschied in der Lebensqualität ausmachen. »Heilung heißt in dem Fall nicht, dass das Erlebte verschwindet. Eher geht es darum, dass die Erinnerung bleibt, ohne dass man ihr unwillkürlich ausgeliefert ist.« Dieser Schritt beinhaltet, dass das Gehirn das, was geschehen ist, neu einordnen kann. Und zwar auf mehreren Ebenen:

Biografisch: Ja, das ist mir passiert.
Episodisch: Es hatte einen Anfang, eine Mitte, ein Ende.
Semantisch: Mir ist die Bedeutung dieses Ereignisses klar.
Räumlich/Zeitlich: Ich kann es zuordnen. Es war dann und dort.
Narrativ: Ich kann es bezeichnen, mir sprachlich erschließen.

Eine weitere Methode, die ich ansprechen möchte, weil sie mir selbst an vielen Stellen die Augen geöffnet hat, ist die Aufstellungsarbeit. Sie erinnern sich? Im Grunde fing damit alles an, in dem Moment, als ich meinem imaginären Vater sagen sollte, dass ich die Tatsache, dass er mein Vater ist, anerkenne. Aufstellungen sind unglaublich kraftvoll, obwohl das Prinzip, das dahintersteckt, im Grunde sehr simpel ist. Wie der Name schon sagt, geht es darum, eine Situation oder eine Familienkonstellation aufzustellen. Das funktioniert mit einer Gruppe, aber auch mit zwei Menschen. Der Ablauf erfolgt so, dass sich derjenige, der sein Problem oder seine Familie aufstellen will, sogenannte Stellvertreter für die jeweiligen Familienmitglieder sucht. (Aufstellungsarbeit wird auch in Unternehmen oder Teams angewandt, insofern ist der Begriff Familie hier als übergeordnet anzusehen.) Hat er sie ausgewählt, platziert er sie im Raum, und zwar so, wie sie seiner Meinung nach in Bezug zueinander stehen. Je nachdem, was in der Aufstellung thematisch bearbeitet wird, stellt sich der Betroffene auch an eine ausgewählte Position, oder er beobachtet das Geschehen von außen. Die Stellvertreter fühlen sich nun in die Situation und in die Person, die sie verkörpern, hinein und geben eine Rückmeldung über Körperempfindungen, Gefühle und darüber, wie sie die Situation allgemein wahrnehmen. An dieser Stelle möchte ich noch anmerken, dass es unterschiedliche Aufstellungsschulen gibt, die sich in ihrer Herangehensweise und in der Ausführung etwas unterscheiden. Ich lernte während meiner Therapien zum Beispiel die Systemische Aufstellungsarbeit kennen. Aufstellungsarbeit wurde lange Zeit in die esoterische Ecke abgeschoben. Dass wildfremde, an irgendeinen Platz gestellte Personen Auskunft über die Empfindungen innerhalb eines ihnen nicht bekannten Familiensystems geben können, schien vielen Kritikern zu gewagt. Aber dank der empirischen Forschung und der Dissertation von Dr. Peter Schlötter, der selbst als Coach und psychotherapeutischer Begleiter arbeitet, weiß man heute, dass es weder Zufall noch Hexerei ist, was in Aufstellungen passiert. Um das zu belegen, führte Schlötter fast 4000 Einzelversuche mit 250 verschiedenen Personen durch, unter anderem hatte er eine Ursprungskonstellation mit lebensgroßen Figuren aufgestellt und die Probanden aufgefordert, jeweils die Plätze der Figuren einzunehmen und anschließend ihre Empfindungen zu protokollieren. Das Ergebnis der Versuche war, dass alle Personen, die an den jeweiligen Plätzen standen, ähnliche bis gleiche Empfindungen hatten. Schlötter schloss daraus, dass man in die Aufstellung stellen kann, wen man will – tendenziell würden alle das Gleiche empfinden. Die tiefere Ursache dafür scheint seiner Meinung nach in einer Art Symbolsprache zu liegen. Er meint, dass die Stellungen im Raum von den jeweiligen Personen wie Zeichen gelesen werden. Ausschlaggebend ist also die Konstellation, die Stellung der Personen im Raum, ihr Bezug zueinander und ihre Haltung.

Ich habe an vielen Aufstellungen teilgenommen, als Betroffene, aber auch als Stellvertreter für andere Personen, und war stets aufs Neue überrascht, manchmal auch überwältigt davon, wie präzise man wahrnimmt, was innerhalb des Systems abläuft. Auf diese Weise habe ich auch viel über meinen Vater und seine Sicht auf die Situation bzw. seine Verstrickungen erfahren. Die eingangs beschriebene Situation in der Therapiestunde hatte mir sehr deutlich gezeigt, dass er emotional überhaupt nicht beteiligt ist und war. Dass seine Gefühle abgespalten sind, anders ist es nicht zu erklären, dass er meine Empfindungen so emotionslos beiseitegeschoben hat. Das machte mich natürlich zunächst einmal wütend, später aber, als ich die Wut in einem geschützten Rahmen bearbeiten konnte, folgte der Wut die Einsicht, dass auch er ein Gefangener seiner eigenen Geschichte ist. Er hat sich offensichtlich für andere Wege entschieden als ich. Hatte nicht den Wunsch, sich dem, was ihm geschehen war, zu stellen und sich damit auseinanderzusetzen. Das ist seine Entscheidung, die ich heute bei ihm lassen kann. Ohne Anklage, ohne Verdruss. Ob ich ihm verziehen habe, fragte mich neulich jemand. Ich weiß es nicht. Ich würde eher sagen, dass ich ihn entlassen und sein Handeln als Teil meiner Geschichte angenommen habe. Er gehört dazu, und ich kann heute sehen, dass mich meine Biografie – und jetzt sage ich den Satz selbst, denn hier gehört er hin – »zu dem gemacht hat, was ich bin«. Gleichzeitig bin ich heute Schöpfer. Ich entscheide selbst, was zu meinem Leben gehören soll und was nicht.

SCHREIBEN

Natürlich kann ich diesen Buchabschnitt nicht beenden, ohne noch ein paar Worte über das Schreiben zu verlieren. Der Schriftsteller Max Frisch hat den wunderbaren Satz »Schreiben heißt, sich selber lesen« zu Papier gebracht und hat damit eigentlich schon alles gesagt. Ein wenig will ich trotzdem ergänzen. Schreiben ist Balsam für die Seele. Auch wenn das abgedroschen klingen mag, ich stehe dazu. Ich gehöre zu denen, die schon als Kind versuchten, das, was sie innerlich umtreibt, zu Papier zu bringen. Damals geschah das noch eher zaghaft und im Verborgenen. Dann beging ich jedoch den Fehler, es anderen zu zeigen. Das geschah in einer Phase, in der man sich mit solchen Sachen besser nicht outet, weil alles Persönliche irgendwie peinlich und damit dem Spott der anderen ausgesetzt ist. So kam es, dass ich viele Jahre keinen Satz mehr schreiben konnte. Irgendwann aber war der Drang, mich auszudrücken, doch größer als die Angst, dafür verlacht zu werden. Also versuchte ich mich erneut, unterbrach das Ganze aber wieder, weil ich das Gefühl hatte, dass meine Geschichten grässlich waren. Aus den Kritikern von damals war mittlerweile der innere Kritiker geworden. So ließ ich das Schreiben bleiben, und erst die Lektüre von Julia Camerons Buch »Der Weg des Künstlers« führte mich zurück zu diesem kraftvollen Instrument der Selbsthygiene. In ihrem Buch geht es darum, den kreativen

Kanal zu öffnen und damit die schöpferischen Energien, die in uns wohnen, freizusetzen. Wie wichtig Kreativität im Zusammenhang mit der Bearbeitung von Traumen ist, wissen wir seit vielen Jahren, nicht umsonst ist die Kunsttherapie heute in klinischen, pädagogischen oder sozialen Praxisfeldern fest verankert. Man muss aber keine Therapie machen, um die Heilkräfte des Schreibens oder anderer kreativer Ausdrucksformen zu nutzen. Es ist ganz erstaunlich, dass viele Menschen, wenn es ihnen nicht gut geht, intuitiv anfangen zu zeichnen, zu schreiben oder auf eine andere Art versuchen, das, was sie bewegt, auszudrücken. Es scheint, als sei dieser Kanal in uns absolut heimisch. Als sei er die Brücke, wenn alle anderen Wege verschüttet sind. Ganz allgemein ist der Drang, schöpferisch tätig zu sein, in uns angelegt. Mehr noch – es geht uns nicht gut, und wir leiden, wenn wir diesem Drang nicht in irgendeiner Form nachkommen können. Horst Petri vertritt die Ansicht, dass selbst die früheren Höhlenmalereien ein psychisches Motiv hatten. Er beruft sich dabei auf die Untersuchungen des holländischen Psychoanalytikers und Kreativitätsforschers William Niederland, der die These aufstellte, dass die Malereien »von körperlich behinderten Männern stammen, die zur Kriegsführung, Jagd oder sonstiger schwerer Arbeit unfähig waren«. Möglicherweise wollten sie durch die Zeichnungen ihren eigenen Mangel vergessen machen oder ausgleichen. Petri meint, dass Niederland und andere Analytiker in der Folgezeit, »diesen ›Reparationsversuch des Ich‹ in den Biografien zahlreicher Künstler, Schriftsteller und Forscher und in den Behandlungen künstlerisch tätiger Menschen nachweisen konnten«.[62]

In der Literatur finden wir häufig die Auseinandersetzung mit dem Thema Vaterentbehrung. Die Vatersuche als literarisches Leitmotiv ist fester Bestandteil vieler Romane und Erzählungen. Mark Twain, Martin Walser, Thomas Mann oder Friedrich Nietzsche – um nur einige zu nennen – verarbeiteten ihre eigenen Erfahrungen in ihren Geschichten.

Aber zurück zu Cameron. In ihrem Buch fordert sie dazu auf, jeden Morgen drei Seiten zu schreiben. Einfach so, frei heraus, ohne vorgegebenes Thema, soll zu Papier gebracht werden, was sich gerade zeigt. Auf die Frage, was man denn schreiben soll, wenn einem nichts einfällt, sagt sie, dass man dann eben schreiben soll, dass einem nichts einfällt. Im Grunde eine simple Übung. Die Morgenseiten haben mich über zehn Jahre lang begleitet. Tag für Tag. Manchmal setzte ich mich ganz früh am Morgen, wenn alle anderen noch schliefen, an den Schreibtisch. Manchmal erst mitten am Tag oder abends. So wie es kam. Die Seiten waren mir heilig, denn ich erkannte schnell, dass sie nicht nur die Tür zu einer abgestellten Fähigkeit wieder öffneten, sondern wie ein Mülleimer für all die schrecklich kleinlichen Gedanken, die man tagtäglich so hegt, funktionierten. Durch die Morgenseiten lernte ich wieder, mich zu öffnen und mir zu vertrauen. Ich erkannte Zusammenhänge, machte auf dem Papier die Schleifen sichtbar, die ich immer wieder drehte. Es ist etwas anderes, Gedanken im Kopf zu wälzen, als sie schwarz auf weiß vor sich zu sehen.

Damit wären wir nochmals bei der Aufmerksamkeit und Achtsamkeit. Schreiben hilft, sich von den Gedanken zu lösen, sie wie bei der Meditation als Objekte zu erkennen, die flüchtig sind. Die in uns entstehen und weiterziehen, wenn man sie lässt. Laut Petri sagt die Kreativforschung, dass »bei vielen traumatisierten Menschen der Drang zur kreativen Gestaltung ihres Lebens und ihrer Umwelt besonders ausgeprägt zu sein scheint, ja, sich oftmals erst als Folge des Traumas entwickelt (…)«. Und auch hier sei noch einmal der Hinweis auf unsere Träume erlaubt. Sie sind oftmals die Quelle der Kreativität. Sie helfen, sich an längst Verdrängtes, Vergessenes, Abgespaltenes zu erinnern. Begibt man sich in den Schreibprozess, nutzt man die Sprache als Vehikel, und es scheint, als reagiere der Körper darauf, indem er in seiner Sprache antwortet – mit Träumen. Das ist ein Wechselspiel – den Traum als Quelle der Inspiration zu nutzen und mit der Inspiration die Tür zu neuen Träumen, neuen Erinnerungen zu öffnen. Ursula Nuber schreibt im Artikel »Schlafend Probleme lösen«: »Forscher vermuten, dass Träume mit ihrer Bilderflut und ihren unzensierten Ereignissen einen wichtigen Aspekt des kreativen Prozesses beeinflussen: die freie Assoziation, die für Kreativschaffende unerlässlich ist.«

Und Julia Cameron betont einen weiteren wichtigen Aspekt: »Kunst öffnet Wandschränke, entlüftet Keller und Speicher. Kunst bringt Heilung. Aber bevor eine Wunde heilen kann, muss sie angesehen werden, und auf diesen Akt, nämlich Luft und Licht an die Wunde zu lassen, auf den Akt des Künstlers wird oft mit Scham reagiert.«[63] Ich weiß nicht, ob es eine Gesetzmäßigkeit ist, dass bei den Menschen, die traumatisiert sind und sich im Laufe ihres Lebens dafür mehr als einmal geschämt haben, die Scham häufig noch einmal auftaucht, nämlich dann, wenn die Betroffenen sich auf kreative Art mit ihrem Trauma auseinandersetzen. Meist zeigt sich dieses Gefühl nicht so direkt als Scham, sondern wir nehmen es eher als Blockade wahr. Oder wir werten das, was wir schaffen, ab und meinen plötzlich, dass es wohl doch nicht so wichtig sei, den angefangenen Roman zu Ende zu schreiben oder das Bild fertig zu malen. Jeder Künstler, egal ob Schriftsteller, Maler oder Bildhauer, legt natürlich etwas von sich in sein Werk. Etwas, das andere dann sehen können. »Ein Kunstwerk zu schaffen, kann sich sehr wohl so anfühlen, wie ein Familiengeheimnis zu erzählen«, so Cameron. Und es birgt die Gefahr in sich, dass wir uns beleidigt zurückziehen, wenn ein anderer auch nur ein falsches Wort über das, was wir geschaffen haben, sagt. Darum ist es manchmal hilfreich, nicht alles gleich in die Welt hinauszutragen, nicht jeden Text an die Öffentlichkeit zu bringen, sondern damit zu warten, bis sich eine gewisse Selbstsicherheit entwickelt hat. Dazu kommt, wie Linda Leonard bemerkt, »dass den Frauen eine männliche Auffassung von Kreativität, eine Tyrannei der Logik und des Verstandes aufgedrängt wurde und dass Frauen es dadurch schwerer als Männer haben, sich angstfrei und ohne schlechtes Gewissen dem schöpferischen Schaffen hinzugeben«. Sie zitiert in diesem Zusammenhang die amerikanische Schriftstellerin Anaïs Nin: »Es gibt auch ein besonderes Problem, das Frauen in Bezug auf das Schreiben haben und Männer nicht. Das ist das Schuldgefühl. Irgendwie hat die Frau das aktive Handeln, den kreativen Willen immer mit der Vorstellung des Männlichen assoziiert, woraus ihre Befürchtung resultiert, dass Aktivität eine aggressive Handlung sei. Die Kultur hat ja von der Frau keine Leistung gefordert, sie forderte sie vom Mann. Folglich hatte der Mann kein Schuldgefühl, wenn er sich einschloss, einen Roman schrieb und seine Familie drei Monate vernachlässigte. Aber in den Frauen war das Gefühl geradezu herangezüchtet worden, dass ihre oberste Pflicht in ihrem Familienleben läge und ihr Schreiben etwas mit Selbstdarstellung zu tun hätte.«[64]

Davon ist Schreiben jedoch weit entfernt. Eher setzt es Kräfte frei, stößt innere Türen auf. Natürlich kann Schreibtherapie nicht alles Erlebte wiedergutmachen. Sie kann nichts auslöschen, nicht beschönigen. Für Andreas Altmann war das Schreiben, wie er selbst meint, der Rettungsanker, und dennoch sagt er es in seinem Buch sehr treffend: »Im Französischen gibt es den eigenwilligen Ausdruck ›une porte condamnée‹, wörtlich übersetzt: eine verurteilte Tür. Gemeint ist eine Tür, die unpassierbar ist, blockiert. So ein vernageltes Tor hängt auch bei mir, hängt vor jener Herzkammer, die an meinem Geburtstag verbarrikadiert wurde. Auf ewig. Keine Rosskur, auch keine Schreibkunst, wird sie aufbrechen. Auch nicht der Mensch, der bereit wäre, mich zu lieben, schaffte sie – die Tür, eben dieses Wissen der Wertlosigkeit – aus der Welt.«[66] Schreiben kann also keine Wunder vollbringen, aber es gibt all jenen, die aufgrund eines Traumas leise wurden oder fast verstummten, wenigstens die Sprache zurück.

DIE HELDENREISE

Vielleicht kennen Sie den Begriff »Heldenreise«. Die Heldenreise liegt jedem Drehbuch, jedem Roman, jedem Märchen zugrunde und wird gern als Metapher genutzt, wenn es darum geht, die einzelnen Schritte zu beschreiben, die wir bewältigen müssen, wenn wir uns einer Herausforderung oder einem Ruf stellen. Die Heldenreise folgt einem immer gleichen Schema, das sich nach dem amerikanischen Mythenforscher Joseph Campbell wie folgt darstellt:

Ruf: Erfahrung eines Mangels oder plötzliches Erscheinen einer Aufgabe.

Weigerung: Der Held zögert, dem Ruf zu folgen, beispielsweise, weil es gilt, Sicherheiten aufzugeben.

Aufbruch: Er überwindet sein Zögern und macht sich auf die Reise. Es folgt das Auftreten von Problemen, die als Prüfungen interpretiert werden können.

Übernatürliche Hilfe: Der Held trifft unerwartet auf einen oder mehrere Mentoren.

Die erste Schwelle: Schwere Prüfungen, Kampf mit dem Drachen etc., der sich als Kampf gegen die eigenen inneren Widerstände und Illusionen erweisen kann. Fortschreitende Probleme und Prüfungen, übernatürliche Hilfe.

Initiation und Transformation des Helden: Empfang oder Raub eines Elixiers oder Schatzes, der die Alltagswelt, aus der der Held aufgebrochen ist, retten könnte. Dieser Schatz kann in einer inneren Erfahrung bestehen, die durch einen äußerlichen Gegenstand symbolisiert wird.

Verweigerung der Rückkehr: Der Held zögert, in die Welt des Alltags zurückzukehren.

Verlassen der Unterwelt: Der Held wird durch innere Motive oder äußeren Zwang zur Rückkehr bewegt, die sich in einem magischen Flug oder durch Flucht vor negativen Kräften vollzieht.

Rückkehr: Der Held überschreitet die Schwelle zur Alltagswelt, aus der er ursprünglich aufgebrochen war. Er trifft auf Unglauben oder Unverständnis und muss das auf der Heldenreise Gefundene oder Errungene in das Alltagsleben integrieren. (Im Märchen: das Gold, das plötzlich zu Asche wird).

Herr der zwei Welten: Der Held vereint das Alltagsleben mit seinem neu gefundenen Wissen und lässt somit die Gesellschaft an seiner Entdeckung teilhaben.[67]

Brechen wir auf, um uns selbst zu begegnen und uns von den Geistern der Vergangenheit zu befreien, dann sind wir wie jene Helden, die sich in den Märchen, Mythen und Sagen auf den Weg gemacht haben. Solche Geschichten strahlen immer eine gewisse Magie aus, weil wir uns in ihnen spiegeln. Wir sehen uns selbst, wie wir kämpfen, leiden, zwischendrin gern das Handtuch werfen würden und am Ende Wegweiser für andere Menschen sein können, die sich vielleicht erst am Anfang dieser Reise befinden. Wie schon bei der Traumarbeit bemerkt, liegen wesentliche Elemente der Heilung in uns selbst. Niemand, kein Therapeut, kein Guru kann uns erlösen. Wir müssen den Ruf vernehmen, in ernst nehmen und dann die Reise selbst beginnen und uns unsere Wege suchen. Manchmal ist die Landschaft öde und trocken, manchmal führt uns der Weg durch fruchtbare Ländereien. Wir begegnen Freund und Feind und lernen mit jedem Schritt. An dem Tag, an dem wir begreifen, dass unsere Opfergeschichte in Wahrheit eine Heldenreise war, in der wir die Hauptrolle gespielt haben, liegt der größte Teil der Reise schon hinter uns. Dann müssen wir nicht wieder und wieder erzählen, was uns Schreckliches widerfahren ist, was uns angetan wurde und was uns daran hindert, dieses oder jenes zu tun. Dann gehen wir forsch unseren Weg und wissen, dass die Vergangenheit in Wahrheit nur noch eine Einbildung ist. Was zählt, ist das Jetzt. Und in diesem Jetzt verfügen wir stets über das Rüstzeug, unser Leben zu meistern.

Und noch etwas anderes lernen wir auf der Heldenreise. Es gibt Menschen, die scheitern. Die nicht die Kraft haben, die Dämonen und Gegner zu besiegen. Manche vernehmen noch nicht einmal den Ruf. Doch auch sie gehören dazu. Sie sind nicht besser oder schlechter als der Held. Sie sind eben, wie sie sind. Sie mitzuschleppen, hat keinen Sinn, und so erleben wir auf unserer Reise auch, dass es Menschen gibt, die uns nur ein Stück des Weges begleiten. Manchen von ihnen begegnen wir, um zu lernen. Das müssen nicht immer angenehme Zeitgenossen sein, eher fordern sie uns heraus oder prüfen uns.

Auf dieser Reise ist es nicht möglich, einen Punkt auszulassen, etwas zu überspringen. Tun wir das, wirft uns das Leben gern wieder an den Anfang zurück, sodass wir von Neuem aufbrechen müssen.

Wenn Sie sich Ihr Leben anschauen, dann werden Sie feststellen, dass Sie nicht nur auf einer Heldenreise unterwegs sind. Für alle von uns mag es ein Hauptthema geben, trotzdem gruppieren sich um die Heldenreise herum noch viele weitere kleinere Reisen, bei denen Sie an unterschiedlichen Etappen stehen. Das macht unser Leben bunt und vielfältig, manchmal aber auch ganz schön anstrengend.

Seinen Vater zu suchen, sich mit der gemeinsamen Geschichte auseinanderzusetzen oder das Band zu ihm wieder aufzunehmen ist eine große Heldenreise. Sie ist mit nichts vergleichbar, denn sie führt ganz tief in die »Unterwelt« hinein, und jeder, der sie bewältigt hat, durchlebt mit Sicherheit eine Verwandlung. Man ist am Ende nicht mehr der- oder dieselbe.

Auch dann nicht, wenn es kein Happy End im Sinne einer Wiederherstellung der Vater-Kind-Symbiose gibt. Wenn ich einen Rat geben kann, dann den, erst gar nicht mit solch einer Erwartung aufzubrechen. Viel wichtiger ist es, von Anfang an zu wissen, dass es nicht Ziel der Reise ist, einer »heilen Welt« hinterherzulaufen, sondern solche Hoffnungen und Bestrebungen loszulassen. In diesem Buch geht es zwar um Vaterentbehrung, aber im Grunde betrifft der Schritt des Loslassens nicht nur den Vater, sondern grundsätzlich das Verhältnis zu unseren Eltern. Sie schulden uns nichts. Sie haben uns unser Leben geschenkt, und jeder Erwachsene, der meint, dass sie immer noch dieses oder jenes für uns tun müssten, irrt. Und nicht nur das: Er bleibt verstrickt in der Vergangenheit, pflegt damit Energielöcher und sträubt sich unbewusst dagegen, sein eigenes Leben zu leben. Wie wir gesehen haben, kann sich das auf ganz unterschiedliche Arten bemerkbar machen, und nicht immer sind Handlungen so eindeutig als Weigerung oder Trotz zu identifizieren. Oft spielt sich das Drama hinter einer hübschen Fassade ab und kommt vielleicht erst zum Vorschein, wenn eine heftige Krise das Gemäuer erschüttert.

VOM OPFER ZUR KRAFT

Horst Petri sagt sinngemäß, dass die Wunde der Vaterentbehrung ohne professionelle Hilfe kaum heilen kann und dass es, selbst wenn diese in Anspruch genommen wird, »immer Menschen geben wird, die aus seelischen oder intellektuellen Gründen an konstruktiven Konfliktlösungen scheitern«. Der Wille, etwas zu verändern, sprich, sich zu verändern und damit Konflikte zu lösen, setzt laut Petri »ein ausreichendes Maß an Mut, Angsttoleranz, Konflikt- und Einsichtsfähigkeit, Trieb- und Bedürfniskontrolle und vor allem Bereitschaft zur Versöhnung voraus«.[68]

Dabei geht es vorrangig darum, sich mit sich selbst und mit dem eigenen Schicksal zu versöhnen.

Einen fehlerfreien Menschen gibt es nicht.

Wie anhand der verschiedenen therapeutischen Wege schon gezeigt, muss man zunächst ein Bewusstsein dafür entwickeln, dass man auf irgendeine Art in der Schwäche- oder Verachtungsfalle feststeckt. So wie die Puella ihre Stärke und Macht erkennen und annehmen muss, um sich zu verändern, geschieht die bewusste Wandlung der Amazone dadurch, dass sie Schwäche als Teil ihres Lebens akzeptiert und damit die empfängliche, die weibliche Seite in sich stärkt. Beide Wege sind natürlich genauso für Männer gangbar, denn auch unter ihnen gibt es jene, die sich entweder in Schwäche oder in übertriebene Stärke flüchten. Vielleicht ist das Symbol des Yin und Yang ein treffendes Abbild für die Lösung. Ausgewogenheit entsteht dann, wenn alle Kräfte und Aspekte in uns vereint sind und einer steten Wandlung unterliegen. Abgespaltene Gefühle, starre innere Systeme oder Verhärtungen führen immer zu Leid. Es bringt nichts, den Vater zu verfluchen, ihm die Pest an den Hals zu wünschen, ihn schuldig zu sprechen, ihn zu ignorieren oder ihn auf einen Thron zu setzen. All das mag ja einst als Schutzmaßnahme funktioniert haben, als Schutz vor dem Leid, der Verzweiflung über den Verlust. Trotzdem wirkt es sich später auf das Leben aus, als hätten wir dauerhaft Fesseln an den Füßen.

Wie frei fühlt sich das Dasein dagegen an, wenn man loslassen kann. An dieser Stelle möchte ich noch einmal Irvin D. Yalom zitieren, der im Film »Yalom: Anleitung zum Glücklichsein« über die Arbeit mit seinen Klienten sagt: »Manchmal sprechen wir über ihre Kindheit und die Eltern. Es ist wichtig, dass sie beginnen, ihre Eltern zu verstehen, zu verstehen, was auch die durchgemacht haben. Ihre Eltern waren ja auch Eltern ausgesetzt. Und die Dinge haben sich von Generation zu Generation übertragen. Unsere Aufgabe ist es, alte Muster zu durchbrechen.« Genau darum geht es: Die Kette der Wiederholungen zu durchbrechen, damit wir nicht selbst zum Täter werden und dafür sorgen, dass sich die Vaterentbehrung in der eigenen Familie fortsetzt.

6. VÄTERENTBEHRUNG HEUTE – EINE URSACHENFORSCHUNG

SCHATZ, KANNST DU MAL?

Vor nicht allzu langer Zeit saß ich auf einem Spielplatz neben einer Kleinfamilie. Mutter, Vater – beide so Mitte bis Ende 20 – und ein Baby. Die Frau, dynamisch, aufrecht, hielt das Baby im Arm. Der Mann hockte, etwas müde dreinschauend, mit leicht gebeugtem Rücken daneben.

Die Frau knuddelte mit dem Kind, dann wandte sie sich, ohne ihn dabei anzuschauen, an ihren Mann und sagte in zuckersüßem Ton, der mich leicht erschaudern ließ, weil er so gar nicht zu der sehr direkten Ansage passte: »Schatz, gibst du mir mal das Mützchen aus dem Wagen?« Der Kinderwagen stand ein wenig abseits, also nicht in Armlänge. Schatz sprang sofort auf, was bei der erschöpften Haltung, die er bis dato an den Tag gelegt hatte, nicht zu erwarten gewesen war und fast an ein Wunder grenzte. Er holte die Mütze und setzte sich wieder. Keine drei Sekunden später flötete sie erneut: »Schatz, ich glaube, Ben hat Hunger. Gibst du mir mal die Flasche aus dem Wagen?« Kein Bitte und auch dieses Mal kein freundlicher Blick in seine Richtung. Trotzdem: Schatz sprang auf, holte die Flasche, gab sie ihr und wollte sich gerade wieder setzen, als es auch schon hieß: »Oh, die ist ein bisschen kalt. Schau Schatz, da drüben ist ein Restaurant …« Und während sie noch etwas von »zehn Sekunden in die Mikrowelle« sagte, hatte sich Schatz schon die Flasche gegriffen und schlurfte, mittlerweile sichtbar genervt, Richtung Restaurant. Nachdem er mit der Flasche zurück war und sich wieder gesetzt hatte, folgten noch einige weitere »Schatz-Attacken«. Immer wieder machte Schatz, was ihm aufgetragen wurde, allerdings veränderte das den unzufriedenen Ausdruck im Gesicht seiner Frau keineswegs, und auch er wirkte immer frustrierter.

Ich selbst war drauf und dran, aufzuspringen, ihn zu schütteln und ihm ins Gesicht zu schreien, dass er doch gefälligst nicht so ein Waschlappen sein und sich nicht alles gefallen lassen soll. Dass sie ihn verlassen wird, wenn er so weitermacht, denn schließlich will sie bestimmt einen richtigen Mann. Einen, der sie nach dem dritten Mal »Schatz« freundlich anschaut, ihr das Baby aus dem Arm nimmt und sagt: »Bist du so nett und gehst jetzt? Ich bin schon mehrfach aufgestanden und würde jetzt gern einen Moment hier sitzen bleiben.« Ein richtiger Mann lässt sich doch nicht wie ein kleiner Junge herumkommandieren. Aber in dem Moment, als ich das dachte, wurde mir bewusst, in welchem Dilemma der moderne Mann steckt und wie unsere Vorstellungen von Beziehungen, unser Miteinander und Gegeneinander heute dafür sorgen, dass Ehen scheitern und Kinder ohne Vater aufwachsen müssen.

DER STATUS QUO

Um dieses Kapitel kurz zu halten, würde ein Blick auf die englische Sprache genügen. Dort heißt »to father« *zeugen* und »to mother« *bemuttern.* Damit ist eigentlich schon alles gesagt: Schaut man nämlich weit in unsere Geschichte zurück, dann ist diese Wortwahl passend, denn in früheren matriarchalischen Lebensformen waren die Rollen genau so verteilt. In meist polygamen Gemeinschaften wuchsen die Kinder ohne feste Bezugspersonen auf. Sie wurden von Männern gezeugt und von den Frauen, Tanten und Großmüttern großgezogen. Der explizite Stellenwert, den Mütter und Väter heute als Einzelpersonen in der Kleinfamilie für die Kinder haben, hat sich erst mit dem Wechsel zum Patriarchat entwickelt. Den Frauen wurde damit allerdings ihre bis dahin innegehaltene Machtposition streitig gemacht. Sie wurden nicht nur entthront, sondern unterworfen, durften nur noch die Kinder umsorgen und dem Mann zu Diensten sein. Diese Entwicklung hat sich auch in der Sprache niedergeschlagen. So kennen wir den Ausdruck »bemuttern«, wohingegen »bevatern« eher selten bis nie gebraucht wird. Von Mütterlichkeit ist viel die Rede, von Väterlichkeit kaum. Ebenso wenig hat das Wort »vaterseelenallein« bei uns im Duden einen Platz. Dafür aber das Vaterland, das besagt, wo ein Mensch sich verwurzelt fühlt. Und obwohl das eine kraftvolle und fast übermächtige Verbindung ist, hinterlässt der Ausdruck einen schalen Geschmack. Vaterland klingt nach einem Dinosaurier, nach politischen Ideologien. Es kommt spießig und bieder daher. Bereits im Alten Testament, erst recht aber im Neuen Testament, wurde Gott als Vater etabliert: »Vater unser ...« Damit wurde dem Vater – obwohl er evolutionär betrachtet als Kindesbetreuer gar keine große Rolle spielte, eine Bedeutung zugesprochen, die heute, selbst wenn wir nicht religiös sind, in uns allen verwurzelt ist und die wir nicht so einfach abschütteln können, wie es viele Feministinnen vehement fordern. Wir stecken tief in dem Dilemma, dass ein Mix aus alten Programmen in uns wirkt, sich die Zeiten und damit auch wir selbst uns aber geändert haben. Aus herrschsüchtigen Vätern sind Männer geworden, die an der Kinderbetreuung partizipieren wollen. Aus »Muttertieren«, die aufs Kinderkriegen und Umsorgen programmiert waren, sind Frauen geworden, die Karriere machen und selbstverständlich ein Teil der Berufswelt sein wollen.

Und da stehen wir nun – Männer wie Frauen – und verurteilen uns gegenseitig für unser So-Sein. Dabei bringt es nichts, persönliche Grabenkämpfe auszufechten oder den anderen zu diffamieren. Es bringt auch nichts, wie immer häufiger zu beobachten ist, die Männer für überflüssig zu erklären, nur weil man das Patriarchat aus der Welt schaffen will. Das eigentliche Problem sitzt doch viel tiefer und lässt sich kaum mit Frauenquoten oder mit vor Politikern entblößten Brüsten aus der Welt schaffen.

Spannend sind vor allem die Gegensätze. Da wird ein Buch wie »Fifty Shades of Grey« millionenfach verkauft und überwiegend von Frauen gelesen und in den Himmel gelobt. Ein Buch, in dem der Mann die Frau beherrscht und sie sich freiwillig all seinen Wünschen unterordnet. Was sagt das über uns Frauen aus? Kann es sein, dass wir die Herrschaft irgendwann sogar mal freiwillig abgegeben haben? Dass wir des Regierens müde waren und dass auch diese Erfahrung noch in uns wohnt? Kann es sein, dass wir uns mehr, als wir es zugeben, danach sehen, »genommen« zu werden und Verantwortung abzugeben?

Ich weiß, dass ist eine steile These, aber sie würde die Zerrissenheit erklären, die viele Frauen spüren. Denn parallel zu solchen Unterwerfungsfantasien wird die Frage, wofür Männer oder Väter heute noch gebraucht werden, in lockeren Frauenrunden gern mit einem Schulterzucken beantwortet. Irgendwann wird es so sein, dass sich Sperma im Reagenzglas herstellen lässt. Dann fällt die letzte Bastion der Männlichkeit. Was bei Mäusen bereits gelungen ist, scheint für die Menschheit nicht mehr so utopisch zu sein. Auch wenn viele Wissenschaftler derzeit noch behaupten, dass männerlose Zeugung pure Science-Fiction sei, so lässt sich nicht verleugnen, dass fleißig in diese Richtung geforscht wird. Der Tag, an dem Männer für die Zeugung überflüssig sind und dann auch per se als Vater, rückt also näher. Dann wird es so sein, wie manche Frauen es heute schon befürworten oder fordern: dass Frauen ihre Kinder gänzlich vaterlos und ganz selbstverständlich allein aufziehen, um sich den Stress und die Auseinandersetzungen mit dem Partner zu ersparen – willkommen in einer einsamen und einseitigen Welt, die so nicht funktionieren wird. Aber wie wollen wir es denn dann?

Das ist natürlich überspitzt. In Wahrheit ist das Geschlechterthema hoch komplex. Die Frau ist heutzutage nicht nur das »Opfer« – so wie sie sich gern sieht –, das an Herd und Kind gefesselt ist, und der Mann ist nicht nur der »Macher«, der, statt sich ums Kind zu kümmern, weiterhin seine Karriere verfolgt, den Unterhalt nicht zahlt und sich selbst verwirklicht. So einfach ist es nicht. Man sollte dieses Thema nicht auf Pro- oder Kontra-Haltungen reduzieren. Wir stecken in einer Umbruchphase. In einer Phase, in der sehr viel Gegensätzliches in einem Raum existiert, in der das Konfliktpotenzial groß ist und die Lunte gefährlich dicht am Feuer liegt. Momentan wird das wahrgenommen, was am lautesten daherkommt. Und das sind leider nicht die massiven Folgen der Vaterentbehrung, sondern das ist die Unterdrückung der Frau durch den Mann, hier und da auch die Erkenntnis, dass der Mann gar nicht mehr so recht weiß, was Mannsein heute bedeutet.

Bei der Lektüre von Fachbüchern und Veröffentlichungen zur Vaterentbehrung ist mir im Verlauf meiner Recherche aufgefallen, dass beinahe alle Autoren bemängeln, dass über das Thema Vater-Kind-Beziehung und darüber, was passiert, wenn der Vater fehlt, viel zu wenig gesprochen oder geschrieben wird. Auch darüber, dass das Bild, das Männer und Frauen voneinander haben, damit eventuell etwas zu tun haben könnte.

Ich habe da eine völlig andere Wahrnehmung. Die Tatsache, dass Vaterentbehrung für Jungen und für Mädchen weitreichende Spätfolgen haben kann und dass der Geschlechterkampf, so wie er heutzutage ausgefochten wird, daran einen wesentlichen Anteil hat, ist nicht erst seit gestern bekannt. Darüber wurde in vielen Publikationen geschrieben, mal wütend, mal aufklärend, mal wissenschaftlich. Auf vielen Kongressen wurde diskutiert, wurden Ideen gesammelt, Forschungen geprüft und Thesen aufgestellt.

Auch die Tatsache, dass Vaterentbehrung uns, geschichtlich betrachtet, schon lange begleitet, ist ausreichend dokumentiert und kommuniziert. Horst Petri verfolgt das Trauma auf der kollektiven

Ebene bis zum Ersten Weltkrieg zurück, der auf deutscher Seite 1,8 Millionen Männer das Leben gekostet hat. Dem folgte der Zweite Weltkrieg mit 5,25 Millionen getöteten Soldaten. Es gibt keine offiziellen Zahlen darüber, wie viele von den Gefallenen Väter waren. Fakt ist, wie Petri schreibt: »Bereits der Erste Weltkrieg hatte zu einer erschreckenden Dezimierung der damaligen Vatergeneration geführt und hinterließ Heerscharen vaterloser Kinder, von denen die Jungen bei Ausbruch des Zweiten Weltkrieges im ›kriegstauglichen‹ Mannesalter waren. Sie zogen in den Krieg, wurden wie ihre eigenen Väter getötet und hinterließen wieder eine diesmal ungleich größere Masse vaterentraubter Kinder.« Und etwas weiter: »Heute stehen wir vor der Tatsache, dass es diese vaterlose Nachkriegsgeneration war, die der traditionellen Familie ideologisch und faktisch den ›Krieg erklärte‹ und damit wieder eine Kindergeneration gezeugt hat, von der große Teile ihre Väter, diesmal nicht durch einen militärischen, sondern durch den Krieg der Geschlechter verloren haben.«[69] Scheinbar ist das den meisten Menschen klar. Auch, dass viele der aktuellen Probleme möglicherweise damit zu tun haben, dass traditionelle, familiäre Strukturen auseinanderbrechen und unsere Rollenbilder einer Generalüberholung bedürfen. Doch leider werden die Erkenntnisse kaum umgesetzt, und wenn, dann oft sehr einseitig zugunsten der Frauen.

DIE FRAUENSICHT

Wenn im nun folgenden Abschnitt von *den Frauen* die Rede ist, dann will ich vorwegnehmen, dass diese Verallgemeinerung natürlich ihre Tücken hat. Ich weiß, dass es viele Frauen gibt, die sehr fortschrittlich denken und denen weder an einer Gleichmacherei noch an einer Entsorgung der Männer gelegen ist. Gleichsam gibt es aber auch die anderen. Jene, die seit einigen Jahrzehnten lautstark die Werbetrommel dafür rühren, dass Gleichberechtigung der Weisheit letzter Schluss ist und dass es dazu gilt, den Mann zu dressieren, ihn zu deklassieren oder besser gleich des Hauses zu verweisen.

Fragt man Frauen nach ihren Wünschen zum Thema Gleichberechtigung, dann zeichnet sich ein sehr einseitiges Bild. Wie der Name schon sagt, sollte alles gleich auf Männer und Frauen verteilt sein. Freude und Last. Gewinn und Verlust. Leid und Segen. Arbeit und Vergnügen. Der Mann sollte arbeiten gehen, Geld verdienen, das man dann teilt, die Kinder betreuen, die Hälfte der Hausarbeit erledigen. Eben alles halbe-halbe. Mal abgesehen davon, dass allein diese Gleichung, wenn man genau hinschaut, nicht stimmt, weil die Frauen sich herausnehmen, einiges doch lieber den Männern zu überlassen und andere Dinge nicht aus der Hand zu geben, erinnert mich das ein bisschen an die Parabel von der Tierschule aus Bhagwan Shree Rajneeshs Buch »Intelligenz des Herzens«: Die Tiere (ein Kaninchen, ein Fisch, ein Aal, ein Eichhörnchen und ein Vogel) beschließen in dieser Geschichte, eine Schule zu gründen, in der alle in jeweils allen Disziplinen (Rennen, senkrecht Klettern, Fliegen, Löcher in die Erde bohren und Schwimmen) unterrichtet und auch geprüft werden sollen. Nun kann ein Eichhörnchen schlecht schwimmen, der Vogel keine Löcher in die Erde bohren und das Kaninchen nicht senkrecht auf Bäume klettern. Man ahnt schon die Frustration und die Wut, die sich zusammenbraut. Am Ende straucheln die Spezialisten, und der mittelmäßig begabte Aal hält als Schulbester die Abschlussrede. Genauso straucheln Männer und Frauen an der Gleichberechtigung. Denn jeder für sich ist auch ein Spezialist. Gleichmacherei beraubt uns unserer Stärken und unserer Wahlmöglichkeiten. Was wir und vor allem unsere Kinder bräuchten, ist also nicht Gleichberechtigung, sondern Gerechtigkeit.

Frauen schwanken heute hin und her zwischen einem tief evolutionär verwurzelten Rollenverständnis und dem Wunsch nach Selbstverwirklichung und Freiheit. Dabei probieren sie sich aus und dringen weit in Bereiche vor, die lange Zeit als klassische Männerdomänen abgesteckt waren. Gerade die Jüngeren handeln extrem selbstbestimmt, planen jedoch ihr Leben erstaunlicherweise meist sehr konservativ und auf Sicherheit bedacht durch. Sie sind den Männern in vielerlei Hinsicht weit überlegen und knüpfen damit vom Kern her an matriarchalische Zeiten an. Das trifft nicht nur im Kontext von Bildung und Gesundheit zu, sondern zieht sich durch alle Lebensbereiche. In Beziehungen und in der Erziehung haben überwiegend die Frauen die Hosen an. Deutungshoheit nennt man das. Ein Anspruch darauf, dass das, was Frau sagt, umgesetzt wird, weil es die einzige Wahrheit zu sein scheint. Was eigentlich gut ist und der Urkraft und den Anlagen der Frauen entsprechen würde, nimmt allerdings seltsame Züge an, denn gleichzeitig präsentieren sich Frauen oft als schwach, wünschen sich einen Partner, der immer für sie da ist, der Halt gibt, zahlt, sie umwirbt, aber auch ganz pragmatisch Windeln wechselt und die Getränke in die dritte Etage trägt.

Die Ansprüche an den Mann sind hoch, denn das alles soll er bitte tun, ohne dass man großartig darüber redet. Die Wäsche sollte er so aufhängen, wie Frau das will, denn nur so ist es einwandfrei. Und die Blumen darf er nicht vergessen.

Huldigt der Mann allerdings zu sehr der Weiblichkeit, dann ist das auch nicht in Ordnung. Da fühlt sich Frau schnell herabgesetzt und auf Brust und Hintern, auf Küche und Kinder reduziert. Wie schwer es in der heutigen Zeit für Männer ist, einer Frau klarzumachen, dass er sie begehrenswert findet, welch ein Drahtseilakt das ist und wie schnell man als Mann riskiert, zum Anmacher, zum Schwanzdenker und Lüstling degradiert zu werden, ist den Frauen offensichtlich nicht bewusst. Auch nicht, was sie mit dieser Haltung ihren Kindern vorleben. Sie sehen sich in der Rolle des Sexobjekts und klagen darüber. Das klingt kompliziert, unlässig und genauso ist es. Irgendwann zwischen den Blumenkindern und der Generation Golf wurde Flirten von Frauen zur Anmache und zur Oberflächlichkeit herabgestuft – in manchen Frauenköpfen sogar zu einem Gewaltakt, durch den das weibliche Geschlecht erniedrigt und überrumpelt wird. In diesem Zusammenhang las ich neulich den fast verzweifelten Blogeintrag eines jungen Mannes, der die Frauen seiner Generation fragte, was denn so schlimm daran sei, wenn er ihnen anerkennende Blicke hinterherschicken würde. Die Liste der weiblichen Schmähkommentare auf diesen Eintrag war nahezu endlos, und ich bin sicher, dass dieser junge Mann es nicht mehr so schnell wagt, seine Meinung öffentlich zu sagen. Geschweige denn, einer Frau auf seine Art zu zeigen, dass sie schön ist. Es scheint eine Nachwehe des Feminismus zu sein, dass viele Frauen hinter jedem männlichen Tun einen sexuellen Gewaltakt vermuten. Penis ist gleich: Sex ist gleich: Macht ist gleich: Erniedrigung der Frau.

Wie tief muss die Wunde bei den Frauen sitzen, die so denken. Und wie dunkel scheint die Brille, die sie nicht erkennen lässt, dass sie sich dadurch zum Opfer stilisieren.

Frauen wollen heute alles und gehen gern zum nächsten Mann, wenn sie es nicht bekommen. Serielle Monogamie sagt man dann. Männer agieren ähnlich, allerdings ist es so, dass Scheidungen nach wie vor mehrheitlich von den Frauen eingereicht werden. Grund dafür ist unter anderem, dass sich Frauen am Ende doch mehr zutrauen und dass sie im Gegensatz zu Männern über eine ausgeprägte Singlekompetenz verfügen. Denn klappt es nicht gleich mit dem nächsten Mann, dann bleiben sie eben allein oder allein mit Kind. Manchmal über viele Jahre.

Darüber hinaus sind Frauen Organisationstalente. Um alles unter einen Hut zu bekommen, planen sie ihr Leben und den Alltag straff durch. Da darf der Mann nicht ausscheren. »Gut dressiert« fühle er sich, schrieb mir jemand. Viele Männer empfinden es allerdings als Gängelei, dass Frauen ihre eigenen Lebenskonzepte auf sie übertragen. Bei meinen Recherchen stieß ich auf eine Diskussionsrunde, zu der die Frauenzeitschrift »myself« vier Männer eingeladen hatte, um zu erfahren, was Männer über Frauen denken. Alle vier waren sich einig, dass Frauen in ihren Lebensplanungen nicht flexibel sind und Anforderungen streng nach Liste abhaken würden. »Wann ich eine SMS schicken muss, wann ich anrufen soll – das ist fast schon Logistik, alle Rädchen müssen perfekt ineinandergreifen. Wer sich als Mann darauf nicht einlässt, riskiert echte Probleme«, sagte einer der Männer, während ein anderer ergänzte: »Dieses ewig Fordernde stört mich.«[70]

Jene Frauen, die gebunden sind, tappen heute fast unausweichlich in die Überforderungsfalle. Sie treten ihre Beziehungen mit hohen Idealen an, haben die Rollen im Alltag klar verteilt. Doch dann kommt das erste Kind, und alles kippt. Dann fallen sie in längst abgelegt geglaubte Rollenmuster zurück, und spätestens dann, wenn beide Kinder Brechdurchfall haben oder der Kinderladen drei Wochen geschlossen hat, weil gestreikt wird, merken sie, dass die Vereinbarkeit von Karriere und Kindern ein Märchen ist. Ihren Ärger darüber richten sie aber nicht an die Stellen, die ihn zu verantworten haben. Nein, der Ärger wird überwiegend bis eimerweise über dem Mann ausgeschüttet oder bis zum Erbrechen hinuntergeschluckt.

Es stimmt, dass die Ansprüche, die an die moderne Frau gestellt werden, extrem hoch sind. Sie soll einen tollen Beruf haben, mutig sein, sexuell aufgeschlossen, orgasmusfähig, mütterlich, jedoch kein Muttertier, und es wäre schön, wenn sie den Haushalt im Griff hätte. Aber fordern das die Männer wirklich? Die meisten nicht. Es ist eher so, dass – würde es nach den Männern gehen – die Frauen gar nicht so viel arbeiten müssten, denn das macht ja der Mann.

Und genau an dieser Stelle sitzt viel Konfliktpotenzial. Da geraten alte Rollenbilder mit neuen Werten aneinander, Steinzeitdenken mit zeitgemäßen Ansichten. Schaut man sich die Vorstellungen auf beiden Seiten an, dann wird schnell klar, wie weit sie teilweise auseinanderliegen. Unter welchem Druck Beziehungen heute stehen. Es ist nahezu unmenschlich, wie viele Erwartungen bei dem romantisch gesagten »Ja, ich will« mitschwingen. In etlichen Studien wurde gezeigt, dass über 80 Prozent der Frauen erwerbstätig sein und gern auf der Karriereleiter nach oben klettern wollen. Nur: »Nicht einmal 25 Prozent der jungen Männer haben einen vergleichbaren Lebensentwurf«, so der Schweizer Soziologe Prof. Dr. Walter Hollstein in seinem Aufsatz »Was vom Manne übrig blieb«. Er schreibt, dass Männer ihre Frau ernähren wollen und es gut fänden, wenn sie sich um die Kinder und den Haushalt kümmern würde. Schließlich könne sie das doch gut.

Ich glaube nicht, dass Männer das so sehen, weil sie die Frauen klein halten wollen. Ich denke eher, dass dieses Bild ebenso in ihnen verankert ist wie andere Rollenbilder auch. Hollstein schreibt weiter, dass Frauen die Reduzierung auf »Kinder und Küche« nicht nur als Erniedrigung empfänden, sondern dass es für sie auch schwierig wäre, den passenden Partner zu finden. Einen, der fortschrittlicher denkt. »So kann man sich vorstellen, zu welchen Problemen es dann kommt, wenn – einmal ganz simpel gerechnet – mehr als 80 Prozent der jungen modernen Frauen nicht einmal 25 Prozent junge moderne Männer gegenüberstehen.« Man muss kein Mathematiker sein, um sich auszurechnen, wie viele Beziehungen erst gar nicht entstehen oder von Beginn an mit einer Lebenslüge auf einer oder auf beiden Seiten geschlossen werden. Wie Hollstein sagt: »Der Crash der Geschlechter ist vorprogrammiert – mit den dramatischen Folgen von Trennungsleid und Kinderelend.«

Obwohl Frauen heute so selbstbestimmt sind und über Wahlmöglichkeiten verfügen, von denen sie vor nicht einmal 50 Jahren noch geträumt haben, obwohl sie privilegierter als jemals zuvor sind, sind sie heute nicht viel glücklicher als damals. Das ist kein Vorwurf – eher eine Erkenntnis, die mich zu der Annahme verleitet, dass Frauen ihre gewonnene Macht nicht nutzen, um die wirklich entscheidenden Dinge zu verändern. Stattdessen bleiben viele unzufrieden und unglücklich oder geben sich übertrieben kämpferisch. Beide Lager schieben den schwarzen Peter gern den Umständen und den Männern zu. Ihr Blick richtet sich nicht auf die Ursachen, sondern auf den potenziellen Feind – den Mann.

Würden sie genauer hinschauen, dann müssten sie erkennen, dass die Quelle ihrer Unzufriedenheit gar nicht *der Mann* ist und dass ihr Leid auch nicht darin begründet liegt, dass *alle* Männer heute so unfähig, so schweigsam, so brutal, so sexbesessen oder so karrieregeil sind, wie Frauen es ihnen gern anhängen. Männer verbauen auch keine Karrierechancen, weil sie Frauen für unfähiger halten. Nein, die Ursachen für die Misere, in der Frauen sich halten, liegen viel tiefer: im meist unbearbeiteten Verhältnis zum eigenen Vater, und damit übertragen auch zum großen, in uns verwurzelten mächtigen Vaterbild und in all dem Schmerz, der damit verbunden ist. Im Männerbild, welches von Müttern und Großmüttern ungefiltert übernommen wurde, und in einer seltsam anmutenden Verweigerungshaltung. So schreibt Astrid von Friesen in ihrem Buch »Schuld sind immer die anderen«: »Eine kollektive Form der Abwehr und Umwertung, nämlich von Schmerz über den Verlust der Väter in das Gegenteil, betrieb die Frauenbewegung, die die Vaterlosigkeit schließlich als Ideal ausrief und die Mütter als allein selig machende Erziehungsinstanz auf ihr Schild hob.«

Weil die meisten Frauen gelernt haben, dass männliche Eigenschaften (männliche Stärke *und* männliche Schwäche) schlecht sind, ist für viele Frauen authentische Macht per se keine Option. Auch wenn sie kämpferisch daherkommen, steckt in ihnen oft nicht viel mehr als ein kleines verletztes Mädchen, das tobt und trotzt. Dabei liegt die Macht, wirklich etwas zu verändern, heute sehr wohl in den Händen von Frauen. Und sie könnten sie mit urweiblicher Präsenz und Stärke grandios nutzen. Nur tun es Frauen aus diversen Gründen nicht, weil es scheinbar leichter ist, sich ersatzweise im Kleinkrieg mit den Männern zu verausgaben. Was vielen kleinen Mädchen beim Vater nicht gelang, soll nun der

Mann, der Partner erfüllen. Ändern soll er sich und zwar auf Biegen und Brechen. Dieser Anspruch treibt Blüten, die einem die Haare zu Berge stehen lassen. So gibt es doch tatsächlich schon Bücher, in denen (von Frauen) erklärt wird, wie Frau den Mann mit Übungen aus dem Hundetraining dazu bringen kann, ein »Besserer« zu werden. Natürlich ohne dass er bemerkt, was da vor sich geht. Andere Autorinnen machen sich nicht einmal mehr die Mühe, den Mann ändern zu wollen, sondern fordern ziemlich unverblümt, ihn ganz abzuschaffen. Mögen das auf den ersten Blick Randerscheinungen sein, so haben es solche Bilder doch geschafft, bis in das öffentliche Bewusstsein vorzudringen und damit auch den modernen Feminismus und viele öffentliche Diskussionen zu prägen. Peter Ballnik schreibt: »Es geht Frauen nicht mehr nur darum, den Ehemann oder Lebenspartner frauengerecht zu stylen, sondern gleich die ganze Welt.«[71]

So ist die offen ausgetragene Abwertung von Männern und Vätern – ihre Bloßstellung als gescheiterte Spezies – längst keine Nähkästchenplauderei mehr, sondern Realität. Das rechtfertigt diese Abwertung allerdings in keiner Weise. Dazu Matthias Matussek: »Sie trifft sich dann mit anderen erfolgreich geschiedenen Frauen in feministischen Kaffeekränzchen und nutzt ihre neu gewonnene Freiheit, um mal über etwas ganz anderes ins Gespräch zu kommen: über die bösen Männer.«[72] Aber auch über die »bösen Frauen«, möchte ich gern ergänzen, denn die Abwertung trifft bei Weitem nicht nur die Männer. Wer es als Frau heute wagt, zu sagen, dass man gern Hausfrau ist, dass man es mag, sich für Männer schön anzuziehen, dass man überhaupt kein Problem damit hat, wenn eine schöne Frau Werbung für ein Produkt macht, der gerät in bestimmten Frauengruppen umgehend ins Abseits. Wer das Kampfpamphlet gegen den Mann nicht unterschreibt, wird verachtet, zur billigen Tussi, zur Mutterkuh, zur hirnlosen Apfelstrudelschnepfe, zum Ehekrüppel. Wer sich in der Sexismusdebatte nicht auf die Seite der Frauen stellt, wird ohne Umschweife zur Frauenfeindin erklärt. Was in der Steinzeit funktioniert hat, wird auch heute von Frauen als Machtinstrument eingesetzt: Ausgrenzung derer, die nicht im Gleichklang schwingen. Egal, ob Väter, Männer oder andere Frauen. Soll sie doch der Säbelzahntiger holen.

Lange Zeit war es allerdings anders. Da standen die Frauen am Pranger. Da galt alles Weibliche als unfähig und dumm, gleichzeitig aber verführerisch und damit gefährlich. Man denke nur an die Verteufelung der Frau durch die katholische Kirche oder die absurden Gesetze, die bis in die 70er-Jahre hinein noch Bestand hatten und die Frau verpflichteten, dem Manne stets zur Verfügung zu stehen. Männer haben, was die Unterdrückung der Frau angeht, ganze Arbeit geleistet. Dank der Frauenbewegung ist das in unseren Breiten wenigstens teilweise Geschichte.

Für mich steht allerdings der Kampf, der jetzt von vielen Feministinnen ausgefochten wird, in keinem Verhältnis mehr zum ursprünglichen Anliegen. Es ist wahr, dass es noch Ungerechtigkeiten gibt, und natürlich stellt sich die Frage, ob man den Frauen die beschriebene Haltung und ihr Handeln angesichts der Jahrtausende andauernden Unterdrückung, nach Beschneidung von Grundrechten und Reduzierung auf Hysterie und Gebärmutter, verübeln kann. Auf den ersten Blick: nein. Auf den zweiten schon, denn wer seine Stärke hinter Schwäche versteckt, handelt vorsätzlich. Was man Frauen noch verübeln kann, ist die unreflektierte Haltung, mit der die meisten von ihnen in die Schlacht gegen die Männer und auch gegen andere Frauen ziehen. Das haben Kriege zwar an sich, egal, mit welchen Waffen sie ausgetragen werden, trotzdem sollte Frau bedenken, dass beide Parteien in einer Schlacht immer sowohl Opfer als auch Täter sind. Und dass Gleichberechtigung nicht zu erreichen ist, indem man Männer zum grundsätzlichen Problem erklärt und sich selbst zu Madonnen stilisiert.

Mir zeigt die abwertende Haltung vieler Frauen, dass die Wunde »Vater« immer noch tief sitzt und das Denken und Handeln vergiftet. Dass es viele verletzte Töchter gibt, die mitverantwortlich sind für Grabenkämpfe, verhärtete Fronten und eine neue Form der Vaterentbehrung. Wenn Frauen unter sich im Beisein ihrer Kinder nicht müde werden, über die Unfähigkeit von Männern zu diskutieren, was soll denn der kleine Junge oder das kleine Mädchen, das danebensteht, denken? Natürlich hat Mama recht. Natürlich sind alle Männer Schweine, weil sie ihre Frauen betrügen und verlassen und sich in eine Jüngere verlieben. Doch dann schaut der kleine Junge an sich herab und stellt fest, dass er auch mal ein Mann wird. Er will aber kein Schwein sein. Also macht er brav, was Mama sagt. Und das Mädchen? Das fragt sich, ob es wohl mehr Glück hat als ihre Mama, und träumt vom Prinzen oder übernimmt am besten gleich Mamas Vorurteil, um sich vor ihrer Erfahrung zu schützen. So sind die Muster vorprogrammiert.

Es geht hier, das sei unbedingt noch einmal gesagt, keinesfalls darum, die Frau und Mutter als die böse Zicke zu brandmarken. Verantwortung tragen Mann und Frau, nur hat sich das Kräfteverhältnis an vielen Stellen stillschweigend verschoben, ohne dass das in irgendeiner Form berücksichtigt wird. Die Realität stellt sich anders dar, als die öffentliche Wahrnehmung vorgibt. Wir können nicht so weitermachen wie bisher, ohne uns die Frage zu stellen, wo dieser Weg hinführt. Ob Frauenrechte, Frauengesundheit, Frauenbildung, Frauenquote – die Liste der Förderprogramme und Forschungsprojekte für Frauen ist ellenlang. Die der politisch umgesetzten Männerförderung, die aus den Ergebnissen der Männer- und Väterforschung resultiert, sucht man dagegen mit der Lupe. Oder wie Mattusek schreibt: »Während für jede nistende Schlupfdohle der Verkehr umgeleitet wird und Bürgerinitiativen aktiv werden, wo immer auch zwischen Papua und Nigeria Unrecht auf der Welt geschieht – gelten Väter, sofern sie nicht gerade als Indianer den Regenwald retten, ganz offensichtlich als abgehaktes Kulturgut.«[73]

Frauen fordern Gleichberechtigung im Haushalt und in Vorstandsetagen. Warum nicht auch Gleichberechtigung in all den anderen Bereichen, in denen die Männer an die Front geschickt werden? Warum nicht auch Gleichberechtigung in Erziehungsfragen? Warum nicht Gleichberechtigung nach Trennungen? Weil die Männer das nicht wollen? Stimmt nicht. Geht es darum, nach Trennungen die Aufteilung zu regeln, dann verstummen die lauten Rufe nach Gleichberechtigung bei den meisten Frauen schlagartig. Dann verkommt das gemeinsame Sorgerecht zu einer Farce, weil die Mütter nach Belieben den Kontakt der Kinder zum Vater einschränken können. Kaum ein deutsches Gericht untersagt ihnen die Entfremdung. Und wehrt der Vater sich, dann werden oft noch Register gezogen, die sich weit unterhalb der Gürtellinie bewegen. So manch einem Vater werden plötzlich pädophile Neigungen oder Gewaltdelikte unterstellt, und man mag sich gar nicht ausmalen, was mit einem Menschen geschieht, der sich unerwartet in einer Spirale aus unberechtigten Vorwürfen und Anklagen abwärtsbewegt.

Das Problem und die Lösung jedoch allein den Frauen zuzuschreiben wäre zu simpel, denn immerhin waren es überwiegend die Männer, die den Samen für diese Entwicklung gelegt haben und die damit an derVäterentsorgung, die sie beklagen, einen gravierenden Anteil haben. Dazu gibt es natürlich jene Väter, die vor der Verantwortung, sich um den eigenen Nachwuchs zu kümmern, einfach davonlaufen. Die sich in Arbeit flüchten oder ganz aus dem Leben ihrer Kinder verabschieden. Es gibt die Väter, die schwach oder brutal sind, genauso wie es jene gibt, die tricksen, um weniger oder gar keinen Unterhalt zu zahlen. Das will ich überhaupt nicht kleinreden, und mir ist auch sehr bewusst, dass vieles von dem, was ich schreibe, für eine alleinerziehende Mutter, die sich mit einem Expartner herumärgern muss, der nicht zahlt, die alles gibt, um ihren Kindern einen guten Start ins Leben zu ermöglichen, wie blanker Hohn klingen muss. Trotzdem geht es darum, »einen geschärften Blick zu entwickeln«, wie Petri sagt. Es geht darum, nicht auf der Vorwurfsebene oder dem Symptom zu verharren, sondern an die Ursachen zu gehen. Petri plädiert in diesem Zusammenhang für Aufklärung und hofft, dass diese etwas verändert. »Wenigstens sollte sie als Mahnung für alle gelten, die in unbewusst fahrlässiger Leichtfertigkeit zur großen Vateraustreibung angetreten sind, all diejenigen, die in der kämpferischen Propaganda der Geschlechterauseinandersetzung die Kinder mit dem Bade ausschütten, indem sie sie ihres Rechtes auf den Vater berauben.«[74]

Leider spielt in diesem Zusammenhang die Politik auch nicht gerade eine rühmliche Rolle. »Die gegenwärtige deutsche Geschlechter- und Familienpolitik nimmt solche Tatbestände nach wie vor nicht zur Kenntnis. Sie macht weiter stur und einseitig Frauenpolitik und Mädchenförderung und bleibt für die Probleme von Männern und Jungen weitestgehend blind. Jeweils ist dann die Empörung groß, wenn unbeachtete junge Männer dann mit gewaltsamen Aktionen auf sich und ihre Nöte aufmerksam machen. Wir sind ein Problem, weil wir ein Problem haben«, so der bereits zitierte Prof. Hollstein.[75]

Wie Horst Petri treffend bemerkt, bewegt sich »der Geschlechterkampf auf einer Spirale wechselseitiger Entfremdung. Damit schlägt die ursprünglich konstruktive Kritik (Anmerkung: der Frauenbewegung) in kontraproduktive Destruktion um.« Und etwas weiter: »Das ernsthafteste Problem, das die Geschlechtertrennung produziert hat, die Vaterentbehrung, lässt sich jedoch nur als gesamtgesellschaftliche Aufgabe lösen.« Petri fordert einen neuen Geschlechtervertrag, ein neues Emanzipationsbündnis von Männern und Frauen und einen neuen Generationsvertrag »der das Recht des Kindes auf beide Eltern sichert«. Nur so sei das Drama der Vaterentbehrung zu vermeiden.[76] Mit dieser Haltung steht Petri nicht allein. Mir scheint es, dass jeder, der tiefer in die Dynamik von Vätern und ihren Kindern eintaucht, erkennt, dass in mehrere Richtungen neu gedacht werden muss.

Meine Wahrnehmung ist, dass Männer, wenn man auf sie zugeht, aktuell eher dazu bereit sind, auf die neuen Gegebenheiten zu reagieren und an sich zu arbeiten, indes viele Frauen ein Bollwerk aus Abwehr auffahren, um nach wie vor ihre verletzte Weiblichkeit zu schützen. Dabei merken sie offensichtlich nicht, dass sie hinter den Mauern emotional verhungern oder einsam zurückbleiben und damit für ihre Kinder das Spiel der Vaterlosigkeit wiederholen.

DIE MÄNNERSICHT

Während Frauen die Maxime ihrer Mütter, »Sei unabhängig und unterwirf dich um Gottes willen bloß nicht einem Mann«, tief verinnerlicht haben, wissen junge Männer heute kaum noch, nach welchem Ideal sie streben sollen. Das alte Rollenbild, der Haupternährer der Familie zu sein, mit einer erfolgreichen Karriere zu beeindrucken, männlich hart und autonom den eigenen Weg zu gehen, all das scheint nicht mehr gefragt. Viele ahnen, dass sie stattdessen der »eierlegende Wollmilcheber« sein sollen. Der Kreditkartengeber, der Kinderbetreuer, der Dienstleister, der Fels. Ein sensibler Mann, der im Haushalt mindestens so viel leistet wie die Frau, der intelligent und beruflich erfolgreich ist. Selbstverständlich auch ein guter Vater. Ein potenter Liebhaber, der allerdings auch nicht zu oft Sex will, die Frau also nicht bedrängt. Ein geistreicher Plauderer. Aber nicht zu kindisch und zu wild, und im Stehen pinkeln sollte er möglichst auch nicht. Er fühle sich, als müsse er nur noch abliefern, sagte neulich ein Freund. Er fühle sich gezwungen, ständig Leistung zu zeigen. Belastbar im Job müsse er sein, Versorger, Ernährer, ambitionierter, humorvoller, aufmerksamer, verständnisvoller Vater, und dann müsse auch noch alles so aussehen, als sei es von innen heraus initiiert. Ich fragte ihn daraufhin, wer das denn vom ihm erwarte. »Na ich selbst«, lautete die Antwort. »Jedenfalls glaube ich das«, fügte er relativierend hinzu.

Haben die meisten Frauen gerade die Perfektionsfalle hinter sich gelassen oder kämpfen sich noch aus ihr heraus, ist der Mann in den letzten Jahren Stück für Stück mehr in sie hineingeraten. Er will es rechtmachen und degradiert sich selbst vom Mann zur Ko-Mami, was ihn in den Augen der Frauen nicht gerade gut aussehen lässt. Der Mann will aber gut sein. Er will als Held brillieren, der Frau gefallen und eigentlich seine Rolle als Beschützer und Versorger nicht aufgeben. Das trifft erstaunlicherweise sogar auf die Männer zu, die nach außen mit einer abwertenden oder sexistischen Haltung auftreten. Männer waren und sind Macher. Leider *machen* sie oft, ohne das Machen mit den eigenen Bedürfnissen und Wünschen abzugleichen. Aber Handeln, ohne das Warum dahinter zu erkennen, treibt seltsame Blüten. Wenn der Antrieb für das Handeln nicht ein »Ich will, weil ich erkannt habe, dass es zu mir passt« ist, sondern vielmehr der Drill: »Ich muss, weil ich stark, tapfer, reich, heldenhaft oder aktiv sein sollte«, dann manövriert der Mann sich in Sackgassen, die nicht selten sogar auf Vorstandsetagen enden.

Ich glaube immer weniger, dass die Tatsache, dass ein Großteil der Chefposten mit Männern besetzt ist, damit zu begründen ist, dass Frauen der Weg dorthin nicht geebnet wird. Es ist wohl eher so, dass Frauen sich viel detaillierter damit auseinandersetzen, was solch ein Posten für Konsequenzen für ihr Leben hätte, und sie am Ende feststellen, dass sie einfach nicht bereit sind, diese zu tragen. Man muss es ja nicht gleich so krass formulieren wie Barbara Bierach, die in ihrem Buch »Das dämliche Geschlecht« die These vertritt, dass Frauen keinesfalls unterprivilegiert, sondern einfach nur zu blöd und noch dazu meist unaufrichtig sind, wenn sie sich hinter der »Mär von der Glasdecke verschanzen«, statt zuzugeben, dass sie sich ganz bewusst gegen Verantwortung und Macht entschieden haben. Aber mit Aufrichtigkeit sich selbst und den Männern gegenüber wäre allen gedient.

Das Taumeln, das Straucheln des modernen Mannes hängt

meines Erachtens auch maßgeblich mit der Vaterentbehrung in den letzten Generationen zusammen und damit, dass Jungs im Laufe ihrer Entwicklung, egal ob im Kindergarten oder in der Grundschule, also in den Jahren, in denen ihre eigene männliche Identität geprägt wird, kaum die Möglichkeit haben, sich an männlichen Vorbildern zu orientieren. Was daraus entsteht, habe ich bereits beleuchtet. Es kommt zu einer Idealisierung, zur Erzeugung einer Fantasiefigur im Inneren, die sich aus dem Bild zusammensetzt, das die Mutter, die Gesellschaft und die omnipräsenten Medien heute vom Mann erschaffen. Dazu bemerkte der Autor und Psychotherapeut Wolfgang Schmidbauer in einem Interview mit dem Magazin der »Süddeutschen Zeitung«, dass erfolgreiche Filme wie »James Bond« viel über die Fantasien des modernen Mannes aussagen. Schmidbauer betonte, dass sowohl der Actionheld selbst als auch der Erschaffer dieser Figur sehr früh ihren Vater verloren haben. »Das bedeutet für die Entwicklung, dass es kein reales, sozusagen alltagstaugliches Vorbild für eine männliche Rolle gibt. Daher müssen vaterlose Söhne sich ihr Männerbild selbst entwerfen und orientieren sich dabei häufig sehr viel mehr an Heldengestalten als Männer, die einen präsenten Vater hatten. Bond ist sozusagen der vaterlose Held für vaterlose Söhne. Er steht auch für die mangelnde Stabilität des Selbstgefühls dieser Söhne; das lässt sich in den zahllosen Szenen beobachten, in denen er maximal erniedrigt, gefoltert, von übermächtigen Feinden gefangen wird und dann doch triumphiert. Bond steht für den Wechsel von der Depression in die Manie, in den Größenwahn, nicht für ein normales männliches Selbstbewusstsein.«

Das schafft Unverbindlichkeit bei gleichzeitiger Unsicherheit. Der Mann war erst Macho, dann Softie, nun ist er alles gleichzeitig, aber eigentlich hängt er ratlos zwischen den Stühlen und schaut fragend auf die Frau, was sie als Nächstes verlangt. Das meine ich keineswegs abfällig und schon gar nicht entschuldigend. Im Gegenteil. Aus dieser Unsicherheit heraus werden viele

Männer immer unverbindlicher, haben immer weniger Lust auf feste Beziehungen und auf Kinder, ohne sich ernsthaft mit der Frage auseinanderzusetzen, welchen Anteil sie daran haben. Manche Männer ziehen sich zurück, andere versuchen es rechtzumachen, nicht anzuecken, keinen Dreck zu hinterlassen. Wie sie es von Mama gelernt haben, folgen sie dem Weiblichen, folgen dem, was vielen Frauen als Ideal vorschwebt, und gehen in ihren Bemühungen sogar so weit, die eigene Männlichkeit herabzusetzen und ins Lächerliche zu ziehen. Das Ergebnis dieser Bemühungen ist in der Konsequenz leider kein Mann mehr, sondern ein Abziehbild für das Poesiealbum des modernen Feminismus, ein Mamimann, der auf Spielplätzen durch den Sand rutscht und den Waschlappen aus der Tupperdose holt, um dem Kind den Mund abzuwischen.

Frauen haben die männlichen Domänen weitestgehend erobert, behalten sich allerdings das Recht vor, den Mann aus den weiblichen Domänen herauszuhalten – das gilt vor allem nach der Trennung. Haben sie vorher noch gefordert, dass der Mann sich aktiv an der Kindererziehung beteiligt, soll er sich nun bitte heraushalten. Plötzlich ist er Störfaktor. Doch auch innerhalb von Beziehungen steht das Wunschdenken meist einem anderen inneren Gefühl gegenüber: Wenn eine Frau ehrlich mit sich selbst ist, gibt sie zu, dass sie auf Dauer keinen Hausmann will, der die Schulbrote schmiert und die Geschirrspülmaschine ausräumt, während sie arbeiten geht. Es mag Ausnahmen geben, die die Regel bestätigen, aber zahlreiche Umfragen belegen, dass es am Ende doch der männliche Beschützer und auch der Macher ist, der die Frauenherzen erobert.

Das klingt widersprüchlich und ist es auch, da es den Bemühungen, sich von männlicher Omnipräsenz zu befreien, zuwiderläuft. Denn was Frauen eigenen Aussagen nach nicht mehr wollen – allenfalls mal fürs Bett –, ist der echte Macho, und doch scheint die aktuelle Entwicklung, die ganz offensichtliche Entwertung der

Männer, dazu zu führen, dass eben genau dieser Typ Mann neben dem Mamimann wieder verstärkt die Bühne betritt und sein Terrain verteidigt. Vielleicht als eine Art Renaissance der männlichen Stärke, um zu beweisen, dass Mann noch Mann ist. Vielleicht auch als Akt purer Verzweiflung. Die Autorin des Buches »Das Ende der Männer«, Hannah Rossin, sagt in einem Interview mit der Frauenzeitschrift »Brigitte«: »Während Frauen sich immer mehr Bereiche erobert haben, sich wie Immigranten, die in ein neues Land eingewandert sind, immer flexibel an Situationen angepasst haben, stehen Männer nach dem Strukturwandel in Arbeitswelt und Wirtschaft plötzlich vor einem Scherbenhaufen: Job weg, Frau komisch. Sie verfallen in Angststarre, warten, dass alles wieder wie früher wird. Erzieher? Krankenpfleger? Ich? Nee.« Neulich hörte ich einen Mann im Radio sagen, dass alle diese Jobs, die Männer heutzutage erledigen – egal ob in der Dienstleistungs-, Medien- oder Verkäuferbranche – »Pussy-Jobs« wären. Das erklärt unter anderem den Erfolg von Videospielen, Geschenkgutscheinportalen und Männerzeitschriften. Denn wer sich heute wie ein »echter Kerl« fühlen will, kauft sich bei Jochen Schweitzer eine Fahrt im Panzer oder im Traktor, erobert in digitalen Welten oder packt sein Bündel und geht auf Safari.

BEZIEHUNGSDYNAMIK NACH TRENNUNGEN

Vor Kurzem las ich auf dem *Mamablog* des »Schweizer Tages-Anzeigers«, einen Eintrag, in dem die Autorin Männer aufforderte, doch endlich damit aufzuhören, über die Situation, dass Erziehung überwiegend weiblich ist, zu jammern, und stattdessen mal darüber nachzudenken, dass sie (die Männer) dieses Problem ja selbst verursachen, weil sie einfach abhauen und ihre Familien im Stich lassen.[77] Wieder so eine Opferhaltung, dachte ich. Es ist anmaßend, mit dem Finger auf den Mann zeigen und ihm vorzuwerfen, dass er nicht mehr männlich ist, seine Rolle nicht mehr findet, nicht mehr Vater sein will. Es ist anmaßend, solange man den eigenen Anteil an dieser Entwicklung ausblendet.

Die schon weiter vorn zitierte Astrid von Friesen findet sehr klare Worte für die derzeitige Haltung vieler Frauen: »Frauen sind die einzige ›unterdrückte‹ Gruppe, deren ›unbezahlte Arbeit‹ sie in die Lage versetzt, für fast fünf Milliarden Dollar jährlich Kosmetika zu kaufen und die zu allen Tageszeiten mehr fernsieht als ihre ›Unterdrücker‹. (…) Mit dem Mutterschaftsmythos kann sie Ungerechtigkeiten, die zum Himmel schreien, gegen Männer und Kinder ganz cool durchsetzen!«[78]

Diese Ungerechtigkeiten, von denen von Friesen schreibt, lassen sich mittlerweile beziffern. Der Schaden, den Wirtschaft, Kinder und Väter nehmen, wenn Konflikte nach der Trennung mit unfairen, doch teils legalen Mitteln seitens der Mütter ausgetragen werden, ist immens. In einem Interview mit der Internetzeitung »Die freie Welt« antwortet von Friesen auf die Frage, ob denn nicht auch Väter ihren Anteil daran haben, dass es zu Krisen nach der Trennung kommt, weil sie ihren Unterhalt nicht zahlen: »Beides gibt es natürlich, aber derart gefragt, beinhaltet es bereits eine Unterstellung! Die wenigsten Männer sind zudem freischaffend, müssen also ihre Lohn- oder Gehaltsabrechnungen vorlegen bei der Alimentenberechnung und können sich nicht entziehen. Aber sehr viel häufiger gibt es Familiensituationen, in denen die Väter ausgesondert und die Kinder von ihren Vätern, väterlichen Großeltern, Onkeln und Tanten und Cousins entfremdet werden. Oftmals tritt dann das ›Entfremdungssyndrom‹ auf, eine schwere Pathologie, die Jahrzehnte anhalten und Leben zerstören kann. Sie wirkt wie Gehirnwäsche! So nach dem Motto: ›Alle Männer sind Idioten/Schweine/gemein/unmöglich.‹«

Fakt ist, dass auch Mütter ihren Unterhaltszahlungen nicht nachkommen. Das betrifft sogar über 60 Prozent aller zahlungspflichtigen Frauen. Fakt ist, dass Mütter Männern Kuckuckskinder unterschieben. In Deutschland werden pro Jahr rund 25 900 Kuckuckskinder geboren, für die Männer zahlen, die gar nicht die Väter sind. Und Fakt ist, dass viele engagierte Väter nach Trennungen ins Abseits getrieben werden. Daran hat die Regelung der gemeinsamen Sorge nichts geändert, denn bei unverheirateten Paaren liegt die Entscheidung darüber nach wie vor bei der Mutter. Und auch bei Scheidungen sieht es nicht viel besser aus. In 80 Prozent der Fälle bleiben die Kinder bei der Mutter, die beeinflusst, wie oft und wie lange sie ihren Vater sehen. Mütterrechte gelten vor Gericht immer noch als heilig, und so haben Väter, die sich ehrlich engagieren wollen, in den meisten Fällen das Nachsehen.

Eine Befragung, die Professor Gerhard Amendt unter 3 600 Scheidungsvätern durchführte und die seinem Buch »Scheidungsväter« zugrunde liegt, hat unter anderem gezeigt, »dass insbesondere Väter in den unteren Einkommensschichten den Kontakt zu ihren Kindern verlieren, weil sie von ihren Exfrauen abgewiesen werden. Deren Vorstellung von Väterlichkeit besagt nämlich, dass nur ein versorgender Mann ›verdient‹, ein Vater zu sein. Deshalb wird verarmten Scheidungsvätern der moralische Anspruch, ihre Kinder zu sehen, aberkannt. Recht und Wunsch der Kinder auf beide Eltern werden dadurch zu Makulatur.« Für Amendt ist jede Scheidung eine Aggression gegen das Kind oder die Kinder, weil sie die Trennung der Eltern immer als etwas Zerstörerisches und als Willkür erleben. Kommt dann noch das sogenannte »Boshaftigkeitssyndrom« dazu, das in den überwiegenden Fällen von den Müttern ausgeht, sitzt das Kind in der Falle, denn es will ja loyal bleiben. Von Friesen bemerkt dazu: »Ein Kind muss und wird sich mit der Person identifizieren, mit der es leben muss. Weswegen Kinder nach Scheidungen auch in Hass gegen das abwesende Elternteil verfallen können, obwohl sie es vorher liebten und obwohl absolut nichts Negatives vorgefallen ist. Nur weil sie den inneren Spagat nicht aushalten, wenn das anwesende Elternteil den anderen schlecht macht, den Kontakt verunmöglicht usw.« Sie führt ein Beispiel an, in dem eine Mutter damit droht, den kleinen Hasen des Kindes nicht zu füttern, wenn das Kind eine Woche zum Papa fährt. »Das 11jährige Kind musste sich sozusagen zwischen Leben und Tod entscheiden und wird zerrissen.«[79] Man muss kein Psychoanalytiker sein, um zu erkennen, dass solche Drohungen nicht nur die Würde eines Kindes verletzen, sondern zu tiefen Loyalitätskonflikten führen. Am Ende wird das Kind den Wertmaßstab der Mutter übernehmen, weil es auf sie angewiesen ist, und die Wahrscheinlichkeit, dass es verinnerlicht, dass der böse Papa, der, der nicht da ist, Schuld an allem hat, ist ziemlich hoch.

Viele Väter wehren sich heute gegen die Mütterhoheit. Oft führen sie jedoch erfolglose Kämpfe. So wie die zwei, die im Jahr 2012 mit ihrer Klage bis zum Europäischen Gerichtshof für Menschenrechte gingen, um durchzusetzen, dass sie als leibliche Väter ihrer Kinder anerkannt werden. Da beide Frauen jedoch wieder in stabilen Beziehungen lebten und die jeweiligen Lebenspartner die Kinder anerkannt hatten, verwehrte man den leiblichen Vätern das Recht. Tragisches Einzelschicksal? Nein. Leider nicht. An der Stelle zeigt sich, wie sehr öffentlich mit zweierlei Maß gemessen wird. Stellen Sie sich vor, dieses Schicksal würde eine Frau ereilen. Was gäbe es für einen Aufschrei, für eine öffentliche Debatte!

Noch im Jahr 2014 wurde die Regelung zur vertraulichen Geburt in Kraft gesetzt. Sie beinhaltet, dass die Schwangere bei einer Beraterin ihre Personalien hinterlässt, bevor sie ihr Kind anonym in einem Krankenhaus zur Welt bringt. Ihre Angaben werden verlässlich aufbewahrt, weil auch anonym geborene Kinder das Recht haben, ab dem 16. Lebensjahr Kenntnis über ihre Herkunft zu erlangen. Doch was die Anonymität der Frau schützen soll (sie kann dem Recht des Kindes auch widersprechen), verletzt die Rechte des Vaters von Anfang an. Denn ihn muss die Frau zu keiner Zeit angeben. In anderen Ländern wird diese Regelung seit vielen Jahren heftig diskutiert, während sie uns als Fortschritt verkauft wird. Abgesehen von dieser Regelung, müssen Frauen, die in Deutschland ein Kind gebären, grundsätzlich keine Angaben zum Vater machen, wenn sie nicht wollen. Dass das Betrug ist, stört viele nicht. In diversen Foren kann man lesen, wie Frauen sich gegenseitig Tipps geben und Vorteile der »Väterentsorgung« diskutieren:

... *dann musst du ihm nicht wegen jeder Unterschrift nachrennen*
... *dann kannst du allein über das Kind bestimmen*
... *dann hast nur du das Sorgerecht*
... *dann muss du dich mit dem Ar... nicht auseinandersetzen*

Das sind nur einige Meinungen aus einer Vielzahl von Beiträgen, die vorrangig in eine Richtung zielen: den Kindsvater seiner Rechte zu berauben. Dazu kommen noch die Stimmen derer, die dazu raten, den Vater lieber anzugeben, damit er zahlt. Geld ist in diesem Zusammenhang mit Abstand das häufigste Argument für die Angabe des Vaters. Neben dem Tipp, mit dem Kind später in eine andere Stadt zu ziehen, damit der Vater das Kind nicht mehr so oft sehen kann, ist der, nicht arbeiten zu gehen, damit »der Alte« neben dem Unterhalt für das Kind auch noch Trennungsunterhalt für die Frau zahlen kann, sehr beliebt. Schließlich hat er ja »die Kiste vergeigt«. Dann soll er »gefälligst auch blechen«. So der Tenor. Der Kindsvater als lästige Schwierigkeit des Daseins. Ein minderbemittelter Eindringling in die Privatsphäre von Mutter und Kind. Ist es ein Wunder, dass Väter sich zurückziehen, weil sie es leid sind, auf einen Dukatenesel reduziert zu werden, dem je nach Lust und Laune am Schwanz gezogen wird? Auf eine Weihnachtsgans, die man nach Belieben ausnehmen kann? »Aber das ist doch mein Recht!«, höre ich Frauen rufen. »Ja, genauso, wie es das Recht des Vaters wäre, sein Kind regelmäßig und nicht nur am Wochenende zu sehen. Genauso wie es sein Recht wäre, dass man ihm seine Betreuungszeit als geldwerte Leistung auf den Unterhalt anrechnet, so wie es bei der Mutter gehandhabt wird. Dem ist aber nicht so.

Mich macht das wütend. Aus zwei Gründen. Zum einen, weil ich am eigenen Leib erfahren habe, wie es sich anfühlt, ohne Vater aufzuwachsen. Da spielt es überhaupt keine Rolle, ob er gegangen ist oder gegangen wurde, wie man so schön sagt. Es geht nur um den Fakt an sich. Und zum Zweiten muss ich einfach feststellen, dass mir die Mär von den benachteiligten Frauen gründlich gegen den Strich geht und dass ich mittlerweile jeden, seine Kinder liebenden Vater verstehen kann, der entweder auf die Barrikaden geht oder sich irgendwann zurückzieht, weil er die Ungerechtigkeiten, die man ihm seitens der Frau und der Politik angedeihen lässt, einfach nicht erträgt.

Dass Kinder heute nicht nur für die alleinerziehende Frau, sondern genauso für den getrennt lebenden Mann als Armutsrisiko gelten und sich so mancher Mann dreimal überlegt, ob er es überhaupt wagen will, Vater zu werden, liegt nicht zuletzt auch daran, dass jeder Mann weiß, was ihm drohen kann, wenn die Ehe oder die Beziehung scheitert. Der Autor Gerhard Amendt hat das in seinem Buch »Scheidungsväter« hinreichend belegt. Und auch andere Autoren machen die Ungerechtigkeiten, die sich nach Trennungen hinter Gerichtstüren abspielen, mehr und mehr öffentlich. Ohne jetzt noch tiefer in die Materie einzusteigen, das Bild der schwachen, unterdrückten Minderheit, das Frauen zeichnen, lässt sich kaum noch aufrechterhalten. Was ich sehe, ist eine Mehrheit vieler kraftvoller Frauen, die ihre Energien leider an den falschen Fronten verpulvern, aktiv dafür sorgen, dass ihre Kinder Vaterentbehrung erleben und damit bewusst oder unbewusst unsere Zukunft gestalten. Ebenso wie die Väter, die sich abkehren und ihre Kinder verlassen.

»Vaterlosigkeit ist der schädlichste Trend unserer Gesellschaft«, schreibt der amerikanische Sozialhistoriker David Blankenhorn in seinem Bestseller »Fatherless Amerika«.

Die Folgen fliegen uns auch hier in Deutschland derzeit massiv um die Ohren. Wir erleben Vaterentbehrung auf vielen Ebenen, und wer meint, dass das in keinem Zusammenhang mit der wachsenden Aggressivität, der Bildung von Kampf- und Terrorgruppen, der Gier, dem Leistungsdruck, zu Haltlosigkeit, Burn-out oder anderen psychischen Problemen von Kindern, Jugendlichen und Erwachsenen steht, der irrt. In Amerika, dort, wo die Scheidungsrate noch höher ist und wo noch mehr Kinder als hier ohne Vater aufwachsen, ist man schon einen Schritt weiter in der Bereitschaft, die Bedeutsamkeit des Vaters anzuerkennen. Dort hat man die zunehmende Vaterentbehrung bereits als Problem erkannt und zumindest in die Sozialarbeit integriert.

Das größte Problem auf beiden Seiten ist die Opferhaltung. Opferhaltung ist immer Selbsttäuschung. Wer sich zum Opfer stilisiert, beraubt sich seiner eigenen Stärke und seiner Kraft.

Der Weg aus der Geschlechterkrise und damit auch aus der Vaterentbehrung hat nur eine Richtung. Es ist der ehrliche Dialog. Das Eingeständnis der eigenen Ängste und Schwächen. Die Auseinandersetzung mit der eigenen Geschichte. Das Verständnis für die Herausforderungen unserer Zeit. Wenn Männer und Frauen Verantwortung für sich selbst übernehmen und sich dann auf dieser Ebene begegnen, statt sich gegenseitig zu entwerten, dann können Verletzungen heilen. Dann entstehen Beziehungen, die nicht aus einem Mangeldenken heraus geschlossen werden, sondern in denen die Andersartigkeit des Partners als Geschenk betrachtet wird. Dann ist jeder selbst für sein Glück verantwortlich. Dann begegnet man sich auf Augenhöhe und muss nach einer Trennung den anderen nicht mehr für all das verantwortlich machen, was er getan oder nicht getan hat, sondern dann ist jeder in der Lage, den eigenen Anteil zu sehen. Dann müssen Kinder nicht mehr instrumentalisiert werden und auf die Liebe eines Elternteils verzichten. Denn eines sollten wir bei der Debatte nicht aus den Augen verlieren: Es geht nicht darum, wer der bessere Elternteil ist, es geht einzig um das Wohl der Kinder, die Mutter und Vater brauchen.

7. AUSBLICK UND HOFFNUNG

EIN OFFENES ENDE

In ihrem Buch »Vatermänner« beschreibt die Autorin Julia Onken auf den letzten Seiten, wie langwierig und tief greifend sie die Aufarbeitung ihrer Vatergeschichte erlebt hat. »Und erst jetzt begriff ich, dass das mühsame Unterfangen, mich von meiner Vatergeschichte zu lösen, erst die Hälfte der Arbeit gewesen war. Ich hatte viel geweint, war empört oder wütend, trauerte meiner ersten, großen, verlorenen Liebe nach. So wie ich die väterliche Hypothek auf Fabian (ihren Lebenspartner) übertragen hatte, so übertrug ich auch den Abschied vom Vater auf Fabian. Und jetzt musste ich lernen, meine Geschichte neu zu schreiben, ohne väterliche Überlagerungen, musste lernen, die alte Geschichte zu opfern, um der neuen Platz zu machen, um den Mann an meiner Seite endlich zu sehen, wie er ist, ohne ihn mit dem Bild des Vaters zu verstellen.«

Als ich damals diese Stelle im Buch las, war mir schnell klar, dass ich noch ganz am Anfang meines Weges stand. Dass er so lang werden würde, wie er sich dann offenbarte, das ahnte ich jedoch nicht. Auch nicht, dass alles, was ich über mich und mein Leben im Kopf hatte, ganz schön durcheinandergewirbelt werden würde. Ich hatte eine ganz eigene Vorstellung davon, wie die Lösung meiner Probleme aussehen sollte. Anfangs war ich überzeugt, dass nur die Konfrontation, nur die direkte Auseinandersetzung mit meinem Vater mir helfen könne, meinen Frieden zu finden. Nicht einmal ansatzweise gab es einen Zweifel daran, dass mein Gram und meine Sehnsucht dann enden würden, wenn er ein freundliches Wort zu mir sagen oder mich wenigstens ein einziges Mal umarmen würde. Wie der Mensch doch irrt! Mein Glück ist heute völlig unabhängig davon, ob mein Vater jemals einen Schritt in meine Richtung macht. Die Sehnsucht ist zwar bis heute nicht verblasst. Sie hat allerdings im Laufe der Jahre eine andere Qualität und damit in mir einen neuen Platz bekommen. Dadurch, dass ich sie der Vergangenheit zuordnen, sie als Teil meines kindlichen Verlangens nach Liebe und Zuwendung erkennen konnte, hat sie ihre Dramatik, ihren zerstörerischen und fordernden Anteil verloren. Gleichzeitig konnte ich sie von meinem Glück und Wohlempfinden abkoppeln. Sie muss nicht erst erfüllt werden, damit es mir gut geht. Welch eine Entlastung für meinen Vater und für mich! Er ist nicht mehr schuldig, so wie ich auch nicht mehr schuldig bin. Es niemals war.

Damals, am Anfang meiner Reise, konnte ich noch nicht sehen oder besser: nicht verstehen, dass ich ihn loslassen muss, um selbst frei zu sein. Heute weiß ich, dass die Loslösung, oder wie Linda Leonard es formuliert: die »Erlösung« vom Vater[80] *der einzige Weg ist, auf dem man das Drama verabschieden kann.*

Dazu ist nicht einmal eine direkte Begegnung nötig. Keine Umarmung. Keine Geste. Die Ablösung kann auch dann vollzogen werden, wenn der Vater tot oder unauffindbar ist oder sich verweigert. Aber Achtung! Loslösen heißt nicht: den Vater zu verdammen oder ihn aus dem Leben zu verdrängen. Im Gegenteil – loslösen heißt integrieren. So paradox das klingen mag, aber indem wir den Vater – egal, was er getan hat – als Teil unserer Geschichte anerkennen, geben wir ihn und uns frei. Erinnern Sie sich an den Satz, den ich damals in einer meiner ersten Therapiestunden sagen sollte? »Ich akzeptiere, dass du mein leiblicher Vater bist.« Mir ist heute völlig klar, warum ich ins Straucheln geriet. Warum mir der Satz nicht über die Lippen ging. Weil er in dem Moment einfach nicht stimmte.

Alles in mir stemmte sich dagegen, zu glauben und erst recht zu akzeptieren, dass ich einen Vater habe, der nicht zu mir steht. Diese Erkenntnis war in meinen Zellen, in meinem Gehirn als lebensbedrohlich abgespeichert worden, und mein Verstand glaubte daran. Er glaubte dem kleinen Kind in mir, das die existenzielle Not ja wirklich gespürt hatte, weil der innere Erwachsene, der das eine vom anderen hätte trennen können, noch nach seiner Stimme suchte. Wie die Traumatherapeutin Michaela Huber sagt, ist es ein essenzieller Teil der Therapie, die Vergangenheit von der Gegenwart loszulösen.[81] *Damals ist nicht heute. Damals war ich ein Opfer der Umstände. Heute bin ich das nicht mehr.*

Das führt uns noch einmal zur Heldenreise zurück, denn hier an dieser Stelle wird vielleicht deutlicher, was es bedeutet, die eigene Geschichte neu zu schreiben. Es geht keinesfalls darum, etwas in die Biografie hineinzudichten, um sie zu schönen. Vaterentbehrung ist nicht schön. Missbrauch ist nicht schön. Genauso wenig, wie Entwertung und Prügel schön sind. Und all das wird auch keinesfalls glanzvoller, wenn wir uns selbst zum Helden ausrufen, der es glorreich überlebt hat. Heldenprosa ist genauso wenig erhellend wie Opfergetue. Beides hält uns in der Vergangenheit fest. Indem ich meine Geschichte neu schreibe, verweise ich die alten Geister an ihren Platz. Wie der Hexenmeister in Goethes Zauberlehrling ruft: »In die Ecke! Besen! Besen! Seids gewesen.«, beende ich den Spuk und integriere das, was geschehen ist. Damit löst sich die Verbindung auf, oder wie Onken es sinngemäß formuliert: Dann entlasse ich den Vater aus seinem Versäumnis.[82] *Und nicht nur ihn, sondern auch all die anderen Menschen, die ich in mein »Spiel« hineingezogen habe. Den Partner, die Kinder, den Chef, oder wen immer ich sonst als »Projektionsfläche« auserkoren hatte. »Änderst du dich, ändert sich das System«, ist ein Leitsatz des Systemischen Coachings. Wir können uns nicht bewegen, ohne das System, das uns umgibt, auf irgendeine Art und Weise zu beeinflussen. Das klingt machtvoll und gewaltig. Darum verursacht diese Erkenntnis nicht nur mir, sondern den meisten*

Menschen, die ich kenne, unglaublich viel Stress. Zeit, sie ein wenig zu relativieren.

»Änderst du dich, ändert sich das System«, heißt auf den ersten Blick: Alles, was ich denke oder tue, hat Einfluss auf das große Ganze. Im Umkehrschluss bedeutet es, dass ich für alles, was mir widerfährt, am Ende selbst verantwortlich bin. Selbst schuld, sozusagen.

Erinnern Sie sich an das, was ich im Prolog geschrieben habe? Die Sichtweise, dass unser Leben weniger schicksalhaft ist, als wir meinen? Mir hilft diese Haltung immer, wenn es darum geht, die Perspektive zu wechseln und mich zu fragen, ob ich auf das, was jetzt gerade geschieht, auf das Drama, auf den Streit, auf den Umstand, vielleicht von Anfang an mehr Einfluss hatte, als ich zu glauben bereit bin. Grundsätzlich ein selbstverantwortlicher Ansatz – wichtig ist nur, dass man es mit der Eigenverantwortlichkeit nicht übertreibt. Für mich dreht es sich dabei um den eigenen Anteil, um die Selbstverantwortung an vielen, allerdings – und das ist jetzt wichtig zu unterscheiden – nicht an allen Ereignissen. Wie die Wissenschaft gerade aktuell belegt hat, entsteht Krebs in den meisten Fällen zufällig. Was Krebs mit Vaterentbehrung zu tun hat? Gar nichts. Genauso wenig, wie man wegen Vaterentbehrung in einen Autounfall verwickelt wird. Es sei denn, man fährt wutentbrannt eigenhändig gegen einen Baum. Es ist mir wichtig klarzustellen, dass Bewusstwerdung nicht bedeutet, dass ich von nun an in der Lage bin, alles zu bestimmen und zu beeinflussen, was mir widerfährt. Ebenso wenig wie Unbewusstheit mich per se zum Lieblingsopfer aller Schicksalsdramen macht, wie in esoterischen Kreisen gern behauptet wird. Nach dem Motto: Siehst du, hättest du dein Drama aufgearbeitet, wäre dir das nicht passiert. Bitte: Das ist kompletter Bullshit.

Natürlich stimmt der Satz, dass sich unser System ändert, wenn wir uns ändern. Das bedeutet aber nicht, dass wir alles in der Hand haben. Das Leben ist ein großes Mysterium und Gott sei Dank zu vielschichtig, als dass man es mit solchen Plattitüden abhandeln könnte.

Aber auch diese Erkenntnis musste erst in mir reifen. Es gab auf meinem Weg tatsächlich Phasen, in denen ich absolut überzeugt davon war, dass jeder Gedanke Realität schafft. Plötzlich habe ich alles hinterfragt, jede Emotion zerlegt, zerpflückt, um ja nichts falsch zu machen. Ich habe geglaubt, dass allein eine positive Haltung meinem Vater gegenüber die entscheidende Veränderung bewirken würde. Ich habe mir unser Zusammentreffen in den schönsten Farben ausgemalt, habe visualisiert, die bunten Bilder wieder und wieder abgerufen, sie mit Leben gefüllt, um sie anschließend als Wunsch ans Universum zu senden. Es hat eine Weile gedauert, bis ich verstand, dass dieser Weg zwangsläufig in Frustration enden muss, weil das Universum der falsche Ansprechpartner ist, wenn man mit seinen Gefühlen nicht im Reinen ist. Heute muss ich schmunzeln, wenn ich daran denke, mit welch blauäugiger Ignoranz ich dem Leben begegnete. Was für eine Allmachtsfantasie, welch ein Größenwahn! Veit Lindau schreibt dazu auf seinem Blog: »Selbstverantwortung bedeutet für mich NICHT, 100 % verantwortlich zu sein für das, was in deinem Leben geschieht. Das zu denken, grenzt an Hybris. Finde dich damit ab: Du bist eine kleine Zelle in einem riesigen Netzwerk des Lebens. Alles bewirkt sich gegenseitig.«[83]

Darum ist auch die Suche nach dem Warum so müßig. Wir müssen nichts verstehen. Auch nicht, warum der abwesende Vater abwesend war. Dass er so gehandelt hat, liegt bei ihm. Dafür hatte er seine eigenen Gründe, und die müssen wir uns nicht erklären. Das würde im schlimmsten Fall wieder zu einer »Verklärung« führen. Dazu, etwas schönzureden, was gar nicht schönzureden ist und gleichzeitig die wahre Auseinandersetzung vermeidet. Sigrid Steinbrecher warnt vor solch einem Schritt: »Bei aller Liebe für möglichst friedfertige Lösungen sei hier darauf hingewiesen, dass eine solche Konfliktvermeidung eine Schonung und neuerliche Bindung an die Väter unserer Kindheit bedeuten kann. Im Grunde öffnen wir damit das Gruselkabinett der Verletzungen eher, als das wir es verschließen. Weiter sagt sie: »Aller Wahrscheinlichkeit nach stehen die so um Verständnis rin-

genden Töchter mit ihrem so verstehenden Herzen wieder einmal auf verlorenem Posten. Keiner will sie haben – diese Verzeihungsgesten, diese mitfühlenden Seelen.«[84] Ähnlich verhält es sich mit der Frage: »Warum hast du mir das angetan?« Wer sie stellt, will gar keine Antwort, sondern anklagen und damit seinen Opferstatus sichern. »Warum hast du mir das angetan?«, heißt im Grunde nichts anderes als: »Was bist du nur für ein herzloses Arschloch.« Somit handelt es sich also eigentlich um keine Frage, sondern um eine Feststellung, die ohne Umwege in die nächste Sackgasse führt.

Viel wichtiger und vor allem wesentlich sinnvoller sind folgende Fragen: Wie reagiere ich heute noch auf das, was mir geschehen ist? Welche Gefühle löst das Ereignis nach wie vor in mir aus, obwohl es vielleicht schon 30 Jahre zurückliegt? Was macht es im Jetzt mit mir? Wie beeinflusst es mein Leben? Und wo gehören diese Gefühle hin?

In den Antworten auf diese Fragen liegt die eigentliche Kraft des Erschaffens. Und die Lösung.

Denn dadurch, dass man Vergangenes vom Jetzt trennt, wird automatisch Platz für neue Sichtweisen geschaffen. Darum ist die Redewendung »die Leichen aus dem Keller holen« ziemlich passend. Sich von Müll – in diesem Fall Gedankenmüll – zu trennen ist ein grandioser und effektiver Reinigungsprozess.

Ich habe es mir ganz gewiss nicht ausgesucht, dass mein Vater noch eine andere Frau hatte. Auch nicht, dass er sich für ein Leben ohne mich entschieden hat. Und trotzdem habe ich darauf reagiert. Erst unbewusst – das sind die Leichen. Und später durch die Therapien, durch das Schreiben, durch Gespräche und Literatur zunehmend bewusster, was dem Reinigungsprozess entspricht. So einleuchtend und simpel das jetzt klingt – es heißt noch lange nicht, dass ich heute über allem stehe. Dass mir meine Vatergeschichte nichts mehr ausmacht oder dass ich ihr, von Gefühlen befreit, gleichgültig gegenüberstehe. Mitnichten. Manche Wunden verheilen nie ganz. Wie Narben bleiben sie ein Teil von mir. Auch in meinem Keller gibt es weiterhin genug alten Mief und die eine oder andere Leiche, die noch entsorgt werden darf. Es wäre anmaßend und völlig sinnlos, das zu verleugnen. Aber ich bin gelassener geworden. Es wirft mich nicht mehr aus der Bahn.

Ob das auch dann noch gilt, wenn irgendwann die Nachricht vom Tod meines Vaters im Briefkasten liegt, weiß ich nicht. Wie werde ich dann reagieren? Reißt die alte Wunde erneut auf, weil plötzlich alles endgültig ist? Ohne Happy End. Ich habe keine Ahnung. Aber diese Ungewissheit bereitet mir keine schlaflosen Nächte mehr. Mir ist nicht mehr bang vor der Zukunft, so wie früher. Mir ist auch nicht mehr bang vor meinen Gefühlen. Ich habe gelernt, dass ich sie transformieren kann, indem ich sie betrachte und annehme. Somit habe ich auch keine Angst mehr davor, verlassen zu werden. Ja, ich habe meinen Vater entlassen, und im Nachhinein bin ich sehr dankbar dafür, dass der Schwindel meiner Mutter und meines Stiefvaters aufflog und ich dadurch die Chance hatte, mich mit meiner Geschichte auseinanderzusetzen.

VOM EIGENEN VATER ZUM GESELLSCHAFTLICHEN VATERBILD

Die Auseinandersetzung mit der Wahrheit ist der Königsweg. Er führt zum Ziel, dorthin, wo wir den Vater aus allen Verstrickungen entlassen können. »Die Erlösung von meinem Vater war für mich das zentrale Thema in meiner persönlichen und spirituellen Entwicklung«, schreibt Linda Leonard. Sie stellt fest, dass zu diesem Wandlungsprozess unter anderem gehört, den Wert des Vaters zu erkennen. Ihn als Mensch mit Stärken und Schwächen zu sehen.[85] Damit das gelingt, muss man forschen, Menschen befragen, die ihn kannten, und sich dafür öffnen, dass es Seiten an ihm gab oder gibt, die man selbst nie kennengelernt hat. Mathias Jung stellt fest, »wie befreiend es ist, wenn die Tochter die Liebesgeschichte mit ihrem Vater entdeckt und sich bewusst macht«.[86]

Sicher, das ist nicht für jede Tochter möglich, auch nicht für jeden Sohn. Aber man kann in sich hineinfühlen und vielleicht die Bereitschaft entdecken, sich dem anzunähern. Ich kann jedem, der Vaterentbehrung erlebt hat oder auf andere Weise Groll gegen ein Elternteil hegt, nur ans Herz legen, es zu versuchen. Immer weiter danach zu streben, Frieden zu schließen und damit die Verletzungen dort zu platzieren, wo sie hingehören. In die Vergangenheit. Und das nicht nur, weil es ein unglaublicher Befreiungsakt ist, sondern weil es schlagartig unser eigenes Potenzial um ein Vielfaches erweitert. Bleiben wir nämlich in einer ablehnenden Haltung verhaftet, verschließen wir damit zugleich den Zugang zu den positiven Eigenschaften, die uns durch den jeweiligen Elternteil mitgegeben wurden. Mein Vater war beruflich sehr ehrgeizig und zielstrebig. Er schloss sein Studium erfolgreich ab, schaffte es in die Chefetagen großer Unternehmen, weil er über Durchsetzungskraft und einen starken Willen verfügt. Ich habe das selbst nie miterlebt, und doch weiß ich aus vielen Erzählungen seiner und meiner Verwandten, dass es der Wahrheit entspricht. Und ich weiß, dass diese Eigenschaften auch in mir stecken. Wirklich nutzen konnte ich sie erst, nachdem die Abwehrmauer gegen ihn abgebaut war.

Dieser Prozess der Öffnung, der es uns ermöglicht, den ganzen Menschen und nicht nur seine Schuld zu sehen, lässt sich eins zu eins auf die gesellschaftliche Ebene übertragen und wäre ein wichtiger Schritt, den wir der zunehmenden Vaterentbehrung entgegensetzen könnten. Auch auf dieser Ebene wäre es von großer Bedeutung, sich gegenseitig zu entlasten. Wenn Männer auf Frauen, Frauen auf Frauen, Frauen auf Männer und Männer auf Männer zugehen, wenn wir das Drama aus unserem Leben herausnehmen, dann wäre das geradezu revolutionär. Wie sagte der österreichische Schriftsteller Ernst Ferstl so schön: »Der erste Schritt auf dem Weg zu einer menschlichen Begegnung ist das Aufeinander-Zugehen.«[87] Oder wie Leonard es konkret im Zusammenhang mit der Vaterentbehrung formuliert: »Der Wert des Vaterprinzips muss eingesehen und seine Grenzen müssen anerkannt werden. Zu dieser Aufgabe gehört, dass die Frau das Wesentliche des Vaters von dem trennt, was die Kultur ihr (der Frau) künstlich übergestülpt hat.« Sie sieht dabei zwei Anteile, in die das Vaterprinzip aufgespaltet wurde: in »den starren, alten autoritären Herrscher« und in »den spielerischen, verantwortungslosen ewigen Jüngling«.[88]

Diese Aussage deckt sich mit den Berichten und Geschichten, die ich im Laufe meiner Recherche erfahren durfte und die Sie auszugsweise am Anfang des letzten Kapitels lesen konnten. Sie deckt sich auch mit vielen Traumbildern, die Sie aus dem fünften Kapitel schon kennen. Beide Haltungen, sowohl die autoritäre als auch die verspielte, sind heute einzeln in der Gesellschaft wenig akzeptiert. Darum ist es die Aufgabe der Frauen, die ihren eigenen Vater erlöst haben, das Bild symbolisch in sich wieder zusammenzufügen, indem sie beide Anteile leben. Denn in ihrer erlösten Form sind die Gestalten als Ganzheit erstrebenswert. Dann entsteht Kohärenz, ein Zustand, der es uns erlaubt, Schöpfer zu sein. Dann wird aus Starre und Autorität Stärke, aus Unreife wird Leichtigkeit. Die Spaltung aufzuheben wäre der Weg, um die Kräfte wieder ins Gleichgewicht zu bringen. Anders werden wir unsere Probleme nicht lösen. Wir müssen umdenken, anders denken, neu denken. Vor allem aber müssen wir wieder aufeinander zugehen. Uns empathisch, mit mehr Gelassenheit begegnen.

Die meisten von uns wissen, dass die Art und Weise, wie wir momentan miteinander leben und miteinander umgehen, unweigerlich in einer Sackgasse enden muss. Laut Petri befinden wir uns derzeit in einer Übergangsphase vom Patriarchat zu einer Geschlechterdemokratie.[89] Übergangsphase bedeutet, dass es schon etwas Neues gibt, das offensichtlich noch zu wenig Raum einnimmt, als dass es für alle sichtbar wäre. Die von ihm angesprochene Geschlechterdemokratie hat per Definition des Gunda Werner Instituts für Feminismus und Geschlechterdemokratie der Heinrich Böll Stiftung »die Vision, Demokratie zwischen Frauen und Männern herzustellen, und zwar nicht nur durch formale Gleichheit, sondern durch die Anerkennung von Verschiedenheit auf der Basis gleicher Rechte und Möglichkeiten«.[90]

Es geht darum, geschlechtliche Hierarchien und starre Geschlechterrollen, die in gesellschaftlichen Einrichtungen und Organisationen strukturell »eingefroren« sind, aufzubrechen und zu verändern. Meines Erachtens ist diese Vision erst umsetzbar, wenn beide Seiten – sowohl die Frauen als auch die Männer – sich in ihrer Ganzheit erkannt und angenommen haben. Das geht allerdings nur über die ehrliche Auseinandersetzung mit der eigenen Biografie und der Herkunftsfamilie, sonst bleibt es eine schöne Vision, und das Leid setzt sich weiter fort, so, wie es uns die gesellschaftliche Entwicklung in den letzten Jahren gezeigt hat.

In seinem 1998 erschienenen Buch »Die vaterlose Gesellschaft« prophezeit Mathias Mattusek, dass es zu einer »Radikalisierung der Väterszene« kommen wird: »Väter werden massiver als bisher Unterhaltszahlungen boykottieren. Sie werden Ämter besetzen, und sicher wird es vermehrt zu Verzweiflungstaten kommen.« Nichts davon geschah. Die Zahl der Unterhaltsverweigerer hält sich seit damals auf einem relativ gleichbleibenden Niveau, Ämter wurden nicht besetzt, und auch die Zahl der Verzweiflungstaten ist nicht signifikant gestiegen. Anders sieht es auf der Seite der Opfer der Vaterentbehrung aus. Auf der Seite der Kinder. Von ihnen leiden immer mehr unter der zunehmenden Entfremdung der Geschlechter. Vor allem Frauen sollten erkennen, dass Gleichstellungsdebatten kein bisschen am Leid der Kinder rütteln. Dass auch die Frage danach, ob man sich als Frau auf den Rock getreten fühlen muss, wenn man nicht überall auf dieser Welt in der weiblichen Form angesprochen wird, uns als Menschen nicht einen winzigen Millimeter weiter bringt. Im Gegenteil. Solche Scheindebatten lenken ab, halten uns von den eigentlich drängenden Themen fern. Davon, endlich mal Tacheles zu reden. Mattusek hat das getan, und insofern hat sein Buch weder an Brisanz noch an Aktualität verloren.

Abgesehen von den Beiträgen, die die Politik leisten könnte, wäre es wichtig, dass die Frauen erkennen, dass sie den Schlüssel in der Hand halten. Ich sehe es als Aufgabe an, dass wir uns mit unserer eigenen Weiblichkeit auseinandersetzen. Den Blick nicht länger auf die Männer richten, sondern auf uns selbst. Uns erlauben, den Anteil, den der Vater vielleicht nicht gesehen und wertgeschätzt hat, aus eigener Kraft heraus zu beleben. Oder endlich die entwertende Brille absetzen, das Bild ablegen, das der Vater oder die Mutter uns über Weiblichkeit vermittelt hat. Es sind die Frauen, die sich kritisch mit den modernen Strömungen des Feminismus auseinandersetzen müssen, sich fragen sollten, ob er überhaupt noch etwas mit den eigenen Vorstellungen von Weiblichkeit und von einem Miteinander zu tun hat.

Für mich lautet die Antwort auf diese Frage ganz klar: Nein. So sehr ich die Errungenschaften der Vorreiterinnen schätze, so sehr graut es mir bei den Dogmen, die heute teilweise existieren. Fakt ist, dass Frauen in den letzten 40 Jahren nicht glücklicher geworden sind. Der Anspruch des »immer mehr«, etwas, das man ja eigentlich den Männern vorwirft, hat Frauen rastlos werden lassen. Die Autorin Naomi Wolf schreibt in dem Essay »Wie Frauen sich selbst ruinieren«: »Wir ziehen eine Generation von Mädchen groß, die mit sich selbst ausgesprochen hart ins Gericht gehen – die ihre eigenen persönlichen Ansprüche unglaublich, ja sogar gnadenlos hoch ansetzen – und die sich selbst keine Gelegenheit geben, zu ruhen und zu denken, ›es ist genug‹«.

Ich finde, sie hat recht mit dieser Aussage. Wenn ich mich umschaue, zeigt sich genau dieses Bild. Viele Frauen haben gelernt, sich von allem, was mädchenhaft, niedlich, püppchenzart oder einfach nur weiblich ist, abzukehren. Stattdessen zählen Leistung und Biss. Männer wollen aber keine Frauen, die sich wie Männer benehmen. »Ich will keine Projektleiterin in meinem Haus«, sagte neulich ein Freund, und fragte: »Warum um alles in der Welt dürfen Frauen nicht mehr Frauen sein?«

Meiner Ansicht nach ist es die Aufgabe der Frauen, den ersten Schritt zu machen. Es wird Zeit, dass wir unsere Geschichten erzählen, unsere Gefühle vermitteln und über unsere Ängste sprechen. Es geht darum, wie Astrid von Friesen sagt: »die Ohnmacht anzuerkennen«[91], ehrlich zu sagen, wie es uns geht. Viele Frauen sind erschöpft und müde. Ausgelaugt davon, alle Bälle oben zu halten. Das muss ausgesprochen werden. Ohne Anklage, ohne Vorwurf. Gleichzeitig ist es wichtig, auch die Ohnmacht der Männer wahrzunehmen. Auf individueller und kollektiver Ebene.

Sich die eigene Ohnmacht einzugestehen ist etwas völlig anderes, als zu klagen. Es ist der einzige Weg, der aus der gegenseitigen Entwertung herausführt, weil wir mit dem Eingeständnis von Schwächen gleichzeitig unsere Maskierungen ablegen und uns so zeigen, wie wir wirklich sind: verletzlich und gleichzeitig kraftvoll. Kein Mensch, der seine eigene Verletzlichkeit wirklich anerkannt hat, muss einen anderen jemals wieder herabsetzen. Ich bin überzeugt, dass die Männer folgen werden, wenn die Frauen über ihren Schatten springen und den ersten Schritt auf diesem heilsamen Weg machen.

Aber allein mit der Anerkennung der gegenseitigen Verletzlichkeit ist es nicht getan. Konkret geht es auch darum, unausgewogene Machtverhältnisse aufzubrechen und auszugleichen. Wenn Frauen sich nicht auf Kind und Küche reduzieren lassen wollen, dann wäre es ein wichtiger Schritt, an dieser Stelle Macht abzugeben. Den Allmachtsanspruch, dass nur Frauen wissen, wie man Kinder richtig erzieht, endlich abzulegen und einzusehen, dass es gerade die Unterschiede in der Erziehung sind, die ein Kind für ein gesundes Heranwachsen braucht.

Dasselbe gilt für die Männer: Wenn sie ihrer Rolle als Haupternährer und Karrierist müde sind, dann sollten sie den Staffelstab übergeben und es begrüßen, wenn Frauen ihnen einen Teil dieses Parts abnehmen, indem sie arbeiten gehen und den Familienunterhalt sichern. Ich persönlich mag in diesem Zusammenhang das

Wort Solidarprinzip. Jeder leistet seinen Beitrag, tut das, was er am besten kann, und darf sich auf die Kraft der Gemeinschaft verlassen. Verlassen, wohlgemerkt. Nicht auf ihr ausruhen.

Dass sich einiges in diese Richtung bewegt, können wir bereits sehen. Wenn ich um mich schaue, bemerke ich viele wirklich emanzipierte Frauen, die die Kraft ihrer eigenen Weiblichkeit nicht nur kennen, sondern auch leben. Ein wunderbarer Anblick. Wahre Weiblichkeit ist hintergründig und intuitiv, nicht manipulativ. Sie kann Räume schaffen und organisieren. Das echte weibliche Prinzip ist empfangend, nicht fordernd und übergriffig. Frauen können Gemeinschaften bilden und sie pflegen. Sie fühlen tief, und sie sind in der Lage, ihre Gefühle ohne Scham zu artikulieren. Frauen sind nährend. Wo eine Frau wirklich sie selbst ist, da erblüht das Leben. Wahre Weiblichkeit braucht den Mann nicht, um die innere Leere zu füllen, sondern sie liebt das männliche Prinzip als Teil der eigenen Ganzheit und in seiner Verschiedenheit. Letztendlich sind es auch die Frauen, die das Prinzip des Loslassens tief verinnerlicht haben. Wer loslassen kann, ist bereit, sich zu wandeln. Und darin liegt die große Chance für uns alle.

NEUE WEGE

Das Rad der Evolution dreht sich weiter, und so lässt sich erkennen, dass auch der Mann und sein Rollenverständnis sich verändern. Ich habe einen 22-jährigen Sohn, und als ich ihn fragte, ob er froh sei, in der heutigen Zeit ein Mann zu sein, oder ob er Angst vor seiner Rolle habe, antwortete er: »Nein, ich habe überhaupt keine Angst. Ich finde, Männer und Frauen sind sich näher gekommen. Das verschmilzt irgendwie. Man kann nicht mehr so wie früher sagen, da ist der Mann, und der ist soundso, und da ist die Frau, und die macht das und das. Viele Männer übernehmen ganz selbstverständlich Pflichten zu Hause, und es macht ihnen Spaß.«

Sein Freund, der mit im Raum stand, als ich die Frage stellte, nickte zustimmend. Ich hakte nach und wollte noch wissen, ob sie den Eindruck hätten, in der Schule als Jungs gegenüber den Mädchen irgendwie benachteiligt gewesen zu sein. Beide verneinten das und waren sich darüber einig, dass die Mädchen es einfach leichter gehabt hatten, weil sie nicht so viel Blödsinn angestellt hatten. »Aber das war kein Problem«, meinten beide, und dann lächelten sie.

Als mein Sohn geboren wurde, begann für mich die Auseinandersetzung mit meiner Vatergeschichte. Heute, 22 Jahre später, steht er vor mir als erwachsener Mann, und ich weiß, dass mein Weg ihm weiterhin helfen wird, seinen eigenen Weg aufrecht zu gehen. Seine Antworten und die einiger anderer junger Männer, mit denen ich gesprochen habe, haben mir gezeigt, dass die nächste Generation Mann, zu der sie gehören, wieder gefestigter in ihrem Rollenverständnis ist als die Männer in meinem Alter oder unsere Vätergeneration. Horst Petri hat recht, wir befinden uns in einer Umbruchphase. Das Neue ist auf beiden Seiten schon da, und ich bin sicher, dass es sich durchsetzen wird. Es wird der Tag kommen, an dem wir die kritische Masse überschreiten und die Geschlechterdemokratie und ein neues Denken sich ihr Territorium erobern. Gekämpft haben wir lange genug. Wir sind sogar schon einen Schritt weiter, haben uns in unserer Verschiedenheit erkannt. Nun sollte es doch eigentlich nur noch ein Katzensprung dahin sein, dass wir die Verschiedenheit als etwas Großes, als Kraftquelle anerkennen, damit beide Geschlechter respekt- und liebevoll miteinander dieses Leben auf der Erde feiern.

Ich weiß. Das klingt in einigen Ohren zu pathetisch, nicht wissenschaftlich genug, zu weich. Aber Weichheit ist das, was unsere Gesellschaft derzeit vermissen lässt, und es wird Zeit, sie wieder zu achten. Weichheit ist nicht gleich Schwäche. Auch nicht Schlaffheit. Sich weich zu zeigen kann enorm kraftvoll sein. Denken Sie an die Stärke des Wassers. Stellen Sie sich vor, wie weich ein kleiner Gebirgsbach durch Ihre Hände fließt. Trotz seiner Nachgiebigkeit hat er die Kraft, Strukturen zu verändern. Er sucht sich seinen Weg, über alle Barrieren hinweg. Weichheit in Beziehungen bedeutet, dass sich der Mann anlehnen kann, ohne sich schwach zu fühlen. Erlauben wir das, kann er stark sein, ohne aggressiv zu werden. Dann kann die Frau ihre weibliche Seite wieder zeigen, ohne zum Sexobjekt degradiert zu werden. Und stark sein, ohne als weiblicher Mann in den Konkurrenzkampf zu ziehen.

Ich finde diese Aussicht mehr als befriedigend. Ich finde sie vor allem tragfähig als Basis für die kommenden Generationen. Mein tiefes Mitgefühl gilt heute noch denen, die Vaterentbehrung – egal, in welcher Form – erlebt haben oder erleben. Es berührt mich ganz tief, wenn ich ein Kind vor mir habe, das, aus welchen Gründen auch immer, keinen Vater an seiner Seite hat. Keine schützende und führende Hand, die warmherzig die Kindheit begleitet. Und es berührt mich, wenn ich Menschen sehe, die auch als Erwachsene noch leiden. Die mit den Folgen der Vaterentbehrung kämpfen. All das müsste nicht sein. Es liegt in unseren Händen, und es ist die Aufgabe jedes Einzelnen, diese Erfahrung des Leids zu transformieren und damit den Teufelskreis der Wiederholungen endlich zu durchbrechen. Ich behaupte nicht, dass das alle Probleme auf dieser Welt lösen wird. Aber ich bin fest davon überzeugt, dass ein neues Miteinander auf dieser Basis den Nährboden für eine reifere, für eine bessere Welt ohne Vaterentbehrung bereitet.

DANK

Ein Buch zu schreiben ist zwar eine ziemlich einsame Angelegenheit, trotzdem gibt es viele Menschen, die diesen Prozess begleiten oder ihn überhaupt erst ermöglichen. So auch bei diesem Buch, und ich möchte es nicht versäumen, den vielen Helfern zu danken.

Der erste Dank geht an meine Mutter. Dafür, dass sie sich damals trotz aller Umstände für mich entschied und mir mein Leben schenkte. Und gleich der zweite Dank hinterher an meinen Stiefvater, meinen »Papa«, der trotz Trennung von meiner Mutter bis heute Teil meines Lebens blieb und mich wie eine echte Tochter bevatert.

Dann danke ich meinem Verleger Christian Strasser. Dafür, dass aus unseren ähnlichen Geschichten mehr werden durfte. Dafür, dass er von der Wichtigkeit der Thematik Vaterentbehrung überzeugt war und damit den Weg für dieses Buch ebnete.

Ferner danke ich Angela Hermann-Heene, die das Buch als Lektorin betreute und mit ihrer sprachlichen Gewandtheit, mit ihrer Gründlichkeit und ihrem Einfühlungsvermögen dem Manuskript den richtigen Schliff gab.

Ein weiterer Dank geht an meinen Mann und meine Kinder, die die großen Bücherstapel und die Unordnung auf unserem Tisch über Wochen tolerierten, die mich bekochten und versorgten, auf gemeinsame Zeit verzichteten und sich von Herzen mit mir freuen, dass dieses Buch jetzt seinen Weg zu den LeserInnen findet.

Zu guter Letzt ein Dank an alle, die mir ihre Geschichten erzählten oder schrieben und die damit dieses Buch bereichert haben.

ANMERKUNGEN

1 Quellenangaben, sofern nicht mit hochgestellten Ziffern versehen und innerhalb dieser Anmerkungen aufgeführt, finden sich alphabetisch geordnet im Literaturverzeichnis.
2 Altmann (2012)
3 Betz (2008)
4 Petri (2011)
5 ebenda
6 Faas, zit. in: Seipp »Väter-Kinder sind anders«, in: *Welt am Sonntag*, 29.03.2009
7 Erhard/Janig (2003)
8 Zit. aus dem Gespräch zwischen Jeannette Hagen und Ralph Dawirs am 18.12.2012 – Zu Teilen erschienen im Magazin *BIO* 4 (2013): Jeannette Hagen »Das verlassene Kind – Wunden aus der Vergangenheit erkennen und heilen« Alle folgenden Zitate von R. Dawirs stammen ebenfalls aus diesem Gespräch.
9 Zit. aus dem Gespräch zwischen Jeannette Hagen und Michaela Huber am 20.12.2012 – Zu Teilen erschienen im Magazin *BIO* 4 (2013): Jeannette Hagen »Das verlassene Kind – Wunden aus der Vergangenheit erkennen und heilen«. Alle folgenden Zitate von M. Huber stammen ebenfalls aus diesem Gespräch.
10 Huth, in: Bellmann/Biermann (2005)
11 Thomas (1980)
12 Huth, in: Bellmann/Biermann (2005)
13 Foster, zit. in: Brinck »Nicht ohne meinen Papa«, *DIE ZEIT* (Onlineausgabe), 23. 12. 2002, auch unter: http://www.zeit.de/2003/01/V_8ater [Stand: 14.02.2015]
14 Petri, in: Bellmann/Biermann (2005)
15 Altmann im Interview mit Schuhmacher (2013)
16 Altmann (2012)
17 Verf. unbekannt: »Armut, Unterhalt und Alleinerziehende«, in: *Manndat*, 23.03.2012, auch unter: http://manndat.de/geschlechterpolitik/armut-unterhalt-und-alleinerziehende.html [Stand: 12.02.2015]
18 Zit. aus einem Gespräch zwischen Jeannette Hagen und Dr. Petra Bock

am 29.01.2015. Alle folgenden Zitate von P. Bock stammen ebenfalls aus diesem Gespräch.

19 Petri (2011)

20 Deardorff et al.: »Father Absence, Body Mass Index, and Pubertal Timing in Girls: Differential Effects by Family Income and Ethnicity«, in: *Journal of Adolenzend Health* 48.5 (2011)

21 Presley, zit. in: Verf. unbekannt »Presley-Tochter über Jacko: >Wir hatten Sex – für eine Weile jedenfalls<«, in: *Der Spiegel* (Onlineausgabe), 28.03.2003

22 Ballnick (2014)

23 Hopf (2015)

24 Forum der Website *Psychotherapie Praxis*, Thread »Vaterlos und die Folgen«, 22.02.2010, unter: http://www.psychotherapiepraxis.at/pt-forum/viewtopic.php?t=13118 [Stand: 12.02.2015]

25 Bly (2005)

26 Hornstein, zit. in: Betz (2009)

27 Kaindlstorfer: »Der hysterische Mann«. Interview mit Wolfgang Schmidbauer über ein altes Phänomen, in: *Berliner Zeitung*, 21.05.1999

28 Schnack zit. in: Informationsdienst Forum Online 2 (2008), unter: https://forum.sexualaufklaerung.de/index.php?docid=1119 [Stand: 19.02.2015]

29 Umfrage, zit. in: »Vaterlos macht bindungslos«, in: *Focus Magazin* 9 (2007)

30 Altmann (2012)

31 Ballnick (2014)

32 Huth, in: Bellmann/Biermann (2005)

33 Petri (2011)

34 Petri (2011)

35 ebd.

36 Leonard (1994)

37 Forum auf www.maedchen.de, Thema: »Vater zeigt kein Interesse«, 22.06.2013

38 Wiemann (2011)

39 Verf. unbekannt: »60 Jahre Unwissenheit über die eigene Identität«. Interview mit Paul Schmitz, in: *Aachener Zeitung*, 21.09.2012

40 Rottok, Crowdfunding-Kampagne »Mein Vater«. 21.08.2014 bis

21.09.2014, unter: https://www.startnext.com/mein-vater [Stand: 12.02.2015]

41 Rottok, in: Fröbe(2014)

42 Petri, in: Bellmann/Biermann (2005)

43 Altmann (2012)

44 Lindau: »Shit happens – Oder: Die Sache mit der Verantwortung«, Weblog, 23.11.2014, unter: http://veitlindau.com/blog/ [Stand: 12.02.2015]

45 Jung (2014)

46 Bischoff (Pseudonym): »Herzschlag«, in: *Süddeutsche Zeitung Magazin* 4 (2015)

47 Altmann (2012)

48 Mary (2004)

49 Chopich/Paul (1996)

50 Mary (2004)

51 Chopich/Paul (1996)

52 Art. »Traumdeutung«, unter: https://de.wikipedia.org/wiki/Traumdeutung [Stand: 12.02.2015]

53 Zit. aus dem Gespräch zwischen Jeannette Hagen und Dieter Anker am 20.01.2015

54 Jung, zit. in: Müller (2014)

55 Garfield (1974)

56 Leonard (1994)

57 Zit. aus dem Gespräch zwischen Jeannette Hagen und Dieter Anker am 20.01.2015

58 Gemsemer: »Die Essenz der Gestalttherapie«. Vortrag am 7. Januar 2015. Zu Teilen als Text veröffentlicht: »Meditation und Psychotherapie – Die Vertiefung des Bewusstseins als heilende Funktion«, in : *Transpersonale Psychologie und Psychotherapie* 1 (2008), S. 53–66

59 ebd.

60 ebd.

61 Zit. aus dem Gespräch zwischen Jeannette Hagen und Michaela Huber am 20.12.2012

62 Petri (2011)

63 Cameron (2000)

64 Leonard (1994)

65 Altmann (2012)

66 Art. »Heldenreise«, unter: https://de.wikipedia.org/wiki/Heldenreise [Stand: 12.02.2015]
67 Petri (2011)
68 ebd.
69 Braun: »Was Männer über Frauen denken. Mal unter uns«, in: *Myself* 6 (2012), auch unter: http://www.myself.de/psychologie-wissen/psychologie-im-alltag/was-maenner-ueber-frauen-denken-mal-unter-uns [Stand: 12.02.2015]
70 Ballnick (2014)
71 Matussek (1998)
72 ebenda
73 Petri (2011)
74 Hollstein (2009)
75 Petri (2011)
76 Fellmann: »James Bond sagt viel über die Träume junger Männer aus«. Interview mit Wolfgang Schmidbauer, in: *Süddeutsche Zeitung* Magazin 45 (2008)
77 Braun: »Männer, hört auf zu jammern!«, Mamablog, in: *Schweizer Tages-Anzeiger* 09.01.2014
78 von Friesen (2012)
79 von Friesen (2011)
80 Leonard (1994)
81 Zit. aus dem Gespräch zwischen Jeannette Hagen und Michaela Huber am 20.12.2012
82 Onken (2006)
83 Lindau: »Shit happens – Oder: Die Sache mit der Verantwortung«, Weblog, 23.11.2014, unter: http://veitlindau.com/blog/ [Stand: 20.06.2015]
84 Steinbrecher (2001)
85 Leonard (1994)
86 Jung (2014)
87 Festl, unter: http://gutezitate.com/zitat/263594 [Stand: 15.02.2015]
88 Leonard (1994)
89 Petri (2011)
90 Gunda Werner Institut für Feminismus und Geschlechterdemokratie der Heinrich Böll Stiftung, unter: http://www.gwi-boell.de/de/themen/feminismus-geschlechterdemokratie [Stand: 13.02.2015]
91 von Friesen (2012)

LITERATUR- UND QUELLENVERZEICHNIS

Altmann, Andreas: »Gespräch mit Hajo Schumacher«, in: *Typisch deutsch. Talkshow, Deutsche Welle*, ausgestrahlt am 17.02.2013

Altmann, Andreas: *Das Scheißleben meines Vaters, das Scheißleben meiner Mutter und meine eigene Scheißjugend*, Piper, 2012

Amendt, Gerhard: *Scheidungsväter. Wie Männer die Trennung von ihren Kindern erleben*, Campus, 2006

Arnold, Dr. Eva: *Familiengründung ohne Partner*, Waxmann, 2002

Ballnick, Peter: *Vaterseelenallein. Warum Kinder einen Vater brauchen und wohin es führt, wenn er fehlt*, adeo, 2014

Bellmann, Ingeborg/Biermann Brigitte (Hg.): V*atersuche. Töchter erzählen ihre Geschichte*, Ch. Links, 2005

Betz, Robert: *Ich hatte keinen Vater. Meditationen, deinen Erzeuger kennen und lieben zu lernen*, Audio-CD, Robert Betz, 2008

Betz, Robert: *Wahre Liebe lässt frei! Wie Frau und Mann zu sich selbst und zueinander finden*, Integral, 2009

Bierach, Barbara: *Das dämliche Geschlecht*, Wiley-VCH, 2002

Birbaumer, Niels: *Dein Gehirn weiß mehr, als du denkst*, Ullstein, 2014

Blankenhorn, David: *Fatherless Amerika*, Harper Perennial, 1996

Bly, Robert: *Eisenhans. Ein Buch über Männer*, rororo, 2005 (9. Aufl.)

Brinck, Christine: »Nicht ohne meinen Papa«, in: *DIE ZEIT*, 23. 12. 2002

Cameron, Julia: *Der Weg des Künstlers*, Droemer Knaur, 2000

Chopich, Erika J./Paul, Margaret: *Aussöhnung mit dem inneren Kind*, Hermann Bauer KG, 1996 (16. Aufl.)

D'Amato, Francesca: »Deficit in attachment behavior in mice lacking the mu-opioid receptor gene«, in: *Science Magazine*, 304 (2004), S. 1983–1986

Diehl, Jörg: »Suche nach Samenspender: Ich will bloß wissen, wer er ist«, Interview mit Sarah P., in: *Der Spiegel* (Onlineausgabe), 12.02.2013, auch unter: http://www.spiegel.de/panorama/gesellschaft/samenspende-prozess-tochter-sucht-ihren-leiblichen-vater-a-882804.html

Erhard, Rotraut/Janig, Herbert: *Folgen von Vaterentbehrung*: eine *Literaturstudie*, BMSG-Bestellservice, 2003

Fröbe, Marcel: »Ich will jetzt meinen toten Vater kennenlernen«, in: *DIE WELT,* 9.12.2014, auch unter: http://www.welt.de/vermischtes/article135140423/Ich-will-jetzt-meinen-toten-Vater-kennenlernen.html

Garfield, Patricia: *Kreatives Träumen*, Droemer Knaur, 1974

Göbel, Esther: »Ein Folteropfer therapieren«, *DIE ZEIT Campus* 1 (2015)

Hạnh, Thich Nhat, *Aus Angst wird Mut: Grundlagen buddhistischer Psychologie*, Theseus 2014

Hollstein, Walter: »Was vom Manne übrig blieb – Das Problem der männlichen Identität«. Vortrag bei der Deutschen Psychoanalytischen Vereinigung. Juni 2009, auch unter: http://www.streitbar.eu/aufsatz_hollstein.html.

Hopf, Hans: *Die Psychoanalyse des Jungen*, Klett-Cotta, 2015 (2. Aufl.)

Huth, Sigrid: »Die Sehnsucht nach dem Vater. Zwischen Wunsch und Wirklichkeit«, in: Bellmann, Ingeborg/Biermann Brigitte (Hg): Vatersuche. Töchter erzählen ihre Geschichte, Ch. Links, 2005

Joseph Campbell: *Der Heros in tausend Gestalten*, Insel, 1999

Jung, Mathias: *Töchter und Väter – so nah und doch so fern*, Kreuz, 2014

Leonard, Linda: *Töchter und Väter. Heilung einer verletzten Beziehung*, Fischer, 1994

Lindau, Veit: *Heirate dich selbst*, Kailasch, 2013

Marone, Nicky: *Gute Väter – Selbstbewusste Töchter. Die Bedeutung des Vaters für die Erziehung*, Fischer TB, 2002

Mary, Michael: *Begegnungen mit dem Inneren Kind,* Nordholdt, 2004

Matussek, Matthias: *Die vaterlose Gesellschaft Überfällige Anmerkungen zum Geschlechterkampf,* rororo, 1998

Metzger, Geert/Dammasch, Frank (Hg): *Die Bedeutung des Vaters. Psychoanalytische Perspektiven*, Brandes & Apsel, 2005 (2. Aufl.)

Metzger, Hans-Geert: »Der idealisierte Vater«, in: *Psychologie heute compact* 25 (2010)

Metzger, Hans-Geert: *Fragmentierte Vaterschaften,* Brandes & Apsel, 2013

Müller, Willy Peter: *Trauer in Träumen*, Vandenhoeck & Ruprecht, 2014

Nuber, Ursula: »Schlafend Probleme lösen«, in: *Psychologie heute compact* 37 (2014)

Onken, Julia: *Vatermänner. Ein Bericht über die Vater-Tochter-Beziehung und ihren Einfluss auf die Partnerschaft*, C.H. Beck, 2006

Petri, Horst: »Das Drama der Vaterentbehrung. Vom Chaos der Familie zu einer neuen Geschlechterdemokratie«, in: *Zeitschrift frühe Kindheit* 3 (2002)

Petri, Horst: »Seelische Folgen der Vaterentbehrung und ihre Verarbeitung bei Frauen«, in: Bellmann, Ingeborg/Biermann Brigitte (Hg): *Vatersuche. Töchter erzählen ihre Geschichte*, Ch. Links, 2005

Petri, Horst: *Das Drama der Vaterentbehrung*, Ernst Reinhardt, 2011 (7. Aufl.)

Petri, Horst: *Wenn der Vater fehlt*, in: *GEOWISSEN*, 46 (2010)

Pludra, Benno: *Das Herz des Piraten*, Beltz & Gelberg, 2011 (Neuausg.)

Rajneesh, Bhagwan Shree: *Intelligenz des Herzens*, Simon + Leutner, 1986

Rossin, Hannah: »Wofür brauchen wir die Männer noch«, in: *Brigitte* 3 (2013)

Schlötter, Peter: *Vertraute Sprache und ihre Entdeckung*, Verlag für Systemische Forschung, 2005 (2. Aufl.)

Schmidbauer, Wolfgang: *Der hysterische Mann*, Nymphenburger, 1999

Schmitz, Paul: *Kriegskind – Die Suche nach meinem amerikanischen Vater*, GEV (2012)

Schredl, Michael: »Träume«, in: *Psychologie heute compact* 37 (2014)

Solis Barboza, Cristina et al.: »Adverse childhood experiences and physiological wear-and-tear in midlife: Findings from the 1958 British birth cohort« in: *PNAS* 112.7 (2015), S. E738–E746

Stambolis, Barbara: *Töchter ohne Väter*, Klett-Cotta, 2012

Steinbrecher, Siegrid: *Die Vaterfalle. Die Macht der Väter über die Gefühle der Töchter*, rororo, 2001 (17. Aufl.)

Tholey, Peter/Kuhla, Eckhard (Hg): *Schlagseite – MannFrau kontrovers*, Klotz, 2011

Thomas, Alexander: »Untersuchungen zum Problem der vaterlosen Erziehung in ihrem Einfluss auf die psycho-soziale Entwicklung des Kindes«, in: *Psychologische Beiträge* 22 (1980), S. 27–48

Von Friesen, Astrid: »Ich trete immer noch für Frauen ein«, in: *Die Freie Welt, Die Internet& Blogzeitung für die Zivilgesellschaft*, Weblog, 19.11.2011, auch unter: http://www.freiewelt.net/interview/ich-trete-immer-noch-fuer-frauen-ein-interview-mit-astrid-von-friesen-16348/

Von Friesen, Astrid: *Schuld sind immer die anderen*, Ellert & Richter, 2012 (3. Aufl.)

Werner, Pe: »Vaterseelenallein«, auch unter: http://www.songtexte.com/songtext/pe-werner/vaterseelenallein-63cdb277.html

Wiemann, Irmela: *Wie viel Wahrheit braucht mein Kind?*, rororo, 2011 (5. Aufl.)

Wolf, Naomi: »Wie Frauen sich selbst ruinieren«, in: *DIE WELT,* 16.12.2009

Zepter, Nicole: »Bin ich wie meine Mutter?«, in: *DIE ZEIT Magazin* 47 (2014)